D1735882

Konrad Löw (Hrsg.)
VERRATENE TREUE

Konrad Löw (Hrsg.)

VERRATENE TREUE

Die SPD und die Opfer des Kommunismus

KÖLNER UNIVERSITÄTSVERLAG GMBH

Die Deutsche Bibliothek – CIP-Einheitsaufnahme

Verratene Treue: die SPD und die Opfer des Kommunismus /
Konrad Löw (Hrsg.). – Köln: Kölner Univ.-Verl., 1994
   ISBN 3-87427-051-3
NE: Löw, Konrad [Hrsg.]

© 1994 Kölner Universitätsverlag GmbH
Eupener Straße 165, 50933 Köln
Lektorat: Frauke Lill-Roemer
Umschlaggestaltung: Roberto Patelli, Köln
Satz: Fotosatz Klaus Götten GmbH, Köln
Druck und Einband: Bercker GmbH, Kevelaer

ISBN 3-87427-051-3

Inhalt

KONRAD LÖW

Über Bedeutung und Stellenwert der Freiheit im demokratischen Sozialismus

Die Annalen jeder Partei, die auf eine längere Geschichte zurückblickt, berichten von Siegen und Niederlagen, glorreichen und jammervollen Tagen, Bewährung, Irrtum und Versagen. Die Sozialdemokratische Partei Deutschlands, die 1863 als Allgemeiner Deutscher Arbeiterverein entstanden ist, bildet insofern keine Ausnahme. Seit damals bekennt sie sich zum Sozialismus wie zur Freiheit.

Indem sie 1890 Karl Marx zu „unserem großen Führer" erkor, versah sie das Bekenntnis zur Freiheit mit einem überdimensionalen Fragezeichen. Denn schließlich hat Marx auf die Diktatur des Proletariats hingearbeitet und dem linken Totalitarismus den Weg bereitet.[1] Mit der Spaltung der Partei und der Gründung der KPD Ende 1918 hat sich, so will es scheinen, der marxistische Teil verselbständigt und die Mehrheit ihr freiheitliches Profil ungeschmälert wiedererlangt. Die Bewährungsprobe des Ermächtigungsgesetzes bestand sie glänzend.

Nach dem Zweiten Weltkrieg setzte die SPD der Westzonen unter Dr. Kurt Schumacher diese Tradition fort, während die drei freigewählten Vorsitzenden der SPD in der Sowjetischen Besatzungszone und Tausende weiterer Funktionäre zu willfährigen Werkzeugen des roten Totalitarismus wurden. Ab den sechziger Jahren erhielten jene Kräfte der bundesdeutschen SPD Auftrieb und Zulauf, die Honecker und seinesgleichen recht sympathisch fanden, der DDR ein Existenzrecht bescheinigten, die Mängel dort tunlichst zu kaschieren suchten, die Amerikaner für die eigentlichen Weltstörenfriede ausgaben und die resoluten Kämpfer für Einheit und Freiheit als ewige Kalte Krieger denunzierten.

Lebende Beispiele des Wandlungsprozesses sind die Autoren dieses Buches, überwiegend Opfer des kommunistischen Terrors, weil sie es wagten, gegen die Unterdrückung der Freiheit zu protestieren. Gemeinsam ist ihnen auch, daß sie zunächst der SPD angehörten, zumindest nahestanden und in ihr ihre geistige Heimat wähnten.

Es war weder ihre Absicht noch ihre Aufgabe, eine grundsätzliche, wissenschaftliche Abhandlung über die Antwort der Sozialdemokratie auf die kommunistische Herausforderung in den Jahren 1945 bis 1989 zu schreiben, vielmehr sollten und wollten sie vor allem ihre höchstpersönlichen Erfahrungen und Empfindungen aufzeichnen, wie sie sich ihrem Gedächtnis eingeprägt haben.

Für die bereits seit Jahren verstorbene Margarete Buber-Neumann schildert ihr enger Vertrauter, der Schweizer Nationalrat Ernst Cincera, das Verständnis dieser überaus bemerkenswerten Zeitzeugin zur SPD, vor allem zu Herbert Wehner. Stalin hatte ihren Mann, Heinz Neumann, hinrichten und sie zu fünf Jahren Arbeitslager verurteilen lassen. Aufgrund des Freundschaftsvertrages zwischen Hitler und Stalin wurde sie 1940 der deutschen Gestapo übergeben und als Kommunistin in ein KZ gesperrt. Was sie über Wehner wußte, zum Teil aber auch nur aufgrund besonderer Menschenkenntnis vermutete, hat sich zwischenzeitlich weitgehend als richtig erwiesen. Jede ihrer Begegnungen mit Wehner ist bezeichnend. Er haßte sie und tat alles, daß diese doch dem gleichen Milieu entstammende und gewandelte Frau auf keine Weise mit der SPD kooperieren konnte, wofür sich Brandt bei ihr entschuldigte. Dementgegen oder vielleicht treffender: dementsprechend entwickelte Wehner − vor den Augen der Öffentlichkeit weitgehend verborgen − ein geradezu freundschaftliches Verhältnis zu Honecker, wie es der von uns in Focus veröffentlichte Brief an „Lieber Erich" beweist.[2]

Klaus-Peter Schulz war nach Herkunft und Überzeugung Sozialdemokrat. In der unmittelbaren Nachkriegszeit Stadtrat für das Gesundheitswesen in Berlin-Pankow, wurde er sofort in die Konfrontation mit den Kommunisten geworfen. Des-

Wehner
Weissdornweg 124
D 5300 Bonn 2

Öland, am 6. Januar 1987

Lieber Erich,

gestern erhielten wir Deine guten
Wünsche zum Jahreswechsel.
Wir möchten Dir herzlich dafür danken
und gleichzeitig auch dafür, daß
du uns Deine Zeit im November
geschenkt hast und uns die große
Reise nach Dresden und ins Erzge-
birge ermöglichst hast.
Ohne die Hilfestellung durch so
viele freundliche Menschen, hätten
wir es wohl nicht geschafft.
Dank für Alles
und herzlich gute Wünsche für
Dich und die Menschen in der DDR
Deine Greta und Herbert Wehner

wegen trat er nach der Jahreswende 1945/46 als einer der entschiedensten Gegner einer Zwangsverschmelzung von SPD und KPD an die Öffentlichkeit. Nach Rückkehr in seinen journalistischen Neigungsberuf sicherte er als innenpolitischer Ressortleiter des Berliner „Tagesspiegels" publizistisch die Durchführung der Urabstimmung. Seine freiheitliche Eigenwilligkeit zog ihm jedoch schon bald danach die „Ungnade" der Parteispitze zu und brachte ihn in größte berufliche Schwierigkeiten. Als Mitglied des Deutschen Bundestages geriet er in einen so entschiedenen Gegensatz zur Ostpolitik seines ehemaligen Freundes Willy Brandt, daß auch Gleichgesinnte in Berlin ihn fallenließen.

Nach vierzigjähriger Parteimitgliedschaft trat er aus der SPD aus. Doch dem sie einst einigenden Vermächtnis großer Persönlichkeiten der Partei fühlt er sich heute noch verpflichtet.

„Zweimal von der SPD verraten" überschreibt Heinrich Kreutzer, ganz im sozialdemokratischen Geist aufgewachsen, für die Parteiideale jahrelang der Freiheit beraubt, seinen Beitrag. Er bringt damit zum Ausdruck, daß ihn zunächst die SPD der Zone isolierte und er später in der Bundesrepublik erfahren mußte, wie sehr Antikommunisten der neuen Parteilinie im Wege standen. Besonders aufschlußreich für den Zeitgeschichtler seine Schilderung der „Zwangsvereinigung" von SPD und KPD 1946, die zunächst auch Willy Brandt begeisterte. Auf Enthüllungen Kreutzers ist es zurückzuführen, daß die DDR ihren ersten „Botschafter" in Bonn, Michael Kohl, wegen dessen schmutziger Vergangenheit abberufen mußte.

Mit Wolfgang Düysen schildert ein Sozialdemokrat, Ortsvorsitzender, Mitglied der Hamburger Bürgerschaft, wie es ihm erging, als er sich gegen die Zusammenarbeit mit den Kommunisten sträubte: Beschimpfungen, Morddrohungen, bis hin zu lebensgefährdendem Terror.

Helmut Bärwald leitete das Ost-Büro der SPD, das 1971 aufgelöst wurde, nicht weil die ihm gesetzten Ziele schon erreicht gewesen wären, sondern weil es (wie später die Zentrale Erfassungsstelle für DDR-Verbrechen in Salzgitter) die neue Ost-Politik der SPD störte. Auch bei dieser Kapitulation spielte Wehner eine besonders traurige Rolle. Im September 1971 verließ Bärwald nach 24jähriger Mitgliedschaft die SPD. Er begründete seinen Schritt: „Mir waren und sind die von Dr. Kurt Schumacher und anderen – wie z. B. von Ernst Reuter und Wenzel Jaksch – aufgestellten und von zahllosen Widerstandskämpfern gegen den Kommunismus erfüllten Maximen für die Auseinandersetzung mit der sowjetkommunistischen Machtpolitik unerläßlich und – bei aller Elastizität der Taktik – unwandelbare Orientierungspunkte."

Zur „mittleren" Generation – frei von Vorkriegserfahrungen – zählen die Autoren v. Berg, Borkowski und Schenk. „Nachdem die Flucht von Ost- nach Westberlin im September 1957 geglückt war, ergab sich der Weg zum Berliner Ostbüro der SPD wie von selbst." Mit diesen Worten beginnt Fritz Schenk seinen Beitrag, der zunächst Einblick bietet in das politische Leben der Dorfbewohner. Selbsttäuschung, Täuschung und Pressionen bewirkten, was die Sowjets, Ulbricht und seinesgleichen von Anfang an im Schilde führten. Aber nicht bei allen. Schenk entzog sich dem Verrat an den eigenen Prinzipien durch Flucht, unter Preisgabe von Hab und Gut und Heimat. Hier im Westen wurde er Mitarbeiter des Vorwärts. Das Godesberger Programm mit dem Bekenntnis zum Sozialismus wie zur Freiheit las er mit gemischten Empfindungen. Der weitere Weg der SPD drängte ihn an den Rand und schließlich in eine Position, aus der er sich nur durch die Beendigung der Mitgliedschaft befreien konnte. Erschütternd die Erfahrungen, die er daraufhin sammeln mußte und die uns zeigen, daß eine lautere Gewissensentscheidung auch in einer freien Gesellschaft Diskriminierungen zur Folge haben kann.

Dieter Borkowski, auch er ein von Schumachers Feuer „Entzündeter", bietet ein bedeutsames Stück deutscher Zeitgeschichte, in dem er einleitend aus dem „inneren Kreis der Hölle" berichtet, wo von der gerechteren Welt bei „üppigem Essen und reichlichem Alkoholgenuß" gesprochen wurde, während draußen die Massen hungerten. Seine vorsichtige Kritik wurde als „kleinbürgerliche Gleichmacherei" – ganz der Diktion Stalins gemäß – abgetan. Dabei sah er, wie frühere Sozialdemokraten, so der DDR-Innenminister Karl Steinhoff, wenngleich nicht ohne Magenkrämpfe, die ihnen zugemuteten Ungeheuerlichkeiten ausführten. Was Borkowski über den DDR-Justizminister Fechner zu berichten weiß, entlarvt Fechner als einfältigen Schwächling. Wegen seiner oppositionellen Haltung wurde Borkowski in der DDR mehrmals zu jahrelanger Zuchthausstrafe verurteilt. Nach seinem Austausch gegen Stasi-Agenten des Markus Wolf konnte er auf die Dauer in der ihm zunächst nahestehenden SPD keine Heimstatt finden. Sie behandelte ihn so, als ob es seine Schuld wäre, daß ihn der Strafvollzug nicht im Sinne der neuen SPD-SED-Einigkeit geläutert hätte.

Professor Hermann von Berg hatte in der SED eine steile Karriere gemacht und es bis zum Berater des DDR-Ministerpräsidenten Willi Stoph gebracht. Doch allmählich gingen ihm die Augen auf. Aus dem treuen Diener seiner Herren wurde einer der führenden Oppositionellen der DDR. Das maßgeblich von ihm mitgestaltete „Manifest der DDR-Opposition", Anfang 1978 vom Spiegel veröffentlicht, gehört zu den Großtaten freiheitlicher Gesinnung in der jüngeren deutschen Geschichte, dem Range nach weit vor dem „Manifest der Kommunistischen Partei". Lebenslange Zuchthausstrafe mußten die Verantwortlichen gewärtigen. Damals kam für ihn der erste SPD-Schock. Die Partei entrüstete sich über derlei Störversuche, anstatt die Verfasser als in der Tradition der „Weißen Rose" stehend zu würdigen.

Nachdem ich Ende 1985 sein im Westen erschienenes Buch „Die Analyse" gelesen hatte, schrieb ich in einer Besprechung: „Geradezu selbstmörderischer Bekennermut spricht aus den 13 Seiten ‚Schlußbemerkungen'. Hermann von Berg wurde bisher nicht verhaftet. Es heißt, daß es dafür einen guten Grund gäbe. Hermann von Berg soll in der SPD einflußreiche Bekannte haben. Diese Leute mögen ihn tatsächlich heute schützen. Wenn ihm aber morgen die ersehnte Ausreise bewilligt werden sollte, muß er sich rasch zurückentwickeln, denn vieles von dem, was er vertritt, ist in der SPD zwischenzeitlich verpönt . . ." Hermann von Berg hat sich in der Bundesrepublik nicht „zurückentwickelt", vielmehr einen klaren Trennungsstrich zur SPD gezogen, die, um einen anderen von Berg-Titel zu zitieren, „vorbeugende Unterwerfung" gegenüber SED und UdSSR praktizierte.

Hermann von Berg, der mit dem „feindlichen" Ausland nicht nur Kontakte unterhielt, sondern dorthin Reisen unternahm, hatte Stoph stets ausführlich zu berichten. Über jeden derartigen Vorgang wußten zugleich die SED als Staatspartei und der Staatssicherheitsdienst genauestens Bescheid, was Hermann von Berg in dem letzterwähnten Buch auch ausführlich geschildert hat. Rund sieben Jahre vor der Wahl Gorbatschows zum Generalsekretär der KPdSU vollzog Hermann von Berg öffentlich seine spektakuläre Wende. Den früheren Genossen galt er fortan als Verräter, im anderen Lager stieß er auf naheliegende Vorbehalte und zählebiges Mißtrauen, ein Schicksal, das seinesgleichen häufig trifft.

Mit Wolf Deinert präsentiert sich ein „Nachkriegsliterat", der hiermit seinen preisgekrönten Prosawerken ein weiteres Meisterstück hinzufügt und dessen Schilderungen selbst dann noch Genuß bereiten, wenn der Inhalt auf das äußerste empört: „Das neue Proletariat mit größtenteils Universitätsabschlüssen entwickelte sich schnell zu einer Parodie auf die bundesrepublikanische repräsentative Demokratie. Die Par-

teien schossen wie Pilze aus dem emsig gebohnerten Knastboden, anarchisch noch, ohne Statuten und Behördenkram,
ohne Schatzmeister und Bürokratie. Es waren keine Neugründungen: Hier war schon ‚BRD' (und was jetzt noch DDR
hieß, würde es irgendwann auch noch werden!), und man
war, bevor man ‚dort' war, eigentlich schon ‚da', also zugehörig. Die überwältigende Anzahl der ‚Neuproletarier' hielt
es mit der CDU. Einigen war diese zu lasch, für sie war die
Bayernpartei und Franz-Josef der richtige Mann (wenn sie
von seinen Gschaftelhubereien mit dem Schalck gewußt hätten!!)! Ein paar Maoisten waren auch auszumachen, ein paar
FDP-ler und wir sieben oder acht Sozialdemokraten. Wie entstanden unsere ‚Parteien'? Ganz einfach: Wir waren etwa 43
Häftlinge in einer Zelle . . ." So geht es weiter über 60 Seiten.

Abenteuerlich seine Schilderungen der nächtelangen Gespräche mit den „Adsen", ein Kürzel für Aktionsgemeinschaften
von Sozialdemokraten und Kommunisten: „Wenn ich dann
zugab, daß ich aus jenem Lande kam, und nur selber Erlebtes
berichtete, schien ein unsichtbarer Schalter bewegt zu werden. Die Gesichter erstarrten, die Sprache setzte aus oder versandete in peinlichem Schweigen. Aus dem zu agitierenden
potentiellen Groupie wurde ein Feind, der so schnell wie möglich begreifen sollte, daß er sich zu verflüssigen hätte."

Feuilletonistisch beschwingt formuliert Siegmar Faust, ein
Proletariersproß und daher gehätschelter DDR-Nachwuchs-
schriftsteller, seine politischen Erfahrungen. Dabei hat er
wegen des „Kapitalverbrechens", eine eigene Meinung zu vertreten, 33 Monate Zuchthaus, davon 401 Tage Kellerhaft, erlitten und war bereits totgesagt worden. Als er endlich freie
Luft atmen konnte, empfand er das Bedürfnis, „sich erst einmal auf den Positionen der Sozialdemokratie, und dort so
links wie möglich, ausruhen zu können". Wie es weiterging,
ist unschwer zu erraten. Doch die einzelnen Stationen und Begegnungen, seine minutiös geschilderten Kontroversen mit

Günter Gaus sind ein Stück lesenswerter Zeitgeschichte. Noch am 14. Juli 1989 fand der Staatssicherheitsdienst die folgende Charakterisierung angemessen: „Bei dem FAUST handelt es sich um einen politisch verfestigten Feind des realen Sozialismus, der alle Möglichkeiten, u. a. seine Funktion als Chefredakteur der IGFM herausgegebenen Hetzschrift ‚DDR-heute‘, zur Propagierung seiner antikommunistischen Auffassungen und zur Diskriminierung der DDR und anderer sozialistischer Staaten nutzt. FAUST unterhält aktive Verbindungen zu schriftstellerisch tätigen negativ-feindlichen Kräften in der DDR und inspiriert diese zu Handlungen im Sinne politischer Untergrundtätigkeit."

Den jüngsten unter den Autoren empfiehlt schon der Ort seiner Geburt für die Aufnahme in diesen Kreis der Opfer des Kommunismus. Ulrich Schacht wurde 1951 im Frauengefängnis Hoheneck/DDR geboren. Im Jahre 1973 verurteilte ihn der Erste Strafsenat des Bezirksgerichts Schwerin wegen „staatsfeindlicher Hetze" zu sieben Jahren Haft. Er hat ein „Sündenregister" vorzuweisen, dem kein Demokrat tiefen Respekt versagen kann. Die Anklageschrift dokumentiert, daß er bereits im Oktober 1969 „in gröbster Weise die Grenzsicherungsmaßnahmen der DDR diskriminiert", 1971 „die Partei der Arbeiterklasse verunglimpft", deren Angehörige „als Schlägernaturen" beschrieben hat. Auch er geht den scheinbar vorgezeichneten Weg in die SPD, erlebt Enttäuschung um Enttäuschung, so daß er schließlich nicht umhin kann, aus Gewissensgründen dieser Partei den Rücken zuzukehren.

Die SPD-Erfahrungen dieser Galerie mutiger, lauterer, sozial engagierter, überwiegend hart „vorbestrafter" Persönlichkeiten werfen die Frage auf, ob die SPD unter Brandt und seinen Nachfolgern im Kern dieselbe geblieben ist, die sie unter Otto Wels, Kurt Schumacher, Erich Ollenhauer war. Wer dies bejaht, teilt die Vermutung, daß dem Gros dieser Partei der

Sozialismus mehr bedeutet (hat) als die Freiheit. Wer dies verneint, leistet der Befürchtung Vorschub, daß die Substanz der Freiheit aus Bequemlichkeit, Verblendung, Feigheit auch von innen her aufgezehrt werden kann und eine gute Tradition keine Gewähr für heute und morgen bietet.

Wer glaubt, hinter derlei Überlegungen verberge sich billige Polemik, sei darauf hingewiesen, daß die angesehene Chronistin der SPD, Susanne Miller, in einer Untersuchung zu dem Ergebnis kommt: „Der Ansatzpunkt der Freiheitsvorstellungen der Sozialisten war stets die Freiheit ‚des Proletariats‘, ‚der Klasse‘, ‚des Volkes‘, ‚der Menschheit‘, niemals die Freiheit des einzelnen. Das Problem der Freiheit des Individuums lösten sie durch einen Identifikationsprozeß von Individuum und Gemeinschaft auf, der sich in einer klassenlosen Gesellschaft vermeintlich von selber vollziehen werde. Die erfahrungsgemäß bestehenden Gegensätze zwischen der Freiheit einzelner und dem Freiheitsstreben benachteiligter Gruppen führten die Sozialdemokraten in der kapitalistischen Ordnung auf die in dieser bestehenden ungleichen Eigentumsverteilung zurück... Der einzelne wurde der Gesellschaft gegenüber als ‚nichtig‘ betrachtet (Karl Kautsky), und es wurde ihm das Recht abgesprochen, seine Freiheitsansprüche gegenüber einer sozialistischen Gesellschaft geltend zu machen, sobald diese dem etablierten Kodex dieser Gesellschaft nicht entsprachen." [3]

Anmerkungen

1 Siehe Konrad Löw (Hrsg.): „Marxismus-Quellenlexikon", 2. Auflage, Köln 1988, darin vor allem die Kapitel: „Freiheit", „Demokratie", „Diktatur des Proletariats", „Recht, Rechtsstaat", „Terror".

2 „Wehner-Brief" veröffentlicht in FOCUS 49/93, S. 14

3 Susanne Miller: „Das Problem der Freiheit im Sozialismus. Freiheit, Staat und Revolution in der Programmatik der Sozialdemokratie von Lassalle bis zum Revisionismusstreit", Düsseldorf 1977, S. 293 ff.

ERNST CINCERA

Die Erfahrungen von Margarete Buber-Neumann mit der SPD

Ernst Cincera,

geboren 14. Mai 1928 in Zürich, verheiratet, drei erwachsene Kinder. Schulen in Zürich, Kunstgewerbeschulen Zürich und Amsterdam, Diplome als Zeichenlehrer und Silberschmied.

Seit 1954 freiberuflich als Grafiker tätig. Seit 1957 Mitinhaber der Agentur E. Cincera + R. Daepp, Werbung, Grafik in Zürich. Dozent am Schweizerischen Institut für Unternehmerschulung im Gewerbe (SIU).

Seit 1983 Nationalrat; Mitglied der Ständigen Kommissionen: Geschäftsprüfungskommission und Sicherheitskommission, Präsident des Gewerbeverbandes der Stadt und des Kantons Zürich, seit 1986, Mitglied der Schweizerischen Gewerbekammer. Von 1967 bis 1971 Kantonsrat, Mitglied des Stiftungsrates Schweizerisches Freilichtmuseum Ballenberg und der Stiftung zur Förderung von umweltfreundlichen Personenwagen.

Margarete Buber-Neumann

Geboren am 21. Oktober 1901 in Potsdam. Ausbildung als Kindergärtnerin im Pestalozzi-Fröbel-Haus in Berlin. 1922 Heirat mit Rafael Buber. Geburt von zwei Töchtern. 1927 Beitritt zur KPD, nachdem sie sich ein Jahr zuvor von Rafael Buber getrennt hatte. Lebte ab 1928 mit Heinz Neumann zusammen, den sie 1935 nach Moskau begleitete, wo er verurteilt und hingerichtet wurde. 1938 wurde auch sie verhaftet und ins asiatische KZ Karaganda verschickt. 1940 erfolgte ihre Auslieferung von Stalin an Hitler und die Überführung ins Nazi-Frauenkonzentrationslager Ravensbrück. Wenige Tage vor Kriegsende kam die überraschende Entlassung. Sie schlug sich nach Frankfurt durch, wo sie als erfolgreiche Schriftstellerin lebte und am 6. November 1989 verstarb.

Vorbemerkungen

Es war im Herbst 1934. Mein Vater – ein engagierter Antifaschist und Antikommunist – hörte beim Mittagessen immer aufmerksam die Nachrichten. Wir Kinder hatten während dieser Zeit mäuschenstill zu sein. Plötzlich rief er laut aus: „Jetzt hat die Polizei in Zürich einen prominenten kommunistischen Agenten verhaftet!" Es handelte sich um Heinz Neumann. Seine Lebensgefährtin Margarete Buber-Neumann, die mit ihm illegal in Zürich weilte, entkam nach Paris.

1951: Margarete Buber-Neumann hält ihren ersten Vortrag in der Schweiz. An diesem Abend wird sie dabei von Mitgliedern der KP, welche hierzulande Partei der Arbeit (PdA) heißt, gestört. Hinter der Bühne besucht sie ein Herr und übergibt ihr ein Geschenk. Er wolle sich damit bei ihr entschuldigen, erklärt er, denn er habe damals ihren Lebensgefährten Heinz Neumann verhaftet. Dabei sei er sich sicher gewesen, einen wichtigen Spion gefaßt zu haben, denn vom Arbeitstisch Neumanns habe er viele offenbar verschlüsselte Papiere sichergestellt. Heinz Neumann lernte damals Japanisch. Auch der betreffende Polizist wußte später, daß japanische Schriftzeichen keine Geheimschrift sind.

Nach Zürich kamen Margarete Buber und Heinz Neumann im Grunde genommen, weil Stalin 1932 Neumanns Beurteilung der Lage in Deutschland nicht teilte.

Für Stalin waren damals die deutschen Sozialdemokraten die Hauptfeinde der Kommunisten. Er sah in ihnen die Schuldigen, daß die Revolution nicht rechtzeitig auch auf dieses für ihn wichtige europäische Land ausgedehnt werden konnte. Neumann versuchte ihn vergeblich davon zu überzeugen, daß für die nächste Zukunft nicht die Sozialdemokraten, sondern die Nationalsozialisten, die Faschisten also, Hauptfeind der UdSSR sein werden. Für die deutschen Kommunisten gab er

21

als Kominternvertreter die Losung heraus: „Schlagt die Faschisten, wo ihr sie trefft!" Diese „Abweichung" führte zu seiner Entfernung aus dem Politbüro der KPD. Er wurde von der Komintern nach Moskau zitiert und als Berater nach Spanien versetzt. Mit einem falschen Paß ausgerüstet, trat er die Reise nach Madrid an.

Margarete wurde vorerst noch in Moskau zurückgehalten. Bald aber erhielt sie von der Kominternabteilung für internationale Verbindungen den Auftrag, geheime Dokumente nach Berlin zu bringen. Dort benahmen sich unterdessen die Nazis sehr siegessicher. Ein Freund aus dem Geheimrat der KPD riet ihr, Deutschland so rasch wie möglich zu verlassen. Ebenfalls mit einem falschen tschechischen Paß reiste sie am Vorabend der Machtergreifung Hitlers als Else Henk zu Neumann nach Madrid. Die Komintern verfolgte beide aber auch dort, weil Neumann erneut von der Parteilinie abwich. Das war in der von ihm mitredigierten Parteizeitung „Mundo Obrero" leicht nachzulesen. Im Dezember 1933 erhielt das Paar den Befehl, Madrid sofort zu verlassen und sich nach Zürich zu begeben.

Frau Buber hat mir oft erzählt, wie sie und Heinz im Wartesaal des Zürcher Hauptbahnhofes saßen und vorerst einmal nicht wußten, was tun. Da sei ihr plötzlich eine Telefonnummer in den Sinn gekommen, die man ihr genannt hatte, falls sie in Zürich Kontakt brauche. Also telefonierte man. Die Nummer stimmte noch, und mit Hilfe von Emigranten fanden sie – je bei einer anderen Familie – Unterkunft. Ich habe mit ihr einmal alle diese Zürcher Orte besucht. Es waren bewegende Stunden. Irgendwer aus der zürcherischen KP oder SP, so vermuteten beide, müßte sie an die Polizei verraten haben.

Margarete Buber-Neumann und ihre Erfahrungen mit der SPD

Margarete Buber-Neumann stützte sich bei der Beurteilung der Politik der SPD auf Lenins Interpretation auf dem II. Kongreß der Sozialdemokratischen Partei Rußlands, der 1903 in Brüssel und London stattfand. Lenin setzte dort das Prinzip der Diktatur des Proletariats durch. Zudem obsiegte er in der Frage, wer Mitglied der damaligen russischen Sozialdemokratischen Partei werden dürfe und was man von einem Mitglied erwarten könne. Er forderte, alle Parteimitglieder hätten Berufsrevolutionäre zu sein, bereit, strengste Disziplin zu üben. Aus dieser Zeit stammt die Aufteilung in Bolschewiken (Mehrheitler) und die unterlegenen Menschewiken (Minderheitler). Aus den russischen Sozialdemokraten wurden bald internationale, proletarische Revolutionäre und Kommunisten. 1919 versprach Lenin, daß der Kommunismus in einem Jahr, also 1920, in Deutschland siegen und der Weg zur Macht in ganz Westeuropa frei werde. Die deutschen Sozialdemokraten hatten sich gegen Ende des Ersten Weltkrieges gespalten. Der linke Flügel setzte sich von der Partei ab und geriet unter den direkten Einfluß der Bolschewiken. Sie bekämpften den verbliebenen Rest der SPD erbittert. Auch Stalin betrachtete deshalb die alten deutschen Sozialdemokraten als die wichtigsten Feinde der KP der UdSSR.

In diese Zeit siedelte Margarete Buber-Neumann den Beginn einer Doppelstrategie Moskaus gegenüber der SPD an. Hinter der Entscheidung, die Tätigkeit der kommunistischen Geheimapparate über Sowjetrußland hinaus auf die übrigen Länder der Welt auszudehnen, vermutete sie einen Beschluß des 2. Weltkongresses der Kommunistischen Internationale von 1920 in Moskau. Sie beschrieb dies wie folgt:

Über gut geschulte Apparat-Mitarbeiter wurden ein Militärapparat, ein Nachrichtenapparat, eine Militärpolitische Abteilung und ein Terrorapparat aufgebaut. Schon 1923 seien über die Berliner Sowjetbotschaft und via KPD diese vier Apparate aus Moskau mit über 1 Million Dollar unterstützt worden. Für die Zersetzung der Sozialdemokratischen Partei und der Gewerkschaften hätte eine besondere Abteilung bestanden.

Neben dieser Zersetzungsarbeit hätten aber auch in die SPD eingeschleuste Genossen und Agenten besondere Aufgaben erfüllt. Eine besondere Abteilung „Weiß" hatte die Aufgabe, rechts stehende Kreise zu unterwandern, inklusive der SPD. Einem speziellen Terrorapparat fiel das Ausführen von Sabotageaktionen und politischen Morden zu. Diese Methode sollte während Jahrzehnten gültig bleiben. Selbst Ulbricht forderte noch in einer Rede am 12. Januar 1970 vor Offizieren des Ministeriums für Staatssicherheit, neue Patrioten für den Kampf an der unsichtbaren Front im Lager des Gegners zu gewinnen. Als die SPD an der Regierung war, traf es selbst diese.

Frau Buber nannte immer wieder Beispiele für die bei Kommunisten beliebte Methode, an der Oberfläche und im Untergrund über eine angebotene sogenannte Aktionseinheit die Sozialdemokraten für ihre Zwecke zu nutzen. Sie erzählte dazu gerne das folgende Beispiel:

In Essen traten Mitte der siebziger Jahre 21 bislang sozialdemokratische Jungsozialisten zur DKP, also zu den Kommunisten, über. Dieses Ereignis fand das Fernsehen der Sowjetzone bemerkenswert genug, um es mitzufilmen. Dabei erklärte der Jusosprecher der 21 Übergetretenen, daß sie nun, nach ihrem Übertritt, das Ziel hätten, die „Aktionseinheit der Arbeiterklasse" von der DKP aus der SPD aufzuzwingen. Die ganze Affäre roch kräftig nach von Moskau oder Pankow geleiteter Untergrundarbeit.

Wahrscheinlich wurden einige dieser Jusos, bevor sie in der alten „BRD" in Aktion traten, sorgfältig in einer der sowjetzonalen Agentenschulen ausgebildet. Dann erhielten sie den Auftrag, in der Bundesrepublik die Voraussetzungen für eine spätere „Volksfront" zu schaffen, nämlich eine Volksfront zwischen SPD und DKP. Auch eine solche Entwicklung war in das strategische Ziel Moskaus eingeplant.

Wie systematisch die Kommunisten diese politische Linie bereits vor Jahren vorbereitet haben, geht aus einer Meldung im Zentralorgan der SED, dem „Neuen Deutschland", hervor. Dort heißt es: „Erforderlich sind tausende neuer Kontakte, enge brüderliche Beziehungen zu Gewerkschaftsorganisationen, zu sozialdemokratischen Organisationen, die Schaffung von festen Stützpunkten in den Großbetrieben Westdeutschlands, in der SPD, in allen Massenorganisationen der Werktätigen."

Die SPD und ihre Jugendorganisation ließen sich auch systematisch für die sowjetische Außenpolitik einspannen. Frau Buber weist deutlich nach, wie die Kommunisten die Jugendorganisationen der SPD mit Erfolg unterwanderten. Sie warf der SPD vor, dort und vor allem in den Betrieben kein wirksames Gegengewicht gegen die mehr oder weniger offene kommunistische Agitation geschaffen zu haben.

Eine wichtige Rolle spielte auch die SDAJ (Sozialistische Deutsche Arbeiterjugend), welche zwar immer betonte, kein Glied der DKP zu sein. Trotzdem enthielt ihre in rund 20 000 Exemplaren erscheinende Zeitschrift „ELAN – Magazin für junge Leute" praktisch nur Themen aus dem Bereich der kommunistischen Antikapitalismus-Propaganda. Es gelang der SDAJ, mit der DKP im Hintergrund, über sogenannte Jugendforen die sozialdemokratische Jugend, die Gewerkschaftsjugend und Organisationen des Frankfurter Jugendrings, der bekanntlich die bürgerlichen Jugendverbände umfaßte, für prokommunistische Aktivitäten zu gewinnen. Auf solchen Foren traten zum Beispiel sozialdemokratische Funktionäre auf wie Landtagsmitglied Rudi Arndt, später Frankfurts Bürgermeister. Arndt griff die damalige Bundesregierung heftig an und erklärte, daß der Bolschewismus keineswegs der Hauptfeind der Demokratie sei.

Einer der großen Erfolge ist gemäß M. B.-N. aber die Unterwanderung der SPD-Studentenorganisation SDS (Sozialistischer Deutscher Studentenbund) gewesen, die bereits in den fünfziger Jahren begann. Im Mai 1959 organisierte der SDS zusammen mit anderen ostzonal gesteuerten Gruppen in Frankfurt einen Kongreß. Professor Dr. Wolfgang Abendroth, damals noch SPD-Mitglied, war Hauptreferent. Die politische Entwicklung im SDS führte 1961 dazu, daß die SPD sich ihrer Studentenorganisation entledigte und Prof. Abendroth aus der Partei ausschloß. Nach 1968 trat dieser dann offen als Propagandist der DKP auf. Nach diesem Fiasko wurde der Sozialdemokratische Hochschulbund (SHB) gegründet. Zehn Jahre später erklärte der führende SHB-Funktionär Steffen Lehndorf auf einer Pressekonferenz: „Wir stehen in unserer Programmatik der DKP näher als der SPD." Der SHB wurde darauf Bündnispartner des Marxistischen Hochschulbundes Spartakus, also des kommunistischen Studentenverbandes. Die SPD distanzierte sich erneut. Wenn Margarete Buber-Neumann damals in Vorträgen ganz aktuell diese Vorgänge darstellte, wurde sie nicht selten ausgebuht und niedergeschrien. Sogar hier in der Schweiz, wo ich mit ihr mehrmals zur gleichen Thematik aus schweizerischer Sicht und über die Unterwanderung unserer Hochschulen an Tagungen referierte.

Wenn man Frau Buber-Neumann nach dem Grad der Infiltration der SPD fragte, erhielt man folgende Antwort: „Ich muß gestehen, daß es mir nicht möglich ist, anzugeben, wie viele kommunistische Agenten sich in die Reihen der SPD eingeschlichen haben. Aber da die Infiltrationsversuche der Kommunisten vor keiner Organisation haltmachen, werden sie bestimmt die SPD nicht ausnehmen, sondern ganz im Gegenteil. Der Aufstieg des Ostagenten Guillaume begann bekanntlich in der hessischen SPD, in der sich auch seine Frau als eifrige SPD-Genossin bis in die hessische Vertretung in Bonn hinaufdiente. Dort war sie dann für ihre östlichen Auftraggeber tätig. Ich bezweifle nicht, daß es die kommunistischen Spionageorganisationen besonders auf die SPD und auf die Gewerkschaften abgesehen haben. Dafür spricht auch die Tatsache, daß nicht wenige in der SPD und in den Gewerkschaften eine politische Haltung einnehmen, die sie kaum noch von den Kommunisten unterscheidet.

Verdächtig war übrigens auch die offizielle Haltung der SPD gegenüber den Terroristen à la Baader-Meinhof. Am eindrucksvollsten hat diese Bedenken Hermann Knorr formuliert, der Chefredakteur und Herausgeber der Heidelberger Rhein-Neckar-Zeitung, der vor einiger Zeit nach 50jähriger Zugehörigkeit zur SPD seine Partei verlassen hat. Knorr schrieb folgendes: ‚Heute fühlt die SPD sich versucht, gegen das eigene historische Gewissen vor einer revolutionären Unterwanderung beide Augen zuzudrücken und dabei überall ihren Segen zu geben, wo Autoritäten zerstückelt werden... Jedenfalls genügt es nicht, daß Genosse Bundeskanzler nach den Attentaten verblüffte und empörte Worte ausspricht, aber sonst die Schläge der Strukturrevolutionäre als Jugendstreiche hätschelt und mit Komplimenten an die Jugend herunterspielt... Eine SPD, die den privaten Unternehmer ohne Maß liquidieren will, ist nicht mehr die Sozialdemokratie, für die sich charakterfeste Arbeitskameraden eingesetzt haben. Diese können heute ... nur noch resignieren und zusehen, wie eine Jugend, ohne von der Geschichte her etwas erlebt zu haben, ihre Politik an den Teufel verschachert und die charakterlose Prominenz von heute in ihren Giftnetzen zu fangen versucht.‘ "

Diese erschütternden Worte eines enttäuschten alten Sozialdemokraten stammen aus dem Jahr 1972. Aber schon 1970 hatte der ehemalige Bundessekretär der Jungsozialisten, Ernst Eigengrün, die Gefahr erkannt, die der SPD von seiten einer nahezu ungehindert in ihre Reihen eindringenden Linken drohte. Er schrieb: Hier ist eine Gruppierung zum Kampf angetreten, die die Partei umdrehen will. Hier geht es nicht mehr um das bisher gewohnte Auftreten einer mit der Märtyrerpose wehleidig kokettierenden, isolierten Minderheit, sondern um die Frage, wer morgen in der SPD die Mehrheit hat ... Die radikale Linke hat über zehn Jahre hinweg konsequent Kaderpolitik betrieben. Die Spitze dieses Eisbergs wird jetzt allmählich sichtbar ... Universitäten, Rundfunkanstalten und das Volkshochschulwesen bildeten zunächst einen Unterschlupf. Inzwischen sind sie längst zu Agitationsbasen geworden. – Das sind wahrhaft prophetische Worte.

Es läßt aufhorchen, wenn man erfährt, daß mehr als 50 000 meist junge Leute, frühere APO-Anhänger, in die Organisation der Jusos oder in die SPD eintraten. Diese „junge Garde", unter der es sicher nicht wenige gab, die in den sowjetzonalen SSD-Schulen in der Nähe von Leipzig oder Berlin ausgebildet wurden, diese „Eingeschleusten" waren nun dabei, den SPDlern vom rechten Flügel beizubringen, daß man die kapitalistischen Machtverhältnisse ändern müsse und das nicht etwa auf evolutionärem Wege, sondern auf revolutionärem.

Margarete Buber-Neumann stellte einmal in einem Referat die neue Rolle dar, die Chruschtschow der SPD übertragen wollte. In einer Rede vor Zentralkomitee-Mitgliedern im Jahre 1957 habe er über seine Ziele und seine Taktik gegenüber der Bundesrepublik folgendes ausgeführt: „Da wir den Dritten Weltkrieg noch nicht riskieren können, müssen wir wenigstens unsere Ausgangspositionen verbessern. Entscheidend ist der Durchbruch nach Westdeutschland mit seinem hohen Potential an Rohstoffen und Industrien. Mit Westdeutschland in unserer Einflußsphäre werden wir den USA gewachsen sein. Es gibt hier eine maximale und eine minimale Lösung. Die maximale Lösung ist, die Bundesrepublik aus der NATO herauszubrechen. Zur Zeit ist das mit den alten KP-Kampfmethoden des Generalstreiks und des bewaffneten Aufstandes nicht möglich. Um so energischer muß der Weg beschritten werden, durch geistige Infiltration und Beeinflussung von Parteien, Politikern und Massenorganisationen eine zukünftige Bundesregierung zum freiwilligen Austritt aus der NATO zu veranlassen.

Das freiwillige Ausscheiden der Bundesrepublik aus der NATO wird die Wirkung eines Dammbruches haben. Die Folgen für die ohnehin stark kommunistisch durchsetzten Länder Italien und Frankreich werden nicht ausbleiben. Nach dem Ausscheiden der Bundesrepublik aus der NATO wird diese für die in ihr verbleibenden Länder uninteressant. Damit hätten auch die USA die entscheidenden Stützpunkte auf dem Kontinent verloren und könnten ihre Truppen nicht mehr in Europa halten. Gelingt das nicht, so bleibt die zunächst minimale Lösung: Die Verhinderung der atomaren Aufrüstung der Bundeswehr und die Wiederabschaffung der allgemeinen Wehrpflicht. Hierfür muß Genosse Ulbricht das Notwendige veranlassen."

Es versteht sich von selbst, und die folgenden Jahre bewiesen es deutlich, daß als Ziel dieser geistigen Infiltration und Beeinflussung zuerst die SPD und deren führende Köpfe, zweitens die Gewerkschaften und drittens Antikriegsorganisationen als Massenbewegungen vorgesehen waren. Die SPD konnte diese Aufgabe in beiden Fällen, sowohl in der Opposition wie als Regierungspartei, übernehmen. Der Hinweis auf Genosse Ulbricht bedeutet nichts anderes, als daß die DDR das Personal für die Unterwanderung zu stellen und den Propagandafeldzug zu führen hatte. Die Stasi-Akten belegen heute diese Aktivitäten.

Besonders als nach 1956 die KPD und ihre Tarnorganisationen verboten wurden, so Margarete Buber-Neumann, konzentrierte sich der kommunistische Geheimapparat noch intensiver darauf, demokratische Organisationen, Gruppen und Parteien zu beeinflussen oder zu unterwandern. Auf die Gewerkschaften und die SPD habe man es „als Lieblingsziele" der kommunistischen Infiltration in erster Linie abgesehen. Dabei hätten nicht nur die vielfachen Aktivitäten sogenannter Mitläufer und Sympathisanten eine Rolle gespielt, sondern auch die sogenannten „trojanischen Esel" und Helfershelfer aus den Reihen der SPD.

Daneben spielten aber auch ehemalige Kommunisten als spätere Spitzenfunktionäre in der SPD eine vielleicht noch viel bedeutendere — verhängnisvollere — Rolle.

An dieser Stelle ist es Zeit, sich etwas näher mit Herbert Wehner zu befassen. Wenn Frau Buber auf Herbert Wehner zu sprechen kam, wurde sie immer etwas heftiger, oft ironischer, aber auch sarkastischer, als es eigentlich ihre Art war. Sie hielt von ihm nicht viel, nannte ihn unehrlich, geheimnisvoll und einen ewigen Agenten Moskaus. Schließlich war er nur sechs Jahre jünger als sie und gleichzeitig mit Heinz Neumann und ihr ab 1927 Mitglied der KPD. Er habe jeden Freund verraten, wenn es für ihn persönlich nützlich war, erzählte sie mir einmal.

Vermutlich wußte sie nicht, daß Wehner mit seinen Forderungen nach Säuberung der Partei auch ihren Schwager Willi Münzenberg denunzierte. Sie hatte aber einen untrüglichen Instinkt und konnte sich bei der Beurteilung von Menschen auf diesen verlassen. Ich habe nie erlebt, daß sie sich täuschte. Und die heutigen Erkenntnisse beweisen, daß sie sich auch in Herbert Wehner nicht täuschte. Den nie abgeklärten Tod Münzenbergs, Lebensgefährte ihrer Schwester Babette, bezeichnete sie immer als Mord kommunistischer Agenten.

Immerhin wurde durch die Veröffentlichungen der Kader-Akte Herbert Wehners bekannt, daß er auf der Internationalen Kontrollkommunistischen (IKK) Sitzung vom 16. 2. 1939 als Genosse Funk auf frühere Beschlüsse hinwies: Münzenberg habe schon vor 1937 den Kampf der Neumann-Gruppe kontinuierlich mitgemacht. Als man 1932 auf der Oktober-Parteikonferenz offziell die Erledigung der Neumann-Gruppe erwog, sei auch über Münzenberg gesprochen worden. Münzenberg fürchtete wie Heinz Neumann die Nazis und bekämpfte diese aufs heftigste in seinen Schriften. Ab 1933 löste er sich zunehmend von der Komintern. Als er von den Schauprozessen gegen Sinowjew und dessen Genossen erfuhr, riß er sich innerlich vom Kommunismus los. Im Interesse der spanischen Republikaner und um für diese Hilfe zu organisieren, ging er dann aber, begleitet von Babette, trotzdem 1936 nach Moskau, wo man ihm in Verhören vor der Internationalen Kontrollkommission eine Falle zu stellen versuchte. Zuerst wurde ihnen das Ausreisevisum verweigert, und Münzenberg sah sich bereits in der Gewalt des NKWD. Palmiro Togliatti half ihm im gleichen Jahr, nach Paris zurückzukehren. Als die Deutschen gegen Paris vorrückten, flüchtete er nach Marseille, wo er bald darauf vermißt wurde. Nach vier Monaten fand ein Bauer in einem Wald seine laubbedeckte Leiche, den Hals mit Stacheldraht umschlungen. Der Hergang der Tat ist bis heute ungeklärt.

Wehner bezeichnete in einem Brief an den KPD-Vorsitzenden Wilhelm Pieck zu Händen der Kontrollkommission der Kommunistischen Internationale um 1937 Münzenberg als einen, der sich mit vergiftender Tätigkeit und Zersetzungsarbeit befasse. Im Protokoll einer Sitzung der deutschen KP-Genossen vom 20. Mai 1937 findet man auf der Liste der Ausschlüsse aus der Partei auch Heinz Neumann. Grund: Verhaftung in der Sowjetunion, was bedeutete, der Mann kann kein Mitglied der KPD mehr sein, denn er gilt in der Sowjetunion als Verräter. Zu dieser Sitzung erschien Wehner (Deckname

Funk) gemäß Protokoll verspätet. Er kannte aber die Liste mit Sicherheit oder nahm sie mit dem Protokoll zur Kenntnis. Neumann war am 27. April 1937 vom NKWD verhaftet worden. Dieses Datum läßt darauf schließen, daß Wehner genauestens über das Schicksal Neumanns Bescheid wußte. Am 26. November 1937 wurde Neumann hingerichtet.

Am 4. Oktober 1972 schrieb Margarete Buber-Neumann einen mehrseitigen Brief an Elsa. (Elsa Bernot übersetzte M. B.-N's Buch „Milena, Kafkas Freundin" ins Englische). Darin warnte sie eindrücklich vor Wehner, der in der SPD trotz seines Ausschlusses aus der KPD nach wie vor die Geschäfte der Kommunisten besorge. Sie beschrieb, wie wegen Verrates an der Partei durch einen von Pieck, Dimitroff und Manuilski unterzeichneten Beschluß vom 6. Juni 1942 Kurt Funk (Herbert Wehner) aus der KP ausgeschlossen wurde. Er hatte bei seiner Verhaftung in Schweden ein Geständnis abgelegt, was ihm die Genossen übelnahmen.

Im besagten Brief erfährt man auch, daß das Verhältnis von Heinz Neumann und Margarete zu Wehner von Anfang an gestört und von Mißtrauen begleitet war. 1931 holte Ulbricht den Genossen Wehner, Neumanns wichtigsten Gegner, zur Mitarbeit in die Landesleitung der KPD Berlin-Brandenburg. 1935 begegnete Margarete Wehner in Saarbrücken, und sie bekam deutlich zu spüren, daß sie und ihr Mann für ihn Unpersonen waren.

Es dauerte bis 1950, bis Margarete Wehner wieder direkt und persönlich begegnete. Beim Sender RIAS Berlin holte man sie nach einem Interview in ein Zimmer und kündigte ihr an, daß sie dort einen bedeutenden alten Bekannten treffen würde. Es war Herbert Wehner, pfeifenrauchend wie immer, der sich aber wortlos von ihr wegwandte, während sie ihn schockiert ansah.

1952 wurde sie vom SP-Mitglied Prof. Dr. Hermann Brill orientiert, daß sie in Wehner einen erbitterten Feind im Parteivorstand der SPD habe. Er habe mit Bezug auf sie ausgesagt, es sei Zeit, das Unterholz der Demokratie auszurotten.

Kurz vorher gründete nämlich M.B.-N. zusammen mit Freunden aus CSU, SPD und FDP ein Institut für politische Erziehung. Wehner forderte die SP-Vertreter auf, aus diesem Institut auszutreten, weil Margarete Buber-Neumann damit nur die SPD zersetzen wolle. Carlo Schmid, Willy Brandt und der damalige Oberbürgermeister von Frankfurt befolgten diesen Rat. Willy Brandt gestand ihr später, daß er leider habe nachgeben müssen, um dafür bei wichtigeren Angelegenheiten Widerstand leisten zu können. Für dieses Geständnis steuerte er ganz bewußt auf Margarete zu.

Im September 1969 meldete sich bei ihr unter einem Vorwand ein Student des Frankfurter Instituts für Sozialwissenschaften. Später sagte er ihr, er müsse sie im Auftrag des Parteivorstandes der SPD fragen, ob sie auch der Ansicht sei, daß Wehner am Tode ihres Mannes Heinz Neumann schuld sei. Das war kurz bevor die SPD die Regierung übernahm. Das alles und noch einige weitere Details waren Inhalt des Briefes vom 4. Oktober 1972. Er gelangte zur Führungsspitze der SPD und wurde in Kopien einem Kreis von Gegnern Wehners und dann einem Kreis von dessen Freunden zugeschickt. Im Begleittext konnte man unter dem Vermerk „Achtung" lesen, dieses interessante und lehrreiche Dokument sei auf „besondere Weise" sichergestellt worden.

Bemerkenswert ist auch das folgende Nachspiel: Etwa um 1980 zeigte Frau Buber diesen Briefbericht samt den dazugehörigen Unterlagen einer Dame. Kurz darauf wurde bei ihr in der Wohnung an der Fahrgasse in Frankfurt eingebrochen und ihr ganzes „Wehner-Dossier" gestohlen.

Margarete Buber-Neumann hat mir gegenüber immer behauptet, Wehner habe zur Regierungszeit der SPD direkte Kontakte zu Moskau gepflegt und heimliche Reisen dorthin gemacht, von welchen die Öffentlichkeit nie etwas erfahren durfte. Sie war auch überzeugt von der Absicht, daß diese Rolle Wehners später einmal von Egon Bahr wahrgenommen werde. Etwas Schriftliches dazu wurde meines Wissens bis jetzt in ihrem Nachlaß nicht gefunden. Ich erinnere mich aber noch gut an ihre spontanen Telefonate, in denen sie – scheinbar glaubwürdig und ihrer Sache sicher – von solchen Reisen wußte.

Das Schicksal von Margarete Buber-Neumann hat mindestens indirekt mit Herbert Wehner zu tun. Als 1934 Neumann in Zürich verhaftet wurde, gelang es ihr, mit einem falschen Grenzpassagierschein die Schweiz zu verlassen. Mit Hilfe ihrer Schwester Babette, welche mit Willi Münzenberg in Paris lebte, erwirkte sie die Freilassung Neumanns. Während eines kurzen Aufenthaltes in Frankreich kam es dann in Saarbrücken 1935 zur beschriebenen unerfreulichen Begegnung mit Wehner. Die französische Polizei verfrachtete Heinz bald darauf in Le Havre auf einen sowjetischen Frachter, der nach Leningrad fuhr. Margarete begleitete ihn. In Moskau erhielt er noch eine Ausbildung für einen militärischen Kominterneinsatz in Brasilien und Margarete eine neue Identität als Kanadierin. Mitten in dieser Phase wurde Dimitroff neuer Generalsekretär der Komintern. Am Tage darauf erfuhr Neumann, daß er nicht fahre. Die „Große Säuberung" erfaßte auch ihn. Wehners alte Abneigung gegen beide dürfte gemäß heutigen Erkenntnissen das ihrige dazu beigetragen haben.

Auch Margarete wurde ein Jahr später verhaftet und als sozialgefährliches Element zu fünf Jahren Arbeitsbesserungslager verurteilt. 1940 wurde sie – für sie völlig überraschend – nach Deutschland überführt. Nicht in die Freiheit, sondern in die Hände der Gestapo. Gewissermaßen als Dank für den deutsch-russischen Freundschaftspakt überließ Stalin Hitler circa 1200 prominente deutsche Häftlinge. Vor mir liegt die Kopie einer Liste Nr. 11 des sowjetischen Außenkommissariates vom 31. Januar 1940 an die Deutsche Botschaft in Moskau. Die abzuschiebenden Häftlinge wurden in Gruppen vorangemeldet und übergeben. Auf der Liste Nr. 11 steht von 15 Namen auf Zeile 9 derjenige von Margarete, Jahrgang 1901, verhaftet am 20. Juni 1938. Im ergänzenden Beschrieb meldete Moskau nach Berlin, daß sie den Beinamen Neumann führe. Es sei anzunehmen, daß sie mit einem gewissen Neumann in einem gemeinsamen Haushalt lebte. Es sei nicht auszuschließen, daß es sich dabei um den ausgebürgerten Heinz Neumann handelte, der wiederholt deutschfeindliche Artikel in der inzwischen eingegangenen „Deutschen Zentral-Zeitung" veröffentlichte. M.B.-N. sei bisher in der Öffentlichkeit nicht hervorgetreten.

Ich besuchte sie wenige Tage, nachdem sie dieses Dokument erhalten hatte, in Frankfurt. In ihrer direkten, unverblümten Art meinte sie: Die wußten schon, mit wem sie es zu tun hatten, und was mit Heinz Neumann geschah. Für die Nazis war es immerhin eine Information, die genügte, um mich sofort ins Konzentrationslager zu stecken.

Nachwort:

Margarete Buber-Neumann beschäftigte sich intensiv mit der Frage, welche Rolle nach dem Krieg Funktionäre der SPD gegenüber den Opfern der Kommunisten spielten. Sie glaubte, nur „kleine Fische" zu erkennen, deren Motiv das Überleben war, außer Wehner. Von ihm allerdings, behauptete sie, ging ein wesentlicher Einfluß auf wichtige Amtsinhaber, vor allem auf Willy Brandt, aus. Er sei verantwortlich dafür, daß Moskau nach dem Krieg politischen Einfluß auf die SPD ausüben und Agenten bis zur Führungsspitze einschleusen konnte. Dazu komme, daß seine alten, guten Beziehungen zu Ulbricht eigentlich nie in die Brüche gegangen seien.

Die hier gemachten Ausführungen basieren zum größten Teil auf schriftlichen Unterlagen und Manuskripten, welche mir Frau Margarete Buber-Neumann im Verlaufe der vielen Jahre unserer Freundschaft und des gemeinsamen Kampfes gegen totalitäre Ideologien, Subversion und den Marsch durch die Institutionen übergab. Ich ergänzte sie mit Erinnerungen an viele Diskussionen und Gespräche, die wir zu führen pflegten, wenn sie in Zürich bei unserer Familie Ferien verbrachte, ich sie in Frankfurt besuchte oder wir gemeinsam auf Tagungen referierten. Vieles zu diesem Thema schlummert vermutlich in schriftlicher Form noch in ihrem Nachlaß, dessen wissenschaftliche Aufarbeitung wohl zu weiteren Erkenntnissen der Geschichte dieses Jahrhunderts beitragen könnte.

KLAUS-PETER SCHULZ

Aus der Mitte
der Sozialdemokratie . . .

Klaus-Peter Schulz,

Dr. med., Publizist, geboren am 2. April 1915 in Berlin, Studium an den Universitäten Greifswald und Berlin (Medizin) – 1937 bis 1945 Wehrmacht (zuletzt Unterarzt), dann Dezernent Gesundheitsamt Berlin-Pankow, ab 1946 politischer Redakteur beim Tagesspiegel und Chefredakteur der Zeitschrift Der Sozialdemokrat, beide Berlin, 1948 bis 1949 Herausgeber der Zeitschrift Debatte, Helmstedt, politischer Kommentator bei verschiedenen Rundfunkanstalten, 1959 Leiter des Berlin-Büros von Inter Nationes, 1960 bis 1963 Mitarbeit beim Senat und Berliner Korrespondent des SWF, ab 1963 Leiter des Berlin-Studios der Deutschen Welle, 1952 bis 1956 Mitglied der Verfassunggebenden Landesversammlung und des Landtags Baden-Württemberg; 1963 bis 1965 MdA Berlin, 1965 bis 1976 MdB/Vertreter Berlins; 1966 bis 1973 Mitglied der Beratenden Versammlung des Europarats (1970/1981 Vizepräsident) und der Westeuropäischen Union; 1973 ff. Mitglied des Europäischen Parlaments, 1931 bis 1971 SPD.

Veröffentlichungen: Die Insel der Freiheit, 1948; Sorge um die deutsche Linke, 1954; Luther und Marx, 1956; Opposition als politisches Schicksal?, 1958; Kurt Tucholsky, Monogr. 1959; Berlin – le destin de l'Allemagne, 1961; Informationen über Berlin, 1961; Berlin zwischen Freiheit und Diktatur, 1962; Proletarier – Klassenkämpfer – Staatsbürger/100 Jahre deutsche Arbeiterbewegung, 1963; Auftakt zum Kalten Krieg – Der Freiheitskampf der SPD in Berlin 1945 bis 1946, 1965; Der Reichstag gestern – morgen, 1969; Ich warne, 1972; Die ehrbaren Erpresser, 1976; Berlin und die Berliner, 1977; Die Liebe ist der Sinn, 1980; Ein perfekter Rufmord, 1984; Adenauers Widersacher, 1989; Authentische Spuren – 24 Begegnungen mit bekannten Zeitgenossen, 1992.

Ein schon in der Kinderzeit früh erwachter politischer Instinkt erleichterte mir die erste Differenzierung zwischen Gut und Böse: zwischen Sozialdemokraten und Nichtsozialdemokraten. Verantwortung für eine so – unter Umständen – bedenkliche Selbsttäuschung trug Heinrich Schulz, der liebevollste Vater und der vorbildlichste Erzieher, der mir je vorgekommen, ja, darüber hinaus überhaupt vorstellbar ist. Für den Glauben an den Menschen als Gottes Ebenbild wurde er seinen drei Kindern zum Maßstab. Also fiel ein sichtbarer Abglanz dieses Lichts zwangsläufig auf alle Männer und Frauen, die politisch den gleichen Weg gingen. Wer es nicht tat, war eben nicht erleuchtet, mußte mithin, so sehr man es im Einzelfall bedauern mochte, zu den „Bösen" gerechnet werden.

Als es mir mit väterlicher Hilfe bereits mit 16 Jahren gelang, der SPD als Mitglied beizutreten, war ich natürlich schon längst kein so schrecklicher Vereinfacher mehr, aber das Bewußtsein, nunmehr einer auserwählten Schar anzugehören, hielt sich durchaus noch eine Weile. Mit der Parole „Demokratie, das ist nicht viel, denn Sozialismus ist das Ziel" empfanden sich die Nest- und Roten Falken, die Sozialistische Arbeiterjugend und die jungen Sozialdemokraten mindestens auch und gerade während der Agoniephase der Weimarer Republik als Vorkämpfer einer besseren Zukunft für die gesamte Menschheit. In eine Demokratie ganz selbstverständlich hineingewachsen, rieben wir uns im krisengeschüttelten Deutschland vornehmlich und lautstark kritisierend an ihren Fehlern und Schwächen. Erst der „völkerbefreiende Sozialismus" – was immer man über die Vergesellschaftung der Produktionsmittel hinaus darunter verstehen mochte – würde allen das Heil bringen.

Dieser rosarote Optimismus zerbrach indessen für immer und in kürzester Frist im Zeichen der ersten und hoffentlich letzten totalitären Diktatur auf deutschem Boden. Was die jahre-

lang wahrlich „kleinste Schar" derer, die den Idealen und
Wertvorstellungen, mit denen sie aufgewachsen waren, konsequent die Treue hielten, zur Verzweiflung trieb, war nicht
einmal so sehr die Machtpraxis der Unmenschen im Dritten
Reich. Man hatte sie, obwohl sie alle düsteren Erwartungen
noch weit übertraf, nicht viel anders erwartet. Es waren die
blinden Emotionen, die atavistischen Ressentiments oder
auch der erbärmliche Opportunismus, in deren Bann Millionen bislang unbeteiligter Mitbürger, von denen man Besseres
erhofft hatte, sich „gleichschalten" ließen oder gar nach
Gleichschaltung lechzten. Die bange Frage, ob denn die stattliche Mehrheit des eigenen Volkes, die bedenkenlos in den
Heilruferchor einstimmte, den Verstand verloren hätte oder
wir, die plötzlich ausgeschlossene, verachtete und verfolgte
Minderheit, entschieden wir zu unseren Gunsten, sonst hätte
man nicht mehr existieren mögen und keinen noch so bescheidenen Widerstand organisieren können. Doch erlebte ich am
eigenen Leibe, was es hieß, ein Deutscher ohne Deutschland
zu sein, und wie die damit verbundene schmerzvolle Isolierung noch einmal eine unkritische Trotzhaltung erzeugte.

Als Abiturient des Jahrgangs 1933 vom erwünschten Studium
ausgeschlossen, weil meine verwitwete Mutter sofort die Pension verlor, bei den Überlegungen einer Berufsfindung von
der Zwangsvorstellung gehemmt, überall außerhalb der pri-
vatesten Familien- und Freundessphäre nur braunes Gesindel
anzutreffen, vergrub ich mich monatelang – was ich später
niemals bereuen sollte – ausschließlich in das Studium der
Schriften des Marxismus. Das war freilich eine verbissene,
weil allzu voluntaristische Beschäftigung. Irgendwie spürte
ich nämlich schon, daß mit dem „wissenschaftlichen Sozialismus" etwas Entscheidendes nicht stimmte, daß er von einem
grundfalschen Menschenbild ausging und daß der historische
Materialismus zwar statistische Gesetzmäßigkeiten erkannte,
aber keine echte geschichtliche Entscheidungssituation zu erklären vermochte. Das störte mich, das beunruhigte mich,

das raubte mir bei meinen damals 18 Jahren sicher nicht nächtelang, wohl aber stundenlang den Schlaf. Aber ich schloß dennoch stur auch tagsüber die Augen: Es waren ja meine schlimmsten Feinde, gleichzeitig die schlimmsten Feinde der Menschheit, Hitler, Goebbels und Konsorten, die den Marxismus in Grund und Boden verdammten, ihn beschimpften und lächerlich machten. Also gerade darum mußten Marx und Engels stets und überall recht behalten, trotz alledem und alledem.

Mehr als zwölf Jahre wurde die verbotene Sozialdemokratie zu einer Art Ersatzkirche, wenn ich auch während der Herrschaft des Hakenkreuzes rasch dahintergekommen war, daß die zuerst sträflich unterschätzte Demokratie ihr weitaus bestes Teil war. An sie dachte ich und sie inspirierte mich. Nach Überwindung der Hemmungen arbeitete ich knapp drei Jahre als Journalist, erkannte dies als meinen Neigungsberuf und verzichtete dennoch unverzüglich auf dessen Ausübung, als Goebbels im November 1936 die überlieferte Kunstkritik verbot und sie durch die „aufbauende" Kunstbetrachtung per Ukas ersetzte.

Für das mir fernliegende, anfänglich noch dazu kaum finanzierbare Medizinstudium entschloß ich mich, weil nach meiner Überzeugung dem Arztberuf am wenigsten politische Gesinnungsauflagen erteilt werden konnten. (Wie schamlos totalitäres Mordbrennertum auch in die ärztliche Sphäre einbrach, ließ sich damals nicht voraussehen.) Auch in einer Studentenkompanie der Luftwaffe, wie überall vorher, ein kleiner, anonymer Untergrundwühler, sorgte ich nicht nur für politische Aufklärung der Kommilitonen, sondern warb in meinem innersten Kreis schon drei besonders bewährte Kameraden als künftige Mitglieder einer wiederauferstandenen Sozialdemokratie. Sie hielten übrigens sämtlich Wort und sind nach Rückkehr aus der Kriegsgefangenschaft sofort der SPD beigetreten.

Mir verhalf eine fast unglaublich anmutende günstige Schicksalskonstellation dazu, mich schon einen Tag nach der Kapitulation Berlins in die politische Dynamik des unmittelbaren Nachkriegsgeschehens hineinzuwerfen. In allen größtenteils verwüsteten Bezirken wuchsen Volkskomitees aus dem Boden. Als Unterarzt eines Kriegslazaretts, dessen Belegschaft wegen der in dieser Gegend heftig tobenden Kämpfe zufällig der Gefangenschaft entgangen war, nahm ich mit dem für mich zuständigen Komitee sofort Verbindung auf. Das Auftreten wie die Sprech- und Ausdrucksweise der Initiatoren verrieten eindeutig, daß es sich um in der Illegalität erprobte Altkommunisten handelte. Das störte mich damals nicht im geringsten, sondern ich bot, als Arzt und als SPD-Mitglied von 1931 bis zum Verbot der Partei, meine Dienste an, was recht freudig aufgenommen wurde. Bald stießen auch ältere, im Bezirk ansässige Sozialdemokraten zum Volkskomitee, und es kam zu stundenlangen abendlichen Diskussionen. Die ehemaligen Parteifreunde vertraten sämtlich die Auffassung, die mich zur sofortigen Mitwirkung im Volkskomitee inspiriert hatte. Ausgehend von der unbestreitbaren Tatsache, daß die unheilvolle feindselige Zerklüftung der Arbeiterparteien zum kläglichen Ende der Weimarer Republik beigetragen hatte, sollten ehemalige Sozialdemokraten und Kommunisten, wann auch immer Parteien von den Siegermächten zugelassen wurden, gemeinsam die Fehler der Vergangenheit vermeiden und sich von vornherein zu einer einheitlichen sozialistischen Partei der Zukunft zusammenschließen.

Die kommunistischen Gesprächspartner reagierten zunächst aufgeschlossen, übten aber bald zu unserer Verwunderung eine immer deutlichere Zurückhaltung. Sicherlich war das auf den Einfluß der aus der Emigration zurückgekehrten Gruppe Ulbricht zurückzuführen, was wir aber zu diesem frühen Zeitpunkt nicht erkannten. Die deutsche Arbeiterklasse habe in der Tat während der Weimarer Zeit ihre Chancen verspielt, sei deshalb für die Gründung einer Einheitspartei a priori nicht reif, und es bedürfe noch einer ganzen Weile, um die nötige „ideologische Klärung" herbeizuführen.

Die Praxis belehrte die Altsozialdemokraten, die gleich nach der Kapitulation in die Bresche gesprungen waren, mit jedem Tage eindringlicher darüber, wie wir uns in der Aufrichtigkeit unserer Partner getäuscht hatten. Nach der Wiederzulassung „antifaschistisch-demokratischer Parteien" durch den Shukow-Erlaß vom 10. Juni 1945 traten die traditionellen Gegensätze zwischen Sozialdemokraten und Kommunisten geradezu deprimierend hervor, zeigte es sich, wie sehr sie politisch und moralisch durch Abgründe getrennt waren. Auf jeder Bezirksamtssitzung — ich war Stadtrat für das Gesundheitswesen geworden — kam es zu erbitterten Wortgefechten zwischen mir und dem kommunistischen Personaldezernenten, der sich dauernd auf eine höchst unzulässige Weise in mein Ressort und in meine Kompetenzen einmischte. Nachdem sich allmählich der organisatorische Zusammenhalt der am 17. Juni 1945 wiederauferstandenen Sozialdemokratie festigte und auf diese Weise ein bezirksübergreifender Erfahrungsaustausch möglich wurde, erkannten wir, daß alle verantwortlich Tätigen mit ihren kommunistischen Partnern in den Verwaltungen und Betrieben die gleichen enttäuschenden Erfahrungen gemacht hatten. Von dem so oft und wortreich beschworenen demokratischen Geist waren sie noch weit entfernt, offenbarten immer spürbarer ihre Abhängigkeit von den Moskauer Direktiven und trachteten schon damals ebenso hartnäckig wie in der Wahl der jeweiligen Mittel raffiniert, eine „Partei neuen Typs" zu schaffen. Wir Sozialdemokraten atmeten auf, ja, wir fühlten uns ob der Erkenntnis förmlich befreit, daß unsere ursprünglichen naiven Vereinigungsträume nicht in Erfüllung gegangen waren.

Inzwischen hatten freilich die Kommunisten ihrerseits das Steuer längst herumgeworfen. In den Westzonen marschiere die Reaktion, so verkündeten sie, darum müßten die Arbeiterparteien in der Ostzone wie in Berlin ihre Kräfte bald und unwiderruflich zusammenschließen. Anfänglich leistete der von Grotewohl geleitete Zentralausschuß entschiedenen Widerstand, aber dieser verflüchtigte sich, als Stalins auserwählte Partei bei zwei freien Wahlen in Ungarn (11. November 1945) wie in Österreich (25. November 1945) eine geradezu vernichtende Niederlage erlitt. Blitzartig änderte Moskau den Kurs. Irgendeiner „ideologischen Klärung" bedurfte es offenbar nicht mehr, sondern im gesamten sowjetischen Machtbereich Osteuropas sollten die Sozialdemokraten, wie Kurt Schumacher es zutreffend bezeichnete, als „Blutspender" herhalten und mit den Kommunisten zu einer natürlich „freiwilligen Vereinigung" gepreßt werden. Die Sowjetzone im geteilten Deutschland wurde zum ersten Experimentierfeld dieser Art ausersehen.

Am 23. Dezember 1945 erfuhren die SPD-Mitglieder der Zone und in Berlin bei der Lektüre ihres Parteiorgans „Das Volk", je 30 Spitzenfunktionäre von SPD und KPD hätten hinter verschlossenen Türen getagt und seien zu der Erkenntnis gekommen, daß nunmehr eine „zweite Phase der Einheit" eingetreten sei. Darum beschlossen sie, so bald wie möglich die politischen und organisatorischen Voraussetzungen für eine Verschmelzung zu treffen. Also mußte der bisher standhaft anmutende Grotewohl einem Druck von außen nachgegeben haben oder durch wohlklingende Versprechungen geködert worden sein. (Später stellte sich heraus, daß beide Vermutungen zutrafen.) Eine solche Veranstaltung wie die sogenannte „Sechziger-Konferenz" war weder im Statut der KPD noch der SPD vorgesehen, und daher auch formal keineswegs berechtigt, für die Mitgliedschaft weitreichende oder gar bindende Entscheidungen zu treffen. Das Befremden, um nicht zu sagen, die Entrüstung, mit der die seltsame Weihnachtsüberraschung aufgenommen wurde, bezog sich denn auch zunächst mehr auf die verletzten Spielregeln als auf die eigentliche Substanz, mit der die Frage der Verschmelzung zu-

sammenhing. Der erweiterte Berliner Bezirksvorstand gab
Grotewohl und Genossen im Zentralausschuß schon am 29.
Dezember 1945 eine unmißverständliche Warnung. Das Er-
gebnis der Sechziger-Konferenz sei für die SPD lediglich eine
Diskussionsgrundlage, daher seien weitere Schritte in dieser
Richtung in der von den Spitzengremien gewählten Form
nicht statthaft. Über eine etwaige Verschmelzung der beiden
Parteien könne unter den gegebenen Voraussetzungen nur
eine Urabstimmung der Mitglieder befinden.

Die so wohlgemeinte Empfehlung fruchtete nichts. Moskau
drängte auf Taten, gab seinen deutschen Satelliten unmißverständliche Weisungen, und diese zögerten nicht, ihre sozialdemokratischen „Genossen" unter Druck zu setzen. Die von
den Sowjets lizenzierten Blätter im Ostsektor und der von den
Kommunisten beherrschte Berliner Rundfunk traten eine
förmliche Propagandalawine los. Oppositionelle Meinungen
kamen nicht zu Wort, wurden, wie auch ich erfuhr, unbeant-
wortet unterschlagen. Der auf Zeitgewinn spekulierende Grotewohl sah sich von den Ereignissen überrollt. Für die Sozialdemokraten in der Zone wurde die moralische Zermürbung
bald unerträglich. Nach einem ergebnislosen Gespräch mit
Kurt Schumacher in Braunschweig sah sich Grotewohl am 11.
Februar 1946 politisch zur Kapitulation gezwungen und setzte
seine Absichten auch bei seinen zögernden und widerstreben-
den Kollegen im Zentralausschuß schließlich mit Mehrheit
durch. Bis zum traditionellen Feiertag der Arbeiterklasse,
dem 1. Mai 1946, müsse die organisatorische Vereinigung von
SPD und KDP vollzogen sein, notfalls im Alleingang für die
Ostzone und Gesamtberlin.

Doch trat unerwartet gegen den allmächtig auftrumpfenden
Goliath sein legendärer Gegner David auf den Plan. Vor
allem die Berliner Sozialdemokraten nutzten die größere politische Bewegungsfreiheit in der Viersektorenstadt, um plan-
mäßig Abwehr und Widerstand zu organisieren. Besonders

rührig erwiesen sich die Kreise Charlottenburg, Tempelhof, Wilmersdorf und Spandau, im Ostsektor Mitte und Pankow. Auf einer großen Funktionärskonferenz am 1. März 1946 im Admiralspalast, dem heutigen Metropoltheater, unmittelbar am Bahnhof Friedrichstraße im russischen Sektor, stellte sich indessen heraus, daß sie die Meinung der übergroßen Mehrheit der Berliner Sozialdemokraten in allen Sektoren lediglich vorweggenommen hatten. Deren Funktionäre beschlossen, die Frage einer Vereinigung von SPD und KPD einer Urabstimmung der gesamten Mitgliedschaft zu unterbreiten; als Datum wurde der 31. März festgesetzt. Grotewohl, dessen Rede minutenlang von wütenden Zwischenrufen und Protesten unterbrochen wurde, mußte wohl an diesem Tage einsehen, daß sein schäbiges Spiel mindestens in Berlin in offener Feldschlacht verloren war. Während des ganzen Monats März versuchte er dennoch, mit List und Tücke, durch fadenscheinige Manipulationen aller Art die Urabstimmung zu Fall zu bringen. Vergeblich: Im Sowjetsektor wurde sie von der zuständigen Besatzungsmacht im letzten Augenblick verboten, in den Westsektoren lehnten 82 Prozent der Mitglieder die ihnen auferlegte Zwangsehe ab. Obwohl dieser Begriff in jenen Tagen noch nicht existierte: tatsächlich hatte Stalin in seinem deutschen Machtbereich die erste Runde des Kalten Krieges begonnen, aber mindestens in Berlin verloren.

Schon im Januar hatte ich auf eigene Faust Verbindung zu dem unter amerikanischer Lizenz erscheinenden „Tagesspiegel" aufgenommen und dessen Lizenzträger, vor allem Erik Reger, vorsorglich um Unterstützung gebeten. Er sagte unverzüglich zu und hielt sein Wort. Ihm sei klar, so vertraute er mir schon während unserer ersten Unterhaltung an, daß die Zwangsverschmelzung nicht nur eine bloße Parteiangelegenheit sei und auch nicht nur lokalen Charakter trage, sondern weit über die deutschen Grenzen hinaus prinzipiell die ganze Welt angehe. Am 15. März kehrte ich als innenpolitischer Ressortleiter in meinen Neigungsberuf zurück und konnte in den entscheidenden Wochen vor der Urabstimmung nicht nur für Aufklärung der Öffentlichkeit sorgen, sondern auch alle Flugblätter der Verschmelzungsgegner wie die meist eindeutigen Beschlüsse von Mitgliederversammlungen und Delegiertenkonferenzen der SPD abdrucken.

Aus der Perspektive dieses bahnbrechenden Ereignisses lohnt es sich, hier schon einen Blick in die Zukunft vorwegzunehmen und einige Tatsachen festzuhalten, die für die Entwicklung der Sozialdemokratie bis zum heutigen Tage recht charakteristisch waren. Nach dem ersten eindrucksvollen Sieg der Freiheit auf deutschem Boden erfüllten uns Hauptbeteiligte Stolz und Zuversicht. Wie konnte es auch anders sein? Die ganze Sozialdemokratie betrachtete bis weit in die sechziger Jahre hinein den 31. März als einen ehrenvollen Gedenktag und beging ihn bei „runden" Anlässen — beispielsweise 1951, 1956 und auch 1966 — in entsprechenden Veranstaltungen voller Genugtuung. Später wurde zwar die Geschichte nicht nach kommunistischem Muster umgeschrieben, aber man merkte doch deutlich, wie sehr die Rückbesinnung auf das Berliner Ereignis von 1946 die Entspannungseuphorie vornehmlich der Brandt-Ära störte. Man spielte die Bedeutung der Urabstimmung geflissentlich herunter, suchte die Geschehnisse von 1946 besänftigend umzudeuten, sie mehr auf Zufälligkeiten zurückzuführen oder zu einem bloßen lokalen Vorgang zu stempeln. Einer Partei, die in den siebziger und achtziger Jahren bis zur deutschen Schicksalswende im November 1989 so eifrig um Kontaktgespräche mit der SED bemüht war und darüber hinaus sogar ernsthafte Versuche einer ideologischen Einebnung und Verständigung unternahm, mußte die Rückbesinnung auf 1946 vor der Öffentlichkeit zunehmend peinlich werden. Was der Verschmelzungskampf zwischen SPD und KPD für die menschliche Freiheitsgeschichte mit aller Symbolkraft bedeutet, ist von ernsthaften Historikern inzwischen längst erkannt und gewürdigt worden. Dem gibt es weiter nichts hinzuzufügen, außer dem unverhohlenen Gefühl der persönlichen Befriedigung weniger noch Überlebender, im Jahre 1946 selbst kräftig mit ins Horn gestoßen zu haben.

Unversehens fühlte ich mich in noch jungen Jahren der ersten Versuchung der Eitelkeit ausgesetzt. Die kleine Gruppe, die den Abwehrkampf gegen die Gefahr einer neuen totalitären Diktatur getragen und ihn gegen härteste Widerstände zum Erfolg geführt hatte, wurde buchstäblich über Nacht und nicht nur in Berlin bekannt. Nach der Begründung eines neuen Landesverbandes der SPD wurde ich in ein Komitee berufen, das unter der Leitung Otto Suhrs für den Parteitag im August 1946 ein Aktionsprogramm ausarbeitete. Mir fiel die Aufgabe zu, dieses Papier vor den Delegierten zu erläutern und zu begründen. Zur gleichen Zeit übernahm ich auf Suhrs ausdrücklichen Wunsch die Chefredaktion des örtlichen Parteiorgans „Sozialdemokrat". Nach dem triumphalen Wahlsieg der SPD am 20. Oktober 1946 zog ich in die Fraktion der ersten Stadtverordnetenversammlung ein. Aus der Retrospektive wage ich die Behauptung, mit der erwähnten Versuchung auf eine anständige Weise fertiggeworden zu sein. Die Idee, die mich inspirierte, und der Dienst an der Partei, in deren Mitte ich mich damals fühlte, waren mir in der Tat weitaus wichtiger als die Rücksicht auf eine möglichst unbeschwerte persönliche Karriere. Ich machte die Erfahrung, daß von den verschiedensten Seiten meine Feder gefragt wurde, und ich nutzte die Gelegenheit, nach bestem Gewissen meinen Beitrag zu einer programmatischen Erneuerung der Sozialdemokratie zu leisten. Ansätze zu entsprechenden Bemühungen sind schon im Aktionsprogramm von 1946 nachzulesen. Dem großen und gewichtigen geistigen Erbe der deutschen Sozialdemokratie fühlte ich mich schon um meines Vaters willen verpflichtet und respektierte es; dem bloßen Götzendienst am Marxismus, dem ich in meiner frühen Jugend gefrönt hatte, war ich längst entwachsen. In einer Diskussionsrede auf dem Gründungsparteitag der SPD in Hannover, im Mai 1946, forderte ich, man müsse auch die Idee als eigenständige und autonome Kraft der geschichtlichen Entwicklung anerkennen.

Mit solchen Bestrebungen macht man sich selbstverständlich in einer großen politischen Partei nicht nur Freunde. In ihr hat es der Unauffällige meist leichter, und unauffällig war ich nun einmal ganz und gar nicht. Bald sprach sich mein Leumund herum, der mir anhaften sollte wie ein Markenzeichen:

Ich sei eigenwillig, unabhängig und überaus empfindlich, infolgedessen nicht leicht zu behandeln und keineswegs zuverlässig in Zettelkästen irgendwelcher Art einzusortieren. Auf die Kunst, aus taktischen Gründen mit meiner Meinung zu irgendwelchen Ereignissen hinter dem Berge zu halten, auf die Fähigkeit, mich „durchzumogeln", die man in der Politik, wie Willy Brandt mir einmal anvertraute, ebenfalls praktizieren müsse, verstand ich mich niemals. So blieb es nicht aus, daß ich genau ein Jahr nach der Urabstimmung, die mich so stürmisch nach vorn getragen hatte, alle Ämter und Würden, sozusagen auf einen Schlag, verlor. Meine journalistische Position mußte ich aufgeben, weil ich mich strikt weigerte, eine lebendige, nicht bevormundete Zeitung zu einem knochentrockenen Funktionärsorgan verkümmern zu lassen. Auf dem Landesparteitag von 1947 fiel ich trotz aller eifrigen Bemühungen Otto Suhrs, mich wieder in den Vorstand zu bringen – diesem hatte ich als gewähltes Mitglied bis Sommer 1946, dann als Chefredakteur der Parteizeitung von Amts wegen angehört –, mit Pauken und Trompeten durch. Jung und naiv genug, für politische Leistungen einen gewissen Dank zu erwarten, und noch nicht hinreichend selbstkritisch, um nüchtern zu analysieren, durch welches Verhalten ich manche Widerstände gegen mich selbst herausgefordert hatte, verzichtete ich demonstrativ auf mein Mandat in der Stadtverordnetenversammlung und hätte Berlin am liebsten den Rücken gekehrt.

Tatsächlich verschlug mich mein Schicksal erst vorübergehend, schließlich aber für mehr als ein Jahrzehnt nach Westdeutschland. Das Papierkontingent für eine unabhängige Wochenzeitschrift, die von den Engländern lizenziert wurde, stand wegen der Zuspitzung der politischen Lage Ende 1947 nur für einen Erscheinungsort in der britischen Zone zur Verfügung. So übersiedelte ich erst nach Helmstedt und, nachdem die von dort herausgegebene Zeitschrift „Debatte", wie so viele andere, die Folgen der Währungsreform nicht überstand, im Spätsommer 1949 nach Baden-Baden, wo ich beim Südwestfunk eine berufliche Position gefunden hatte. Die offenkundige Mißgunst der Berliner Sozialdemokratie gegen meine Person trübte in keiner Weise meine Beziehungen zum Parteivorstand in Hannover, vor allem nicht mein gutes Verhältnis zu Kurt Schumacher. Das änderte sich erst, dann freilich um so radikaler, als das Ergebnis der ersten Bundestagswahl vom 14. August 1949 die SPD auf die harten Bänke der Opposition verwies und sie einen Kurs zu steuern begann, den ich in fast allen Dimensionen mißbilligen mußte und dem ich dann auch öffentlich mit Nachdruck entgegentrat. Auch meine Mitgliedschaft im Kulturpolitischen Ausschuß beim Vorstand der SPD, in den ich um die Jahreswende 1947/48 berufen wurde, brachte mich wie einige andere dort tätige Freunde prinzipiell in einen spürbaren Gegensatz zu der von Schumacher proklamierten und durchgesetzten „Linie".

Bevor ich auf Einzelheiten eingehe, muß ich etwas nachtragen, was mir für meine persönliche Einstellung zum aktiven Wirken eines Parteipolitikers bedeutsam erscheint. Diese sollte mein ganzes Leben unwiderruflich prägen. Im Mai 1948 erbat die von mir hochgeschätzte Witwe des von den Hitlerschergen ermordeten Widerstandskämpfers Julius Leber für die damals von ihr herausgegebene Frauenzeitschrift „Mosaik" von allen registrierten politischen Verbänden in Ost und West eine Stellungnahme zu der Gretchenfrage: „Warum bin ich in meiner Partei?" Die Umfrage stieß auf einen lebhaften

Widerhall. Während sich die meisten meiner „Konkurrenten" darauf beschränkten, Aktionsprogramme oder Grundsatzerklärungen der von ihnen vertretenen Richtungen mehr oder minder wörtlich abzuschreiben, lag mir eine ganz persönliche Meinungs- und Überzeugungsäußerung am Herzen. Ich zitiere daher wörtlich, was mir dazu einfiel und woran sich nach fast einem halben Jahrhundert mutatis mutandis nicht ein Jota geändert hat:

„... Meine psychologische Gleichung mit der Partei, deren Mitglied ich bin, geht nicht ohne Rest auf. Ich war nie ein Hundertfünfzigprozentiger und habe auch, glaube ich, gar kein Talent zu einem Hundertprozentigen. Also bin ich vielleicht, wenn Sie genaue Zahlen lieben, ein ‚siebzigprozentiger' Sozialdemokrat. Ein Teil meines geistigen und moralischen Raums gehört nicht zur Partei und will nie zu ihr gehören. Ich möchte schlechterdings nicht existieren, wenn ich nicht gelegentlich einen Vers von Rilke, einen Aphorismus von Novalis oder eine Fuge von Bach als wichtiger empfände als die ganze Politik und mit ihr meine Partei.

Ich bin Sozialdemokrat, weil ich glaube, daß der Mensch in der chaotischen Gegenwart mehr denn je das Rückgrat einer klaren, für ihn selbst verbindlichen politischen Überzeugung braucht, um vor seinem Gewissen zu bestehen. Dieser Erkenntnis opfere ich gern einen Teil meiner individualistischen Souveränität, weil ich weiß, daß der Gewinn, den ich dafür eintausche, mehr bedeutet als mein Opfer. Er befähigt mich, in jeder entscheidenden Lage als Teil einer größeren Gemeinschaft meine Kräfte zu vervielfachen, die vereinzelt unwirksam oder gar verloren wären.

Ich bin Sozialdemokrat, weil meine Partei für den Sozialismus als höchstes Menschheitsziel kämpft, aber ohne den trüben Fanatismus, darum an den Bestand des überlieferten Menschenbildes zu rühren oder seinen Wert zu verleugnen.

Ich bin Sozialdemokrat, weil ich mit meiner Partei die echte Freiheit für den einzelnen wie für das Ganze nur dort für gesichert halte, wo sie ihre natürliche Grenze an der Verantwortung findet.

Vielleicht weiß ich, weil ich mittendrin stehe, aus persönlicher Erfahrung besser als Sie, daß die Sozialdemokraten kein auserwähltes Volk sind — aber die große Mehrzahl ihrer Funktionäre und Mitglieder besteht aus Menschen, deren Zahl ich trotz all ihrer Fehler um Deutschlands willen gern verhundertfachen würde. Denn auch in dem Kleinsten und Nüchternsten lebt noch der Funken einer großen Idee, die man sonst inmitten intellektuellen Glanzes oft vergeblich sucht. Auch mich hat die Partei schon oft gezwungen, mein Bekenntnis zu ihr mit einem Dennoch zu verbinden, aber gerade darum nenne ich mich mit einem gewissen Stolz Sozialdemokrat."

Ich gestehe, daß ich diese Zeilen nicht ohne innere Bewegung wiedergebe. Die Sozialdemokraten kein auserwähltes Volk — man sieht, die naiven Blütenträume einer frühen Kindheit waren Gott sei Dank schon für den 33jährigen längst abgewelkt. Sozialismus als höchstes Menschenziel? Seit 1973, seit dem Fehlschlag des Allende-Experiments in Chile, bin ich überzeugt, daß die Unberechenbarkeit, die Fehlbarkeit, aber auch die einzigartige Freiheit des menschlichen Entwurfs den Sozialismus, sei er als Theorie noch so hochgemut gedacht, nicht nur als eine Utopie von morgen, sondern als Utopie für alle Zeiten ausweist. Von dem, was ich sonst 1948 geschrieben habe, möche ich nicht eine Zeile zurücknehmen, im Gegenteil. Die Sozialdemokraten, die ich damals vor Augen hatte, waren und sind kein auserwähltes Volk, natürlich nicht, dennoch würde ich ihre Zahl heute um Deutschlands und Europas willen am liebsten vertausendfachen, wie ich sie früher verhundertfachen wollte. Es geht nämlich wirklich um einen unverkennbaren Menschentyp, der seit Generationen vom großen, universellen Streben nach eigener und allgemein menschlicher Emanzipation geprägt wurde. Diese Generationen fühlten mit dem, der die Flamme zündete, mit Ferdinand Lassalle, sie dachten, zum Teil jedenfalls und durchaus zutreffend, mit Marx und Engels, sie lernten hinzu von Wilhelm Liebknecht, von August Bebel, von Friedrich Ebert, von Kurt Schumacher, Ernst Reuter und Erich Ollenhauer. Genau 100 Jahre sozialdemokratischer Geschichte erzeugten jene eigenartige Mischung von Nestwärme und Stallgeruch. Man kämpfte miteinander, oft auch heftig gegeneinander, aber man sah sich stets ins Auge, man stellte einander kein Bein, es geschah oft Törichtes, Kleinmütiges und Borniertes, aber nie etwas Unanständiges oder gar Verwerfliches in diesem Kreise. Man lehnte das „Rüstzeug der Barbaren" leidenschaftlich ab, man widersetzte sich dem „Unverstand der Massen", von dem man selbst nicht frei war, man verließ sich auf „des Geistes Schwert", man entrollte „des Rechts Panier". Es war in der Tat der „Funken einer großen Idee", nicht der leider oft trügerische „intellektuelle Glanz", der innerhalb der deutschen Sozialdemokratie zwischen Akademikern und Arbeitern, zwischen Freischaffenden und Kleinbürgern jene unverwechselbare Solidarität schuf, die allen die Gewißheit einimpfte, sich in Entscheidungssituationen stets aufeinander verlassen zu können.

Eine „Partei neuen Typs", in der all diese moralischen Voraussetzungen nicht mehr galten, entweder als veraltet beiseite gelegt oder zielgerichtet umfunktioniert wurden, entstand tatsächlich erst ab Ende der sechziger Jahre unter der Führung Willy Brandts. (Ich glaube nicht, daß er solches wollte, aber er ließ es aus taktischen Rücksichten geschehen; daß er in seinen letzten Lebensjahren persönlich zur Mitte seines eigenen Daseins zurückfand, ändert nichts daran, daß unter seiner Ägide den besten und lebendigsten Traditionen einer über jeden Zweifel erhabenen demokratischen Linken unendlicher Schaden zugefügt wurde.) Darum vor allem haben unzählige überzeugte und erprobte Sozialdemokraten ihre Partei verlassen. Mögen sie aber auch in andere Parteien gegangen, mögen sie in alle Richtungen versprengt, mögen sie in die Vereinzelung entwichen sein − wo sie einander zufällig oder bewußt begegnen, wissen sie, daß sich am existentiellen Erbe nichts geändert hat, daß einer für alle steht wie alle für einen und daß man mitsamt jene eigenartige Geborgenheit findet, die man inmitten einer kalten, vom Utilitarismus geprägten Welt sonst vergeblich sucht.

Doch zurück zur Chronologie dieses Erfahrungsberichts! Während der Kulturpolitische Ausschuß beim Parteivorstand mit dem Ehrgeiz, seinen Beitrag zu einem Grundsatzprogramm der SPD zu leisten, im April 1948 in den Trümmern Kölns seine Arbeit aufnahm, erkrankte Kurt Schumacher so schwer, daß er ein ganzes Jahr von der politischen Bildfläche praktisch verschwand. Ob er bei besserer Gesundheit unseren prinzipiellen Bestrebungen entgegengekommen wäre? Wahrscheinlich hätte er sie auch nicht behindert, denn er war kein Programmatiker; als er auf die Bühne zurückkehrte, ging es außerdem nicht mehr hauptsächlich um Theorien, sondern um die Eroberung der politischen Macht und deren Verteilung in einer anfänglich noch künstlich anmutenden, oktroyierten Demokratie unter Besatzungsdiktat. Andere Mitglieder des Parteivorstandes hatten für unsere idealistischen Ziele ziemlich taube Ohren. Der allmählich erstarkende Apparat betrachtete uns mit wachsendem Mißtrauen. Wir waren sicher nicht ganz unschuldig daran, daß sich keine fruchtbare Synthese zwischen Geist und Tat ergeben wollte. Dem biederen Funktionärstyp gegenüber, der alles von Kultur verstehen, aber möglichst wenig dafür investieren wollte, brachten wir, ohne uns dessen so recht innezuwerden, eine wachsende elitäre Arroganz entgegen, der Apparat nahm uns als Wolkenkuckucksheimer − manch einer sagte sicher schon ganz unverhohlen „Spinner" − immer weniger ernst. Die Ergebnisse engagierten kollektiven Vordenkens als Mitgift einer geistigen Erneuerung der Sozialdemokratie durften sich trotz unver-

dienter Geringschätzung sehen lassen, aber das von uns ersehnte Programm kam nicht in Sicht. Vielmehr wurden die
konsequenten Pioniere einer modernen weltoffenen Volkspartei Anfang 1952 aus dem Kulturpolitischen Ausschuß hin-
ausgesäubert, unter ihnen auch ich.

Andere Elemente und Sachverhalte drängten die prinzipielle
Diskussion in den Hintergrund. Die SPD verfehlte bei den ersten Bundestagswahlen ihr Ziel, wenn auch nur um Haares-
breite, und ging in die Opposition. Daß am 14. August 1949
in der gerade durch das Grundgesetz verfaßten, aber real
noch nicht existierenden Bundesrepublik Deutschland eine
Schicksalsentscheidung gefallen sei, die die politische Entwicklung auf Jahrzehnte präjudiziert hätte, ist eine Erfindung
der jüngeren Historikergeneration. Die SPD zog in Bonn mit
nur acht Mandaten weniger ein als CDU und CSU zusammen. Es gibt auch Anhaltspunkte dafür, daß sich der überaus
knappe Vorsprung ohne einige überpointierte Äußerungen
Schumachers, mit denen er vornehmlich den katholischen
Volksteil verletzte, hätte umkehren lassen. Außerdem tendier-
ten einflußreiche Kreise beider großer Parteien auf eine Koalition zwischen Sozialdemokraten und christlichen Demokraten, weil dies die Not der Stunde erfordere. Aber die beiden
eigentlichen Rivalen, Adenauer und Schumacher, die einander bekanntlich nicht mochten, widerstrebten einer solchen
Lösung in seltener Einmütigkeit. Die Fronten verhärteten
sich, und die moralische Notgemeinschaft der deutschen Parteien brach schließlich auseinander, als Adenauer einen eindeutigen Westkurs steuerte und Schumacher die Vereinigung
Deutschlands als ersten Punkt aller Forderungen und Aktionen auf die Tagesordnung setzte. Adenauer freilich fand bald
Partner und konnte aus seinen Konzeptionen eine erfolgreiche Politik entwickeln; Schumachers Rangordnung mutete
unter den 1949 gegebenen Verhältnissen zunächst utopisch an
und ließ die von ihm geführte Partei in einen sehr eigenartigen
nörgelhaften Patriotismus von vorgestern zurückfallen, der

sie langfristig zum Immobilismus verurteilte und einem Verzicht auf Politik gleichkam. Während die Bundesregierung erstaunlich schnell mit Lösungen aufwartete, formulierte Schumacher Standpunkte und verteilte moralische Zensuren, statt als Opposition in scharfer Konkurrenz Seite an Seite mit der Exekutive ihrerseits einen gewissen Einfluß zu gewinnen. Solche Strategie wäre bei der Ausgangslage nicht nur möglich gewesen, sondern wurde darüber hinaus und sogar über die bundesdeutschen Grenzen hinweg durchaus gewünscht und erhofft.

Ich hielt diese irgendwie finstere, ständig verärgert anmutende Selbstdarstellung der Opposition für reichlich unfruchtbar und wenig attraktiv. Das schroffe Nein zur Mitwirkung im gerade geschaffenen Europarat, ein Jahr darauf zum Schumanplan und damit zur ersten echten Vorstufe einer westeuropäischen Integration war mir logisch so unverständlich wie politisch. Im Kontakt mit Gesinnungsfreunden entwickelte ich öffentlich meine Gegenposition, was ich übrigens auch dann getan hätte, wäre ich nicht als Publizist ohnedies zu einer offenen Aussage meiner Meinung verpflichtet gewesen. Zu den prominentesten Vertretern einer Parteiminderheit, die unter den gegebenen Verhältnissen „soviel Westorientierung wie möglich" wollten, zählten Ernst Reuter, Wilhelm Kaisen, der Bremer Senatspräsident, und Hamburgs Bürgermeister Max Brauer. Auch der frühere Reichstagspräsident Paul Löbe und, als Vertreter der jüngeren Generation, Willy Brandt, gehörten zu der relativ kleinen, aber mutigen Schar, die auf dem Hamburger Parteitag von 1950 Schumachers Negativposition nicht unterstützten.

Meine jahrelang gute, fast freundschaftliche Beziehung zu ihm überlebte die ersten Auseinandersetzungen nicht. Widerspruch verärgerte den temperamentvollen Parteivorsitzenden stets, veröffentlichten oder gar über das damalige Massenmedium des Rundfunks verbreiteten verzieh er nie und nimmer.

Doch so wenig überzeugend sich die SPD-Opposition während der Ära Schumacher und der dann folgenden Ära Ollenhauer den Wählern darzustellen vermochte und so einseitig, manchmal geradezu borniert ihre Haltung in außenpolitischen Fragen anmutete: im Kampf gegen den östlichen Kommunismus und Totalitarismus behauptete sie noch immer den ersten Platz. Ein Streit um verschiedene Nuancierungen des Antikommunismus bis zu dem verschämten Eingeständnis, die Anhänger Stalins hätten vielleicht doch ganz gute oder wenigstens erträgliche Seiten, wäre in jenen Tagen undenkbar gewesen. Kein Sozialdemokrat wäre auf eine so absurde Idee gekommen. Sich zur SPD zu bekennen, schloß militanten und unversöhnlichen Antikommunismus automatisch ein, beides waren die zwei Seiten einer gleichen Medaille, daran gab es nicht den geringsten Zweifel.

Im Herbst 1950 bot sich der SPD die einmalige, wenn auch zur Demagogie verführende Chance, aus der Isolierung auszubrechen und populistische Stimmungen aufzufangen, die bis zu bürgerkriegsähnlichem Fanatismus gingen. Die Überschreitung des 38. Breitengrades und der sich anschließende erbitterte Koreakrieg setzten im Sommer 1950 unversehens im westlichen Lager das Thema eines deutschen Verteidigungsbeitrags auf die Tagesordnung. Alle Sachdiskussionen verhallten zunächst in einem einzigen Schrei der Entrüstung: „Ohne mich". So rief, ja brüllte man es aus den verschiedensten und buntscheckigsten Lagern. Die Pazifisten der Weimarer Zeit wärmten gleichsam ihre schon ziemlich angestaubten Standpunkte auf. Ihnen gesellte sich als belebendes und dynamisches Element die Antipathie der jungen Generation hinzu, die sich emotional verständlich von Hitler verraten und verheizt fühlte. Nie wieder wollte sie Waffen tragen, am wenigsten für fremde „Besatzer". Schließlich sei die unangenehmste „Front der Schadenfreude" nicht vergessen, die stattliche Zahl ehemaliger mittlerer und hoher deutscher Offiziere, vor kurzem noch wegen Militarismus und Kriegsverbrechen moralisch und juristisch auf der Anklagebank der westlichen Siegermächte, nun unter veränderten Konstellationen von diesen, und zeitweise in der Tat recht schamlos, umworben: „Bis gestern noch Kriegsverbrecher, nun plötzlich wieder geschätzter Fachmann, nein, danke." Wer damals schon, wie ich, entschieden für einen deutschen Verteidigungsbeitrag eintrat, weil er der Eindeutigkeit und Glaubwürdigkeit des Kampfes gegen den Totalitarismus auch die letzte Konsequenz nicht verweigerte, dem blies der Wind so stürmisch ins Gesicht, daß er sich kaum aufrechthalten konnte.

Und Schumacher? Sein „Nein" zur westlichen Politik und den daraus resultierenden Vorlagen der Bundesregierung war man schon gewohnt, es ließ auch zum ursprünglich nach einem französischen Minister genannten Pleven Plan – später: „Europäische Verteidigungsgemeinschaft" – im Bundestag nicht auf sich warten. Ausnahmsweise aber lehnte er einen Verteidigungsbeitrag nicht prinzipiell und inhaltlich ab, sondern vertrat nur, seinem Temperament gemäß, ein weitaus radikaleres, eindeutigeres und lupenreineres Konzept. Westliche Solidarität lasse sich auf militärischem Gebiet nur dann gleichberechtigt demonstrieren, wenn die junge Mannschaft der Amerikaner, Engländer und Franzosen ihre damals noch allgemein bestehende Wehrpflicht Seite an Seite mit Deutschen am Eisernen Vorhang ableistete. Nur das erspare dem eigenen Volke jede Diskriminierung und versetze den Westen vor allem in die Lage, einem eventuellen sowjetischen Angriff offensiv zu begegnen und den Feind bis zur Weichsel zurückzuschlagen.

Diese Überlegung Schumachers, obwohl im Bundestag öffentlich vorgetragen und zunächst berechtigte Verblüffung weckend, hat in der öffentlichen Diskussion nie eine Rolle gespielt, ist nicht bis ins Volk gedrungen. Um so bedenklicher nutzten sozialdemokratische Referenten in drei Landeswahlkämpfen – in Hessen, Bayern und dem damals noch bestehenden Württemberg-Baden – die ihnen überall förmlich entgegenflammende Ohne-Mich-Stimmung zugunsten der Partei. Sie warteten hierzu keine Direktiven der Zentrale mehr ab, sondern ließen sich von den allgemeinen Leidenschaften mittragen, was der Partei unerwartete, zum Teil triumphale Gewinne einbrachte. Der Vorsitzende heimste diese Gewinne ein, ohne direkt zu ihnen beizutragen. Kurt Schumacher war zu ehrlich, um jemals sein Selbst zu verleugnen, trotz dieser Verführungssituation, konnte sich aber auch nicht mehr dazu aufraffen, durch eigene Interventionen den unwiderstehlich anmutenden Siegeszug zu stoppen. Bei Bundestagsnachwahlen, die damals noch stattfanden, eroberte die SPD eine Bastion nach der anderen. Erst Anfang 1952 verliefen sich schneller als erwartet die allgemeinen Unlustgefühle, fast über Nacht sprach sich bei der Mehrheit der Bundesbürger die Erkenntnis herum, daß man im Zeichen eines ständig wachsenden Wirtschaftswunders für den eigenen Staat auch etwas tun, notfalls zu seiner Verteidigung bereit sein müsse.

Der Bundeskanzler erhielt am 9. März 1952 den ersten Lohn für seine auch in allen Stürmen nicht wankende politische Zivilcourage. Die Wahlen zur Verfassunggebenden Landesversammlung des neuen Südweststaats wurden gleichsam zur ersten Adenauer-Wahl der Bundesrepublik. Von 121 Mandaten erhielt die CDU 51, die SPD nur 38. Am 6. September 1953, bei den zweiten Bundestagswahlen, brachte die Fraktionsgemeinschaft der CDU-CSU die absolute Mehrheit der Mandate mit nach Bonn. 1957 errang sie sogar beim Wahlvolk mit 50,2 Prozent der Stimmen die absolute Mehrheit. Kurt Schumacher hat diese für seine Partei beschämenden Daten nicht mehr erlebt. Am 20. August 1952 war seine Lebenskraft aufgezehrt. Als Staatsmann im eigentlichen Sinne zu wirken, blieb ihm versagt. Unter den SPD-Parteiführern dieses Jahrhunderts ragt seine tragische Gestalt nach der August Bebels wie keine andere hervor. Die traditionellen und später wieder aufflammenden Flügelkämpfe in der SPD hat

er in den sieben Jahren seines Wirkens geschlichtet. Als best-
gehaßter Gegner des Kommunismus blieb er für die Machthaber im Kreml der Feind schlechthin. Das wird ihn für alle
Zeiten vor der Geschichte ehren.

Was mir im hitzigsten Gefecht kaum zu Bewußtsein kam:
Mitte der fünfziger Jahre lebte ich lange zwischen Baum und
Borke. Die Parteispitze und der von ihr unmittelbar beein-
flußte Apparat in Hannover, später in Bonn mit seiner
„Baracke" verfolgte den Ketzer mit grimmigem Abscheu,
schädigte ihn sowohl politisch wie beruflich, soweit ihm das
möglich war und sein − für mich oft verhängnisvoller − Einfluß reichte, und lancierte wegen eines besonders unbotmäßi-
gen Artikels aus meiner Feder in der „Deutschen Rundschau"
ein Ordnungsverfahren gegen mich.

An der Basis genoß ich dagegen zu meiner Genugtuung Sympathie und Ansehen. Bis zur Verschmelzung aller regionalen
Organisationen im größeren Südweststaat Baden-Württemberg war ich noch ein Jahr Vorsitzender des Kulturpolitischen
Ausschusses im ehemaligen Südbaden. Mein Ortsverein in
Baden-Baden hob mich auf den Schild und tolerierte viereinhalb Jahre − bis zu meinem freiwilligen Rücktritt − die
manchmal humorvoll beknurrte „Preußenherrschaft". Trotz
verbissenen Widerstandes und eifriger Gegenbefehle aus der
Bonner Baracke sicherte mir mein Heimatkreis einen aus-
sichtsreichen Listenplatz bei den Wahlen zur Verfassunggebenden Landesversammlung des Südweststaats, die später
automatisch zum ersten Landtag Baden-Württembergs wurde. Obwohl Alex Möller, damals Fraktionsvorsitzender, unter Bonner Einflüssen zunächst danach trachtete, mich zur
Nichtannahme meines Mandats zu bewegen, fühlte ich mich
in der Fraktion in der Regel geborgen. Auf Landesebene ging
es ja hauptsächlich um die Kulturpolitik. Hier konnte ich die
Mehrheitsauffassung der SPD aus eigener Überzeugung fast
ohne Abstriche vertreten, während mich meine kompromiß-

lose öffentliche Kritik an der „Nörgelposition" im Hinblick auf westeuropäische Integration, Wehrbeitrag und NATO-Beitritt zwangsläufig immer wieder an den Rand der Partei brachte.

Hieraus ergibt sich auch die logische Antwort auf die Frage, warum ich in jener Zeit trotz aller Nackenschläge und den manchmal bösartigen Manövern, die meine berufliche Entfaltung trotz guter Chancen blockierten, niemals an einen Austritt aus der Partei, geschweige denn an einen Rückzug aus dem politischen Leben dachte. Die SPD blieb für mich eine demokratisch absolut integre und glaubwürdige Organisation, bei der die Mehrheit der Mitglieder nach meiner Meinung schon seit geraumer Zeit einen falschen Kurs einschlug, was zum Teil damit zusammenhing, daß sie vielfach noch in vorgestrigen Vorstellungen verhaftet war. Also kam es darauf an, eine andere Mehrheit zu sammeln, antiquierten ideologischen Götzendienst zu überwinden und den Kurs zu ändern, dann könnte auch ich wieder, wie einst zur Anfrage von Annedore Leber sagen, daß der SPD an die 70 Prozent meiner „moralischen Aktien" gehörten. Um diese Wandlung zu erleichtern, ließ ich es natürlich an zielgerichteten Bemühungen nicht fehlen. Nach der Wahlniederlage von 1953 veröffentlichte ich im Verlag Kiepenheuer & Witsch unter dem Titel „Sorge um die deutsche Linke" eine kritische Auseinandersetzung mit der SPD-Politik seit 1949, der ich im gleichen Verlag 1958 eine Fortsetzung unter dem Titel „Opposition als politisches Schicksal?" folgen ließ. Beide Bücher wurden zu publizistischen Erfolgen und haben, so glaube ich, an ihrem Platz dazu beigetragen, den Weg nach Godesberg zu ebnen. In den Jahren von 1956 bis 1959 gab ich außerdem als aktives Mitglied der „Sozialistischen Europabewegung" ein monatliches Mitteilungsblatt heraus, mit dem unverhohlenen Ehrgeiz, die „Europa-Brücke" in ereignisträchtigen Jahren zusätzlich zu einem sozialdemokratischen Diskussionsorgan zu machen. Dieser Gruppierung erging es übrigens nicht anders als mir persönlich, in der SPD bewegte sie sich immer am Rande des Ausschlusses. Im Gegensatz zur Bundesrepublik, war sie unter dem Titel „Mouvement Socialiste pour les Etats Unis de l'Europe" (MSEUE) in anderen europäischen Ländern, vornehmlich in Frankreich und den Niederlanden, sehr angesehen und breit organisiert. In der Bundesrepublik hielten vornehmlich der Bremer Senatspräsident Wilhelm Kaisen und der spätere Präsident des Berliner Abgeordnetenhauses Otto Bach ihre schützende Hand über der Ketzergemeinde.

Aber die Zeiten änderten sich. Nach der Wahlniederlage von 1953 war die überfällige Parteireform an Haupt und Gliedern trotz lebhafter Diskussionen nicht so recht in Gang gekommen, um so eindeutiger war der Umschwung nach 1957 mit Händen zu greifen. Auf dem Stuttgarter Parteitag kam es zu einem unerwartet radikalen personellen Revirement, manche Funktionärs-Erbhöfe verschwanden, für die bisherigen Eigner recht unrühmlich, in der Versenkung. Der redliche Ollenhauer blieb zwar Parteivorsitzender, aber als Kanzlerkandidat wurde auf dem Parteitag in Hannover Willy Brandt auf den Schild gehoben, mit dem mich damals eine enge Parteifreundschaft verband. Wir standen außerdem vor meiner endgültigen Wiederkehr nach Berlin im Jahre 1960 in einem regelmäßigen Briefwechsel, aus dem sich ablesen läßt, wie sehr damals noch unsere Vorstellungen und Zielsetzungen übereinstimmten. Mit dem Grundsatzprogramm von Godesberg wurde im November 1959 endlich die Volkspartei geboren und, wie es schien, die Klassenpartei für immer begraben. Herbert Wehner überraschte mit seinem unvermuteten außenpolitischen Schwenk in seiner historisch gewordenen Rede vom 30. Juni 1960 große Teile der eigenen Partei. Ich erlebte mit ihr sozusagen einen neuen Honigmond. Aller Groll von gestern war vergessen. Ich fühlte mich zeitweilig wieder auf dem weitaus solidesten Platz, den der Mensch nach den Gesetzen der politischen Mechanik irgendwo einnehmen kann: in der Mitte der Sozialdemokratie.

Doch sollte dieser beglückende Zustand nicht allzu lange dauern. Als die Partei mit dem Jahrestag der Gründung des Allgemeinen Deutschen Arbeitervereins durch Ferdinand Lassalle im Mai 1963 ihr hundertjähriges Bestehen feierte, erweckte sie den für jeden intellektuell redlichen Menschen falschen und auch peinlichen Eindruck, sie sei eigentlich nie etwas anderes als eine linksliberale und sozial betonte Volkspartei gewesen.

Gegen diese Geschichtsklitterung lief ich erneut Sturm, weil mir eine solche Retusche geradezu schamlos vorkam. Ausgerechnet ich, der ich mich seit 1946 oft genug in Wort und Schrift gegen eine hirnlose Vergötzung des sogenannten „wissenschaftlichen Sozialismus" eingesetzt hatte, mußte nun für Marx und Engels in die Schranken treten. In dem Vorwort zu einer damals erschienenen Gedenkschrift „Proletarier – Klassenkämpfer – Staatsbürger" (Kindler-Verlag, München, 1963) warnte ich:

„Ein Mensch kann gegen seinen Vater protestieren, und die Erkenntnisse der modernen Tiefenpsychologie belehren uns darüber, daß dies sogar ein höchst alltäglicher Vorgang ist; er kann sich mit dessen erdrückender Autorität auseinandersetzen; er kann und muß oft genug diese Last überwinden, um nicht nur Epigone zu sein und ständig im Schatten zu stehen. Aber kein Mensch kann seinen Vater abschaffen.

Die deutsche Sozialdemokratie von heute ist keine marxistische Partei im ursprünglichen Sinne dieses Wortes mehr. ... Die Sozialdemokratie kann aber nicht bestreiten, was alles sie Marx verdankt: praktisch und theoretisch, an originären Willensimpulsen und bleibenden Erkenntnissen. Sie sollte es darum auch nicht zu tun versuchen. Niemand wird ihr das so recht glauben, am wenigsten ihre besten Freunde, schon gar nicht diejenigen, die für ihre eigene Person die Irrtümer des Marxismus längst überwunden haben."

Entgegen seiner sonst so verbindlichen Ausdrucksweise reagierte Willy Brandt, nunmehr Stellvertreter und ein Jahr darauf bereits Vorsitzender der SPD, dem ich meinen Vorhalt zugänglich machte, leicht verärgert: meine Ausführungen hätten ihn „nicht überzeugt". Wir verabredeten eine ausführliche Unterredung über eine sich abzeichnende Kontroverse, aber zu dieser kam es nicht mehr, denn in den gleichen Tagen tauchte eine sehr viel aktuellere Formulierung am Horizont auf, Egon Bahrs Aussage vom „Wandel durch Annäherung". Inzwischen weiß man durch seine eigenen Erinnerungen, daß Willy Brandt auf diese Aussage keine Autorenrechte beansprucht, daß er sie zunächst selber nicht glücklich fand. Aber dessenungeachtet hat er in enger Partnerschaft mit seinem Berater Bahr eine Politik entwickelt, die von ehrlichem Entspannungswillen ins Abenteuer hätte führen können und durch die konsequente Öffnung der Partei nach links zu einer inneren Umstrukturierung der Sozialdemokratie führte, wie das von Lassalle bis Ollenhauer trotz aller gewaltigen Wandlungen in mehr als einem Jahrhundert zuvor niemals zu verzeichnen war.

Eine Veränderung entscheidender Weichenstellungen läßt sich post festum immer so zureichend erklären und motivieren, als seien die damit verbundenen folgenschweren Errata eigentlich ein bloßes Kavaliersdelikt gewesen. Willy Brandt hat dies selbst mehrfach versucht, und seine Gefolgschaft blieb ebenso darum bemüht. Die Lage der deutschen Hauptstadt sei nach dem Mauerbau unerträglich gewesen, alle Beschwörungsformeln, dieses Monstrum wegzubringen, hätten sich als leeres Gerede erwiesen, die Westmächte hätten aus wohlerwogenem Eigeninteresse in Untätigkeit verharrt, darum sei nur die Chance offengeblieben, es mit kleinen Schritten menschlicher Erleichterung zu versuchen. Nicht eine dieser Thesen ist aus der Perspektive, wie sie zu Anfang der sechziger Jahre gegeben war, widerlegbar, aber alle zusammen sagen über die Folgen nichts aus, und die potentiellen Wirkungen noch so löblichen Tuns einzukalkulieren, macht die eigentliche Fähigkeit eines Politikers aus und unterscheidet ihn vom Privatmann. Als ich schon um die Jahreswende 1963/64, damals Mitglied des Abgeordnetenhauses, anläßlich der ersten Passierscheinaktion die Frage nach den Folgen stellte, machte ich mich trotz allgemeiner Euphorie überaus unpopulär. Dennoch wies ich eindringlich darauf hin, die Gegenseite könne ihre Bereitwilligkeit für weitere Passierscheinabkommen jederzeit zurücknehmen, wir aber nicht die Preise, die wir für frühere Aktionen bezahlt hätten. Dennoch blieb ich dem Regierenden Bürgermeister trotz harter Meinungsdifferenzen freundschaftlich verbunden, mit dem Außenminister arbeitete ich als Bundestagsabgeordneter und europäischer Parlamentarier gut zusammen, den Bundeskanzler freilich verlor ich bald aus den Augen und er mich.

Für eine Aktivierung der Ostpolitik hatte ich schon in meinem Buch „Opposition als politisches Schicksal?" vor allem in bezug auf Polen erste konkrete Vorschläge gemacht. Von der Ostpolitik unterschied mich die völlig undialektische Bahrsche Formel, unterschied mich ferner die Vernachlässigung der für mich wichtigsten Faktoren: Preis, Zeit und Partner. Wer mit Kommunisten verhandelt, so meinte ich, dürfe sich niemals zugunsten von Augenblickserfolgen unter Zeitdruck setzen lassen, dürfe um keine Sekunde zu früh nach dem Geldbeutel greifen und in erster Linie nicht übersehen, daß er es mit Partnern zu tun hat, die ihre Weltsicht dazu verpflichtet, niemals auf halbem Wege stehenzubleiben. Die Voraussetzungen von 1970/71 sind nicht mehr gegeben, die damals zur Debatte stehenden Probleme nicht mehr aktuell; die prinzipiellen Erwägungen, die dabei eine Rolle spielten, können sich morgen schon wieder gebieterisch auf die Tagesordnung der Weltpolitik drängen.

Während der ersten Phase der sozialliberalen Koalition erhob ich öffentlich mehrfach meine warnende Stimme gegen die

Gesamtkonzeption der Ostpolitik, gegen die „einsame Entscheidung" einer Anerkennung der DDR, gegen die vorschnelle Ratifizierung des Atomwaffensperrvertrages, gegen den Zeitdruck, unter dem der Moskauer Vertrag ausgehandelt wurde, und schließlich gegen eine Lockerung der politischen Bindungen Westberlins an die Bundesrepublik. Meine letzte freundschaftliche Besprechung mit dem Bundeskanzler fand im März 1970 im Palais Schaumburg statt, eine weitere, bereits von kühler Sachlichkeit geprägt, am 10. Juli 1971 in Berlin. Dabei ging es für mich um eine politische und moralische Nagelprobe: die Haltung der SPD-Bundestagsfraktion zu einer von mir gegründeten und geleiteten interfraktionellen parlamentarischen Arbeitsgruppe „Initiative Direktwahl". Diese Gruppe, der Vertreter aller Parteien angehörten, hatte sich zum Ziel gesetzt, einen Gesetzentwurf auszuarbeiten, wonach die deutschen Abgeordneten des Europäischen Parlaments künftig am Tag der jeweiligen Bundestagswahlen mit einem Direktmandat nach Straßburg entsandt werden sollten. Damit hätte der seit Jahren lahmenden westeuropäischen Integration ein erneuter kräftiger Impuls gegeben werden können, zumal ein deutsches Beispiel mindestens in den Beneluxländern und in Italien bald Schule gemacht hätte.

Wegen dieses Themas verwies mich Willy Brandt während unserer letzten Begegnung an Herbert Wehner, mit dem ich schon seit Januar 1970 in einem lebhaften Brief- und Meinungsaustausch stand. Mehrfach betonte ich ihm gegenüber meine Loyalität als Mitglied der SPD-Bundestagsfraktion, ja, mein Verbleib in der Partei hänge entscheidend davon ab, ob die Westintegration der Bundesrepublik ebenso entschieden und zielbewußt betrieben werde wie die Ostpolitik. Doch während ich mich in Brüssel und Straßburg als Vorsitzender der Arbeitsgruppe „Initiative Direktwahl" durchaus hoffnungsvoll um fruchtbare Kontakte mit gleichgesinnten Parlamentariern bemühte, zog mir die SPD-Bundestagsfraktion ohne jede Konsultation und Information den Boden unter den Füßen weg, indem sie den Entschluß faßte, „aus Rücksicht auf die neuen Mitglieder der Europäischen Gemeinschaft" jeden nationalen Alleingang abzulehnen. Zu einer der schmerzlichsten politischen Enttäuschungen meines Lebens gesellte sich das Bewußtsein, man habe mir auch einen wohlgezielten moralischen Fußtritt versetzt, um den lästigen Störenfried endlich loszuwerden. So verließ ich am 14. Oktober 1971 nach mehr als 40jähriger Mitgliedschaft die SPD.

Vom inneren Klima her war sie schon seit geraumer Zeit nicht mehr „meine" Partei. Freilich gab es auch für die Überfremdung der Sozialdemokratie von einst und damit für die Entstehung einer Partei wirklich neuen Typs eine scheinbar vernünftige Begründung. Konnte man die über Nacht zu wilder Radikalität aufgeflammten jungen Leute von der Außerparlamentarischen Opposition so völlig ungemildert im eiskalten Regen ihres eigenen ideologischen Wahnwitzes stehenlassen? Mußte man nicht Davids Verständnis für den Knaben Absalom demonstrieren, ihm nicht eine Geborgenheit, ein warmes Obdach anbieten, das er zu schätzen lernt, an das er sich vielleicht im Laufe der Zeit gewöhnt? Auch das klingt einleuchtend und human, und doch sage ich zu dieser Art von Öffnung nach links noch immer ein kategorisches Nein. Wer legitime Kritik am bestehenden demokratischen Alltag plötzlich, wie von einer Masseninfektion fortgerissen, durch Haß ersetzt, der muß mit der Anfechtung selbst fertig werden, ihm helfen vielleicht schmerzhafte Kuren, aber es ist verderblich, für einen schwer Erkrankten bedenkenlos gesunde Substanz zu opfern. Den ihr dadurch leichtfertig zugemuteten Blutverlust hat die deutsche Sozialdemokratie nicht überstanden. Für die geschätzten 100 000 Chaoten, die dank Brandts falscher Fürsorge um die Wende der siebziger Jahre das Mitgliedsbuch der SPD erwerben durften, hat sie die gleiche Anzahl treuer, fest verwurzelter Anhänger verloren. Die vom Godesberger Programm, in meinen Augen eines der vorzüglichsten politischen Schriftstücke, die in diesem Jahrhundert ausgedacht und aufgezeichnet worden sind, gewollte moderne Volkspartei hat wegen dieser Roßkur die Zeit, sich zu entfalten und, jedem Beobachter sichtbar, ins Morgen zu wirken, überhaupt nicht gefunden. Sie ist vielmehr auf dem Wege zur Selbstverwirklichung zerstört worden oder hat sich, anders gesagt, größtenteils selbst zerstören müssen. Die Erben Brandts verwalten mit der SPD nur noch einen Namen, keinen Inhalt mehr. Durch die neuerdings noch so wortreich bestrittene, zeitweilige verhängnisvolle Annäherung an die SED unseligen Angedenkens hat die SPD außerdem einen enormen Verlust an Glaubwürdigkeit erlitten. Noch immer zeigt sie sich nicht gewachsen, aus der deutschen Vereinigung sowohl gesellschaftspolitisch wie vor allem außenpolitisch die Konsequenzen zu ziehen, die längst überfällig sind und die die Welt von uns mit Recht erwartet. Eine halbe Klassenpartei, ein halber Honoratiorenverein sind übriggeblieben, bis heute nicht einmal fähig, der Mitwelt zu sagen, ob und was sie noch vom Marxismus halten. Marktwirtschaft, natürlich, aber ein bißchen mit Aufsicht, viel Populismus, mancher grüne Hoffnungsschimmer, raus aus der Kernenergie, aber an Großmutters Kachelofen doch so recht auch nicht wieder; kein echtes, in sich stimmiges, auf erkennbare Ziele orientiertes Programm. Ob PDS, ob SPD, von einer demokratischen Alternative der Linken ist vorerst weit und breit nichts zu sehen.

Das Volk erteilt allen Parteien neuerdings nur zu berechtigt schmerzhafte Lektionen, weil sie sich dem Souverän gegenüber mehr und mehr eine dirigierende oder mindestens profitorientierte Funktion anmaßen, statt ausschließlich eine dienende Funktion zu erfüllen. Nur die Gruppierung, die endlich zu dieser schlichten Erkenntnis zurückkehrt, wird nicht nur der Demokratie einen großen Dienst leisten, sondern im Lauf der Zeit für die eigene Sache neue Mehrheiten gewinnen.

HERMANN KREUTZER

Zweimal von der SPD verraten

Hermann Kreutzer,

1924 in Saalfeld, Thüringen, geboren, entstammt einer sozial-demokratischen Handwerkerfamilie. Er erlebte bewußt Hit-lers letzlich erfolgreichen Kampf um die Macht und die Ver-folgung seiner Familie durch die neuen Machthaber. Nach Abitur, Wehrdienst, und schließlich – aus triftigem Grunde – Verurteilung zu zehn Jahren Festung wegen „Wehrkraftzer-setzung".

1945 wurde Kreutzer Mitbegründer der SPD in Thüringen. Er leistete Widerstand gegen die Vereinigung der SPD mit der KPD zur SED und gegen die Bolschewisierung der so-wjetischen Zone. Deswegen wurde Kreutzer 1949 zusammen mit seiner Frau, seinem Vater und drei Freunden von einem NKWD-Gericht zu 25 Jahren Haft verurteilt, von denen er sieben Jahre absitzen mußte.

1956 entlassen, flüchtete er nach West-Berlin, wurde SPD-Fraktionsvorsitzender und hauptamtlicher Stadtrat im Ber-liner Bezirk Tempelhof. 1967 berief ihn Wehner in sein Gesamtdeutsches Ministerium als Ministerialdirektor für die politische Abteilung. 1970 wurde Kreutzer mit der Berlin-Ab-teilung des innerdeutschen Ministeriums betraut. Hier kam er in Konflikt mit der die DDR begünstigenden Deutschlandpo-litik der SPD und wurde 1980 zusammen mit seinem Austritt aus der SPD in den „Ruhestand" versetzt.

Danach kämpfte Kreutzer mit dem Kurt-Schumacher-Kreis intensiv um die Einheit und die Freiheit Deutschlands und Berlins. Seit dem Erreichen dieses Ziels, 1990, ist Kreutzer für die Aufarbeitung der SED-Vergangenheit und für die Anlie-gen der ehemaligen politischen Häftlinge tätig.

Mit acht Jahren trug ich schon Flugblätter für die SPD aus. Das war 1932 bei den verschiedenen Reichstags- und Reichspräsidentenwahlen in meiner Heimatstadt, Saalfeld in Thüringen.

Ich entstamme einer ursozialdemokratischen Familie. Mein Großvater hatte die SPD in Saalfeld mitbegründet. In der niedrigen Stube im alten Kreutzerschen Haus hatte er zusammen mit seinen Genossen 1890, als das sogenannte „Sozialistengesetz" aufgehoben wurde, „auf die Freiheit" getrunken. Im April 1945, 55 Jahre danach, als die Amerikaner in Saalfeld einmarschierten und der nationalsozialistischen Diktatur ein Ende bereiteten, tranken mein Vater und ich in dieser Stube wiederum „auf die Freiheit". Und als ich im Januar 1990 einundvierzig Jahre nach meiner Verhaftung das erste Mal wieder mein Vaterhaus betreten konnte, trank ich in der alten Stube, hundert Jahre nach dem Ende des „Sozialistengesetzes", fünfundvierzig Jahre nach Beendigung der NS-Diktatur, wenige Monate nach dem Zusammenbruch der kommunistischen Diktatur, wieder „auf die Freiheit". Dabei dachte ich an die mit der SPD verbundene deutsche Freiheitsgeschichte, aber auch an den durch Verstrickungen verursachten Freiheitsverrat dieser Partei.

Mein politisches Leben wurde schon in der Kindheit vom Widerstand gegen die nationalsozialistische Diktatur geprägt. Haussuchungen und Verhaftungen in der Familie, endlose politische Diskussionen in der Verwandtschaft und mit Freunden, aber auch die Sorge um neue Repressalien durch die Nazis bestimmten die dreißiger Jahre, in denen ich heranwuchs. Mit sechzehn, Anfang der vierziger Jahre, brachte ich als „Kurier" anti-nationalsozialistische Literatur zu sozialdemokratischen Widerstandsgruppen nach Thüringen. Als Soldat hatte ich in Frankreich Kontakt zur französischen Widerstandsorganisation. Kurz vor „Toresschluß" wurde ich noch von einem „fliegenden Standgericht" zu zehn Jahren Festung wegen „Wehrkraftzersetzung" verurteilt, konnte aber in den Kriegswirren entkommen und traf rechtzeitig vor dem Einmarsch der Amerikaner in meiner Heimatstadt ein.

Von den Amerikanern wurden mein Vater, ich und einige sozialdemokratische Freunde mit Leitungsfunktionen in der verwaisten Saalfelder Kreis- und Stadtverwaltung betraut. Es gab viel Arbeit und Verantwortung. „Jugendleben" lernte aber ich nie kennen, dafür zahlreiche Funktionäre der SPD und KPD.

SPD und KPD nach 1945 in der sowjetischen Besatzungszone

Neben den örtlichen Sozialdemokraten und Kommunisten begegnete ich, nachdem die Amerikaner aus Thüringen abgezogen waren und die Sowjets sich als Besatzungsmacht etabliert hatten, nun allen Landesvorstandsmitgliedern der Mitte 1945 wiedergegründeten Thüringer SPD und KPD, darunter vielen ehemaligen Reichstagsabgeordneten und hohen Parteifunktionären aus der Weimarer Republik. Bald lernte ich auch die damaligen „Spitzen" der neugegründeten Parteien kennen: Grotewohl und Fechner, Gniffke, Buchwitz, Dahrendorf, Otto Maier und Lehmann von der SPD und natürlich auch die kommunistischen Spitzenfunktionäre von damals: Ulbricht und Pieck, Oelsner und Jendretzki, Matern und X-andere, darunter auch Markus Wolf. 1946 traf ich mit Honecker zusammen, mit dem ich gleich eine heftige politische Auseinandersetzung hatte.

Bei meiner neugierigen Beurteilung dieser Personen und Figuren schälte sich nach und nach eine Typisierung heraus, die mir bei den Erwägungen und der Mitgestaltung der kommunalen und der Thüringer Landespolitik, mehr aber noch bei der Suche nach den Gründen der kommunistischen Absichten wertvolle Aufschlüsse vermittelten.

Das beherrschende Element unter den damaligen Funktionären der SPD und der KPD waren die „Marxisten", langjährige Parteifunktionäre, die sich mehr oder weniger intensiv mit vulgärmarxistischer Literatur, wie sie von der „Parteischulung" herausgegeben worden war, beschäftigt und ihr Weltbild nach der proletarischen, klassenkampfbestimmten Parteisicht geformt hatten. Dazu gehörte, neben vielen anderen damaligen „Spitzenfunktionären" der SPD Otto Buchwitz aus Sachsen. Er, Fechner, der spätere Justizminister der DDR, und der damalige Eisenacher Oberbürgermeister, Carl Herrmann, demonstrierten im Weimarer Volkshaus im Herbst 1945 ihre marxistischen Kenntnisse, die sie wie von einer Gebetsrolle zitierten und von denen sie behaupteten, alles sei „wissenschaftlich" belegt und demzufolge wahr.

Die sozialdemokratischen „Marxisten" betrachteten die SPD als ein Instrument, das dem Klassenkampf verpflichtet sein sollte, das aber auch zu Konzessionen gegenüber der „bürgerlichen" Demokratie bereit sein müsse.

Insofern war ihnen eine gewisse Inkonsequenz in ihrem ideologischen und politischen Verhalten eigen. Sie waren sich des Widerspruchs zwischen klassenkämpferischer Konsequenz und dem „Bernsteinschen Revisionismus" nur sehr bedingt bewußt. Oftmals fehlte ihnen auch die Fähigkeit, diese Widersprüchlichkeit zu erkennen und daraus Folgerungen zu ziehen. Aus zahlreichen Gesprächen wurde mir klar, wie sehr sie sich nach verbindlichen Leitlinien und wohl auch nach einem „Leitwolf" sehnten.

Da hatten es die „kommunistischen Marxisten" viel leichter. Widersprüche zwischen ihrer Ideologie und ihrem politischen Handeln gab es für sie nicht. Die Schriften von Marx und

Engels waren das „Alte", und die von Lenin waren das „Neue Testament", Stalins „Lehrgang der Geschichte der KPdSU" war ihr Katechismus, und an der Spitze ihrer international angelegten Partei stand der große Stalin, der alles wußte, alles richtig machte und dem man bedingungslos zu gehorchen hatte.

Trotzdem wunderte ich mich über die Verbissenheit und menschliche Verbiestertheit dieser marxistischen Klassenkämpfer. Von ihrer „klaren" ideologischen Position aus hätten sie doch viel selbstbewußter, viel offener und viel optimistischer auftreten müssen. Dagegen waren sie merkwürdig verklemmt und bei ihrem politischen Agieren eher gehemmt als zupackend. Erst später, als ich mehr über die Moskauer Prozesse wußte, wurde mir das seltsam anmutende Verhalten dieser kommunistischen Funktionäre, vor allem jener, die in der Sowjetunion im Exil gewesen waren, einsichtig. Das fiel mir besonders bei Stefan Heymann, später Botschafter der DDR in den Ostblockstaaten, und bei Werner Eggerath, KPD-Vorsitzender und Ministerpräsident in Thüringen, auf. Beide hatten ein Jahrzehnt KZ-Haft bei den Nazis überstanden, aber im Gespräch mit Walter Ulbricht und Wilhelm Pieck verhielten sie sich regelrecht devot.

Wie ein Trauma lag auf ihnen der Vorwurf ihrer sowjetischen Genossen, 1933 gegenüber den Nazis versagt zu haben. Nun wollten sie offenbar unter dem Druck dieser Vorhaltungen, unter der psychischen Last der Erlebnisse in Moskau und unter den Augen der argwöhnischen sowjetischen Besatzungsmacht alles richtig machen. Das Ergebnis war eine entsetzliche politische Penetranz, die die spätere SED und deren DDR-Staat entscheidend geprägt hat.

Dann gab es in beiden Parteien je eine Gruppierung, die sich in ihren Strukturen, ihrer sozialen Herkunft, ihren Ausdrucksformen überaus ähnlich waren, „Funktionärssoldaten", die voller Hingabe an die Partei ihre Pflicht taten. Jede leistungsfähige Partei, eigentlich jeder Verein braucht diese „Funktionärssoldaten". Sie leisten den Hauptteil der vielfältigen Kleinarbeit. Und sie sind die Parteifunktionäre, zumeist als Delegierte der jeweiligen Gremien damals zunächst bestimmt, die dafür sorgen, daß die Vorstandsmitglieder, wenn sie die Spielregeln einhalten, wiedergewählt werden.

1945 rekrutierten sich diese „Funktionärssoldaten" überwiegend aus der Arbeiterschaft, dazwischen einige wenige kleine Angestellte. Diese Leute waren zur SPD oder KPD aus der Tradition ihrer Herkunft gekommen oder von Arbeitskollegen geworben worden. Viele von ihnen waren schon vor 1933 bei der KPD oder SPD gewesen. In der NS-Zeit hielten sie sich bedeckt, waren keine Nazis geworden, hatten aber auch keinen Widerstand geleistet. Vom Marxismus oder Sozialismus wußten sie im Grunde nichts, nur soviel, daß das für die Arbeiter und überhaupt für die Menschen etwas Gutes sei.

Auf die Politik ihrer Partei hatten sie, obwohl Funktionäre, keinen Einfluß. Sie bemühten sich auch nicht darum. Für die „Politik" waren die „Oberfunktionäre", die so gut reden konnten, zuständig. Sie selber sorgten dafür, daß die Partei organisatorisch funktionierte.

In einem Punkt aber unterschieden sich die „Funktionärssoldaten" der KPD von denen der SPD. Die Kommunisten waren einer bedingungslosen Disziplin verpflichtet: Was die Partei beschloß, war oberstes Gesetz. Und alles, was sich in der Partei tat, unterlag der strikten Geheimhaltung. Daran hielt man sich. Diese Art „Disziplin" kannte man bei der alten Tante SPD nicht. Hier ging alles legerer zu. Es wäre auch niemand auf die Idee gekommen, bedingungslose Unterordnung zu fordern. Erst später, am Ende des Vereinigungsprozesses der SPD mit der KPD, spielten solche Disziplinierungen auch in der SPD eine Rolle.

Innerhalb der damals bestimmenden Funktionärsapparate der beiden Parteien gab es dann noch zwei Minderheits-Gruppierungen. In der KPD waren dies die „Idealisten", vor 1933 oftmals in der KPO (Kommunistische Partei-Opposition) organisiert und von der herrschenden Parteilinie als „Abweichler" tituliert. Diese Kommunisten, von manchen auch „Edelkommunisten" genannt, traten für einen Kommunismus ein, der von Menschlichkeit, Freiheit und Demokratie bestimmt sein sollte. Sie hatten in der KPD keinen Einfluß und wurden damals von ihren Genossen belächelt. Später wurden diese „Edelkommunisten" als „trotzkistische Abweichler" unnachsichtig verfolgt. Nur mit Mühe gelang es mir und meinen sozialdemokratischen Freunden, den ehemaligen KPD-Spitzenfunktionär aus Berlin, Paul Elflein, und den Saalfelder ehemaligen KPO-Vorsitzenden, Richard Gernhard, über die nahe Grenze nach Bayern in die Sicherheit der „kapitalistischen" Westzonen zu bringen. Der thüringische Vorsitzende der KPO, Alfred Schmidt aus Erfurt, hatte die Chance der Flucht nicht mehr. Ihn traf ich in den fünfziger Jahren als verurteilten „Konterrevolutionär" im Zuchthaus Bautzen wieder.

Auch in der SPD gab es damals eine Minderheit, die realitätsbezogen versuchte, frei von ideologischen Einflüssen pragmatische Politik zu machen. Ihre Vertreter kamen vorwiegend aus dem Wirtschaftsleben, hatten gegen die Nazi-Diktatur Widerstand geleistet und hatten aus Erfahrung ein distanziertes Verhältnis zu den Kommunisten. Ihr politischer Einfluß war örtlich manchmal nicht unbedeutend, auf Landesebene jedoch gering.

So etwa sah Ende 1945 die politische Struktur der SPD und der KPD in der sowjetischen Zone aus. Nicht ohne Gewicht war auch der Einfluß, den die sowjetischen Polit-Kommissare auf Kreis- und Landesebene in die Parteien hinein ausübten. Bei der KPD hatte dieser Druck ohnehin „Befehlsrang". Niemand wagte, sich zu widersetzen. Bei der SPD war das unterschiedlich. Die marxistischen Funktionäre der SPD waren zumeist sehr geneigt, die „sowjetischen Empfehlungen" als „Hinweise einer sozialistischen Macht" aufzunehmen. Die Pragmatiker betrachteten die sowjetischen Einflußbemühungen unter jeweils taktischen Gesichtspunkten von der verklausulierten Ablehnung bis zur differenzierten Annahme.

Die Vereinigung der SPD mit der KPD

Die verheerenden Ergebnisse, die die Kommunisten bei den Kommunalwahlen in Ungarn und Österreich im Herbst 1945 zu verzeichnen hatten, und der weit größere Mitgliederzulauf zur SPD als zur KPD, waren für die Deutschlandpolitiker im Kreml der Grund, die Vereinigung der SPD mit der KPD in der sowjetischen Zone und, wenn möglich, auch in Westdeutschland vorzunehmen. Die KPD erhielt die entsprechenden „Durchführungsbefehle".

Diese Kalkulation war politisch klug durchdacht. Die Vereinigungspartei würde unter der Führung der Kommunisten das gesamte linke Spektrum beherrschen und damit die Voraussetzung für den Aufbau einer kommunistischen Diktatur, wenigstens in einem Teil Deutschlands, garantieren. Gleichzeitig ging man davon aus, daß diese durch die Zufuhr der sozialdemokratischen Mitglieder nunmehr gewichtige „Einheitspartei" die West-Alliierten in West-Berlin politisch isolieren und gegenüber der Berliner Bevölkerung auch diskreditieren könnte, was die West-Alliierten zum Abzug aus West-Berlin bewegen und damit Berlin den Sowjets ausliefern würde.

Von dieser Position aus und mit einer berechenbaren Erfolgskampagne für die neue Einheitspartei auch in den westlichen Besatzungszonen hätte man eine bedeutende, im Sinne der Sowjets agierende politische Macht etablieren können, um dann mit einer großangelegten Vereinigungspolitik beide Teile Deutschlands zu einem kommunistischen Staat zu machen. Dieses Szenario war ein Musterbeispiel sowjetischer Planung. Darin waren die Sowjets den Westmächten turmhoch überlegen, von den politisch simplen deutschen SPD-Funktionären, die in diesem Polit-Stück eine passive Hauptrolle zu spielen hatten, gar nicht zu reden.

Die Kommunisten sahen in den marxistischen SPD-Funktionären die richtigen Ansprechpartner und gleichzeitig „nützliche Idioten" für ihre Vereinigungspolitik. Die sozialdemokratischen Mitglieder spielten während der parteipolitischen Aufbauphase 1945/46 überhaupt keine Rolle. Im Wege standen höchstens die nichtmarxistischen pragmatischen SPD-Funktionäre. Sie galt es, systematisch zu eliminieren.

Als politisch-psychologisches Werkzeug für eine Vereinigungsbereitschaft der SPD-Funktionäre setzten sie Termini aus der marxistischen Mottenkiste ein: „Einheit der Arbeiterklasse" und natürlich die schillernde Worthülse „Sozialismus", den es aufzubauen gälte. Dazu kam eine geschickte Geschichtsklitterung, wonach die „Spaltung der Arbeiterklasse" die Nazis hätte an die Macht kommen lassen. Ferner benutzten sie die Erinnerungen an die gemeinsame Haft bei den Nazis. Dieses „Werkzeug" war für die marxistischen SPD-Funktionäre wie geschafffen. Statt einer nüchternen Beurteilung der kommunistischen Vereinigungskampagne beherrschten imaginäre ideologische Vorstellungen und Gefühle die damaligen Führungsgremien der in sich völlig unfertigen SPD. So hatten wir Anfang Dezember 1945 anläßlich eines Besuches der thüringischen Landtagsabgeordneten und langjährigen KZ-Inhaftierten Emma Sachse aus Altenburg im Saalfelder SPD-Vorstand eine heftige Auseinandersetzung über die Vereinigung der SPD mit der KPD. Emma Sachse und ihre marxistischen Anhänger warfen meinem Vater und unseren Freunden vor, wir hätten als Verkörperung der reformistischen SPD die Revolution von 1918 nicht weitergeführt, sondern den bürgerlichen Elementen à la Stresemann und Brüning geopfert. Damit sei jetzt Schluß. Unser Einwand, daß es jetzt um die Freiheit, um das Recht und um die Einheit Deutschlands ginge, wurde von Emma Sachse mit dem Argument abgetan, das alles seien bürgerliche Fossilien. Jetzt ginge es allein um den Sozialismus, den man nur mit der KPD zusammen schaffen könne.

Individuell wurden „subtilere" Methoden angewandt. Zögernde SPD-Funktionäre, die zwar für die „Einheit" waren, dies aber im „Reichsmaßstab", wie es damals hieß, vollzogen wissen wollten, erhielten von den Sowjets für die sofortige Zustimmung sogenannte „Panjoks", große Lebensmittelpakete, die für den Begünstigten das Schlaraffenland bedeuteten. Die Kommunisten versprachen hohe Posten, und wichtigen Funktionären wurden von den Sowjets attraktive „Sekretärinnen" zugeführt. Die sowjetischen Polit-Kommissare wußten auf der Klaviatur der „Pawlowschen Reflexe" zu spielen.

Mit den grundsätzlichen Gegnern der Vereinigung ging man rabiater um. Die mildeste Form war das „klärende Gespräch", das aber zu Drohung und Erpressung wurde, wenn sich zum Beispiel Angehörige in sowjetischer Kriegsgefangenschaft befanden. Es gab auch die Androhung einer Verhaftung, was meist mit der überstürzten − von den Sowjets gewollten − Flucht des Vereinigungsgegners in die Westzonen endete. Da und dort kam es auch zu Überfällen und tatsächlichen Verhaftungen. So erging es dem Barchfelder Sozialdemokraten Karl Hellmann, dem man mit dem Hinweis auf seine in sowjetischer Kriegsgefangenschaft befindlichen Söhne das Bekenntnis zur Vereinigung abpressen wollte. Ähnlich versuchte man, den Saalfelder Sozialdemokraten Karl Heerdegen, von dem ein naher Verwandter inhaftiert war, gefügig zu machen; Heerdegen flüchtete daraufhin in den Westen.

Aber das waren Einzelfälle, die sich aus dem penetranten Bemühen um hundertprozentige Erfolgsmeldungen im jeweiligen örtlichen Bereich erklären lassen. Insgesamt konnten die in der SPD bestimmenden marxistischen Funktionäre die Vereinigung der SPD mit der KPD kaum erwarten, weil sie die Chance witterten, gemeinsam mit den kommunistischen Klassenbrüdern endlich den „Sozialismus aufzubauen".

Die Kampagne für die Vereinigung begann am 9. November 1945 und setzte in Thüringen gleich einen nicht zu übersehenden Akzent kommunistischen Durchsetzungsvermögens und verräterischen Verhaltens der SPD. Zusammen mit der sowjetischen Militäradministration Thüringens verlangten die Kommunisten die Eliminierung des thüringischen Landesvorsitzenden der SPD.

Hermann Ludwig Brill und der thüringische SPD-Landesvorstand

Von allen thüringischen Sozialdemokraten geschätzt, war Hermann Ludwig Brill, Reichstagsabgeordneter vor 1933 und langjähriger KZ-Häftling, im Frühherbst 1945 auf einer ersten gemeinsamen SPD-Zusammenkunft im „Haus des Volkes" in Probstzella gebeten worden, bis zu einer ordentlichen Wahl als Landesvorsitzender der Thüringer SPD zu fungieren. Ihm zur Seite standen Heinrich Hoffmann als Stellvertreter und die Funktionäre aus der Zeit vor 1933 August Frölich, Kurt Böhme, Emma Sachse, Franz Lepinsky sowie der Dortmunder Sozialdemokrat Heinz Baumeister.

Den Sowjets war Brill aus mehreren Gründen ein Dorn im Auge, einmal weil er von der amerikanischen Besatzungsmacht als Thüringer Regierungspräsident eingesetzt worden war (die Sowjets hatten ihn sofort wieder abgesetzt), zum anderen, weil er sich schon im KZ Buchenwald statt für Wiedergründung der SPD und der KPD, für einen neuen „Bund demokratischer Sozialisten" eingesetzt hatte, der frei von internationaler Abhängigkeit (sprich Moskau) sein sollte. Um nicht gleich in den Aufbau der Parteien eingreifen zu müssen, akzeptierten die Sowjets Brill zunächst als thüringischen SPD-Chef.

Als Brill jedoch in einem Rundschreiben an die SPD-Kreisverbände die Politik der KPD in der Weimarer Republik und ihre derzeitige SPD-feindliche Verhaltensweise darstellte, reagierten die Sowjets.

Der Stellvertreter Brills, Heinrich Hoffmann, ein Karrierist reinsten Wassers, wurde zum Chef der sowjetischen Militäradministration Thüringens, General Kolesnitschenko, bestellt, der ihm eröffnete, daß Brill nicht länger das Vertrauen der Sowjets genieße. Er sei ein bourgeoises Element, das die Arbeiterbewegung nicht verstünde. Es wäre daher gut, wenn der SPD-Landesvorstand Brill das Vertrauen entzöge und ihn, Heinrich Hoffmann, mit der Funktion eines amtierenden Landesvorsitzenden beauftrage. Im Geschäftsführenden SPD-Landesvorstand gab es eine heftige Debatte. Baumeister, Lepinsky und Freiburg wollten sich der sowjetischen Anordnung nicht fügen; die Mehrheit unter Wortführung des ehemaligen thüringischen Ministerpräsidenten einer linkssozialistisch-kommunistischen Koalitionsregierung von 1919, August Frölich, hingegen, plädierte für die Bestellung Heinrich Hoffmanns. Brill deutete das Verhalten der Sowjets richtig und flüchtete, von Freunden gewarnt, im November 1945 nach West-Berlin. Nach dieser Vorstandssitzung nahm August Frölich meinen Vater und mich beiseite und beschwor uns, den Namen Brill nicht mehr zu nennen. Für die sowjetische Besatzungsmacht sei Brill eine unerwünschte Person. Als mein Vater protestierte und Frölich vorwarf, wie man einen verdienten Genossen so perfide fallen lassen könne, antwortete Frölich, Brill habe den Zug der Zeit nicht erkannt und sei insofern ein Feind des Sozialismus geworden. Er gab uns den dringenden Rat, unsere Meinung zu überdenken.

Kolesnitschenko hatte einen dreifachen Erfolg erzielt: Der Anti-Kommunist Brill war ausgeschaltet, der Landesvorstand der SPD hatte sich disziplinieren lassen und mit Heinrich Hoffmann hatte man einen den Sowjets ergebenen Vorsitzenden an der Spitze der thüringischen SPD. Die Folgen dieser effektiven Politik gegenüber der SPD zeigten sich bald.

Camburg und Honecker

Vor dem Hintergrund der sogenannten „60er-Konferenz" der SPD und KPD in Berlin im Dezember 1945, als die opportunistische SPD-Führung unter Grotewohl ihre Bereitschaft gezeigt hatte, in die Vereinigung mit der KPD einzuwilligen, forcierte die starke Gruppe der Befürworter im Landesvorstand und in den Kreisvorständen die Vereinigung in Thüringen.

So wollte man mit einem gemeinsamen Seminar von fünfzehn jungen Sozialdemokraten und Kommunisten in Camburg an der Saale Mitte Februar 1946 ein Zeichen für die Vereinigung setzen. Nach einer Reihe von lapidaren Referaten trat ein mit Jugendfragen befaßter junger Kommunist namens Erich Honecker auf. Er berichtete von seiner Haft während der NS-Zeit und imponierte damit. Im zweiten Teil seiner Ausführung befaßte er sich mit der Politik der KPD in der Weimarer Republik und behauptete dreist, allein die von einem konsequenten Klassenbewußtsein gegen die damalige herrschende Bourgeoisie bestimmte Politik der KPD sei richtig gewesen. Ich unterbrach Honecker abrupt und hielt ihm vor, daß die KPD die Weimarer Republik mitzerstört und so den Nazis zur Macht verholfen habe. Darauf kam es zu einem Tumult. Die „Einheitsseminaristen" der zu verschmelzenden Parteien bezichtigten sich gegenseitig historischer Verfehlungen.

Die anwesenden Landesvorstandsmitglieder der thüringischen SPD, Kurt Böhme und Emma Sachse, standen uns jungen Sozialdemokraten nicht nur nicht bei, versuchten vielmehr, 1933 als einen gemeinsamen Fehler der „beiden Arbeiterparteien" hinzustellen, aus dem die Konsequenzen zu ziehen seien: Vereinigung. Das aber war dem KPD-Funktionär
Fritz Heilmann zu wenig. Er beharrte darauf, daß die SPD
zuzugeben hätte, im Gegensatz zur KPD zu wenig klassenbe-
wußt gewesen zu sein. Die beiden SPD-Vertreter schluckten
auch diese Kröte und bekundeten, nach 1918 wegen der Re-
gierungsbeteiligung zu viele reformistische Positionen vertreten zu haben.

Wir jungen Sozialdemokraten waren über diesen Kotau so
empört, daß wir ihnen vorwarfen, nicht nur ihre Partei, sondern sich selber zu verraten und schickten uns an, das Seminar zu verlassen. Honecker rief mir zu, daß er und ich mit so
einem Verhalten von der Reaktion ins Zuchthaus geworfen
würden. Honecker hatte damals teilweise recht. Ich „landete" später im Zuchthaus Brandenburg, in das mich Honecker
und seine Spießgesellen einsperren ließen.

Die Vereinigung der SPD
mit der KPD in Thüringen

Für die marxistischen Funktionäre der SPD war der organisatorische Verbund mit der KPD Ende Februar/Anfang März
1946 ein unumstößliches Vorhaben. Kommunisten äußerten
unumwunden, daß sie mit einem solchen Entgegenkommen
der SPD nicht gerechnet hätten.

Anläßlich eines Essens, das der sowjetische General Kolesnitschenko Anfang März für die Mitglieder der Landes-
vorstände der SPD und der KPD gab, schlug der SPD-Lan-

desvorsitzende Heinrich Hoffmann ohne vorhergehende Beschlußfassung im Vorstand vor, die Vereinigung in Thüringen Ostern 1946 in Gotha, wo 1875 der Zusammenschluß der Allgemeinen Deutschen Arbeiterpartei mit der Sozialdemokratie Deutschlands stattgefunden hatte, durchzuführen.

Bevor wir dagegen protestieren konnten, hob der sowjetische General sein Glas und trank auf die Vereinigung, und die Kommunisten stimmten das Lied „Brüder, in eins nun die Hände" an. Nach dem Essen erhoben wir Gegner der Vereinigung schwere Vorwürfe gegen Hoffmann; aber er und sein Gefolge taten dies lapidar ab, die Mehrheit in der SPD sei für die Vereinigung.

Im SPD-Vorstand meiner Heimatstadt wurde darüber abgestimmt, entweder die SPD aufzulösen oder, wie die Vereinigungsbefürworter beantragten, in der neuen Partei das „sozialdemokratische Element hochzuhalten". Die Abstimmung ergab fünf Stimmen für Auflösung und sieben Stimmen für das „sozialdemokratische Element". Mein Vater und ich hatten selbstverständlich für die Auflösung gestimmt. Von dem gerade in Saalfeld weilenden Mitglied des Zentralausschusses der SPD und Gewerkschaftsfunktionär Hermann Schlimme ernteten wir heftige Vorwürfe. Die SPD werde in der neuen Einheitspartei weiterleben, während wir Einheitsgegner nach dem zwölfjährigen Naziverbot die SPD wieder zur Tatenlosigkeit verurteilen würden.

Ostern 1946 wurde dann mit einem Vereinigungsparteitag, bei vorausgegangenen getrennten Parteitagen der SPD und der KPD, die „Sozialistische Einheitspartei Deutschlands, Landesverband Thüringen", gegründet. Zuvor war es im Foyer des Veranstaltungsraumes zu heftigen Auseinandersetzungen gekommen, weil man die Vereinigungsgegner im SPD-Landesvorstand, Heinz Baumeister, Hans Freiburg, Max Urich, Franz Lepinsky und meinen Vater, nicht auf die Rednerliste setzte. Soweit hatten die marxistisch-sozialistischen SPD-Funktionäre den demokratischen Impetus bereits am Anfang ihrer Tätigkeit für die SED ausgeschaltet, ohne daß es eines tatsächlichen Drucks der Besatzungsmacht bedurft hätte.

Überdeutlich wurde diese selbstverpaßte Bewußtseinsmanipulation, als sie meinen Vater einen Verräter nannten, weil er Kopien eines Artikels von Kurt Schumacher auf diesem letzten SPD-Parteitag verteilte.

Der Verrat

Mit der Gründung der SED wurde überdeutlich, daß in der sowjetischen Besatzungszone eine kommunistisch-sozialistische Diktatur errichtet werden sollte. Alle Voraussetzungen für die neue Diktatur wurden geschaffen: nur von Kommunisten geleitete Landesbereitschaftspolizei, Gründung einer geheimen politischen Polizei (K 5), Unterwanderung der CDU und LDPD durch kommunistentreue Elemente, Verstaatlichung der Großbetriebe und Banken, indoktriniertes Schul- und Bildungswesen.

Am Aufbau der neuen Diktatur beteiligten sich ehemalige SPD-Mitglieder mit großem Engagement. Ja, sie wirkten sogar an ihrer eigenen Abhalfterung mit, wenn sie ihre Versetzung von leitenden in untergeordnete Funktionen als richtig bezeichneten. Vom Hochhalten des „sozialdemokratischen Elements" in der SED konnte keine Rede sein. Im Gegenteil, beflissen unterstützten sie stalinistische Parolen und verteufelten die westliche Sozialdemokratie. Der Brief Kurt Böhmes, vor 1933 Landessekretär der thüringischen SPD, an meinen Vater, wegen Haftentlassung meiner Verlobten und unseres Freundes, ist hierfür eine Offenbarung des Verrats der SPD an der Freiheit (siehe Anlage).

Diejenigen Sozialdemokraten, die sich dem Aufbau der zweiten Diktatur in Deutschland verweigerten, traf es schwer: Sie mußten entweder fliehen oder wurden gemaßregelt. Viele verschwanden auf Jahre hinter Zuchthausmauern.

In Thüringen wurde versucht, ein kleines Personal- und Organisationsgefüge der SPD auf verdeckte Weise zu erhalten, weil man annahm, daß die Zeit der besatzungspolitischen Teilung Deutschlands nicht mehr allzu lange dauern würde. Eine Teilung Deutschlands über zehn Jahre hinaus schien unvorstellbar. Heinz Baumeister und Hans Freiburg hatten sich in der thüringischen Handwerkskammer etabliert und stellten die „Landesleitung" der illegalen SPD dar. In fast allen Gemeinden gab es mindestens eine zuverlässige Kontaktperson.

Ich war als Leiter der Kommunalabteilung im Saalfelder Landratsamt zuständig für die Kommunikation unter den standhaft gebliebenen Sozialdemokraten. In Rudolstadt stand mir der Bürgermeister, Gustav Hartmann, bei, ein aufrechter junger Sozialdemokrat, der später im Zuchthaus Bautzen elend umgekommen ist.

Nicht wenige standhafte Sozialdemokraten nahmen Verbindung zur Berliner SPD auf. Meine Familie und ich wurden dort Mitglied. Von der Berliner SPD erhielten wir Informationsschriften und verteilten sie in Thüringen. Über die politischen, wirtschaftlichen und sozialen Verhältnisse der sowjetischen Zone gelangten vielfältige Informationen an die sozialdemokratische Berliner Zeitung „Der Telegraf", an den Berliner Sender „RIAS" und an das Ostbüro der SPD.

Gegen diese Informationstätigkeit wetterten vorzugsweise die ehemaligen SPD-Mitglieder in den SED-Vorständen. Offensichtlich wollten sie als ganz besonders linientreu erscheinen. Genauso waren es sehr oft ehemalige SPD-Funktionäre, die auf SED-Versammlungen Kurt Schumacher und die westdeutsche SPD angriffen.

Die Verfolgung

Die Erklärung Walter Ulbrichts 1948, die SED zu einer „Partei neuen Typus" zu gestalten, mußte auch dem Dümmsten klarmachen, daß die SED nunmehr eine rein kommunistische Partei in Stalins Fahrwasser sein werde. Die ehemaligen SPD-Funktionäre in der SED hießen auch diesen Kurs gut. Sie widersetzten sich nicht der widerwärtigen Methode der Kommunisten, die ehemaligen Sozialdemokraten in oder außerhalb der SED in drei Kategorien einzuteilen:

In die erste Kategorie kamen die Mitmacher und Mitläufer, die zweite bildeten die unsicheren Kantonisten, die aus allen politischen und anderen wichtigen Funktionen zu entfernen waren, und zur dritten Kategorie gehörten die „Klassenfeinde", die dem NKWD zur „administrativen Behandlung", wie das Schlüsselwort für Verhaftung hieß, zu übergeben waren.

Für die Einsortierung waren Kommissionen, in denen nur Kommunisten saßen, unter Leitung des Moskau-Kommunisten Matern zuständig. Als die Beschlüsse dieser Kommission umgesetzt wurden, billigten die SED-Vorstände, in denen immer noch reichlich ehemalige Sozialdemokraten saßen, diese Maßnahmen gegenüber ihren einstigen Genossen.

Am 4. April 1949 wurden meine Verlobte, mein Vater, drei Freunde von uns und ich unter dem Vorwand der „konterrevolutionären Tätigkeit" bei ausschließlicher Beschuldigung durch die SED vom NKWD verhaftet und nach langer unmenschlicher, von Rechtswillkür strotzender Untersuchungshaft als „Schumacher-Agenten" zu je 25 Jahren Haftlager verurteilt. Die Haft, besonders die Untersuchungshaft, war schrecklich. In der Zelle befand sich außer einem Wasserkrug und einem Holzkübel nichts. Wir schliefen auf dem blanken Steinfußboden. Es gab noch nicht einmal Toilettenpapier. Die Verpflegung: morgens 200 g klitschiges Brot, ein Teelöffel Zucker und eine dunkle heiße Brühe, mittags ein halber Liter wäßrige Graupensuppe, abends etwas Kartoffelbrei mit einigen Sauerkrautfäden.

Die Vernehmungen fanden vorwiegend nachts statt. Wir kannten weder die sowjetische Prozeßordnung noch das sowjetische Strafrecht. Wir bekamen keinen Anwalt und konnten keine Zeugen benennen. Papier und Bleistift für Notizen standen nicht zur Verfügung. Vernehmung und Protokolle in russischer Sprache, wobei ein miserabler Dolmetscher ab und zu den Vernehmungen beiwohnte. Kontakte zu den Angehörigen gab es nicht.

Meine Angehörigen erfuhren erst nach einem Jahr, daß ich noch existiere. Um die Unterschrift unter die in russischer Sprache abgefaßten Protokolle zu erzwingen, preßten mich die Schergen in einen Schrank, auf dessen Boden sich ein mit Wasser gefüllter Kübel befand. Stundenlanges Stehen in dieser feuchten, beklemmenden Enge mit der Aussicht, das gesundheitlich nicht zu überstehen, ließ es geboten erscheinen, zu unterschreiben.

Die Anklagen bezogen sich ausschließlich auf unsere sozialdemokratische Tätigkeit, die zusammenfassend als „konterrevolutionäres Verhalten" bezeichnet wurde. Gespräche mit Berliner Sozialdemokraten wurden als „politische Spionage" gewertet, harmlose Treffen von Sozialdemokraten als „illegale Gruppenbildung", die Weitergabe von West-Berliner Zeitungen oder von Publikationen der Berliner SPD, die eine Lizenz auch von der sowjetischen Besatzungsmacht hatte, als „antisowjetische Propaganda".

Die sogenannten Beweise für unsere „konterrevolutionäre Tätigkeit" stammten ausschließlich aus der schon damals intensiven Spitzeltätigkeit der Kommunisten. Dieses Material hatten sie im Auftrag der SED dem NKWD zur Verfügung gestellt. Wir konnten bei den Vernehmungen sehr leicht feststellen, wer die Tipgeber für den NKWD waren. Auch die Landes- und Kreisvorstandsmitglieder der SED, die unsere Überantwortung an den NKWD beschlossen hatten, sind uns bekannt geworden. Als ich zusammen mit meiner Frau im Frühjahr 1990 das erste Mal, 41 Jahre nach unserer Verhaftung, wieder in meiner Heimat war, haben wir Erkundigungen nach diesen SED-Funktionären angestellt. Sie sind inzwischen alle verstorben.

Zu „Ehren" der Saalfelder ehemaligen SPD-Mitglieder muß ich sagen, daß keiner unmittelbar an unserer Verhaftung beteiligt war; in anderen Kreisen gab es das jedoch sehr wohl. Aber alle ehemaligen Sozialdemokraten, die nach 1949 noch in Vorstandsgremien der SED, gleichviel auf welcher Ebene, saßen, haben sich eindeutig mitschuldig an der Inhaftierung von Sozialdemokraten, die den Kommunisten ein Dorn im Auge waren, gemacht. Auf vielen Versammlungen und in vielen Resolutionen haben sie die „Liquidierung der Schumacher-Agenten", ihrer ehemaligen Genossen, gutgeheißen.

Erst nach über sieben Jahren kamen wir wieder frei. Insgesamt wurden in der Ostzone und der späteren DDR 5000 Sozialdemokraten verhaftet. Vierhundert von ihnen, vor allem die, die schon in der NS-Diktatur viele Jahre inhaftiert waren, kamen in der Haft um. Etwa tausend starben an den Haftfolgen.

Zu den Schuldigen zählen Zehntausende SPD-Funktionäre − vom kleinen Ortsvorsitzenden bis zu Grotewohl −, die alle zusammen, gemeinsam mit den Kommunisten, die zweite Diktatur in Deutschland errichteten, manche aus Feigheit, die meisten, weil nicht die Freiheit, sondern der Sozialismus an der Spitze ihrer Werteskala thronte. Solche marxistischen Funktionäre gab es aber nicht nur in der Ostzonen-SPD, sondern auch in der westdeutschen SPD. Und in der Tat kam es in nicht wenigen SPD-Bereichen des westlichen Deutschlands 1946 zu Sympathiebekundungen für die SED.

Ein Beispiel hierfür ist Willy Brandt, der sich 1946 nach Auskünften des Berliner SPD-Vorsitzenden Franz Neumann und nach den Buchausführungen des SED-Funktionärs Karl Mewes begeistert über die „Einheit der Arbeiterklasse" aussprach und im Westen für die SED eintreten wollte.

Ganz offensichtlich ist es allein der großen Persönlichkeit Kurt Schumachers und seinem unbeugsamen Willen, gegen die kommunistische Diktatur anzukämpfen, zu verdanken, daß es nicht auch in Westdeutschland zur „Arbeitereinheit" zwischen SPD und KPD gekommen ist. Rudimente davon hat es in der SPD aber immer gegeben.

Die Charakterveränderung in der SPD

Als ich Mitte 1956 nach meiner Entlassung aus über sieben Jahren Haft in der West-Berliner SPD meine parteipolitische Tätigkeit wieder aufnahm, war ich zunächst von der Hilfsbereitschaft und Solidarität der Berliner Sozialdemokraten überrascht. Die Genossen in Berlin-Mariendorf, durch die Bank „kleine Leute", halfen meiner Frau, meinem Vater und mir, die wir mittellos wie die ärmste Kirchenmaus angekommen waren, mit solcher Hingabe, daß ich heute, nach bald vierzig Jahren, nur mit großer innerer Rührung daran zurückdenken kann. Das war Solidarität! Wenn man bedenkt, daß der wirtschaftliche Aufschwung in West-Berlin sehr viel später einsetzte als im Westen, 1956 immer noch 300 000 arbeitslos waren, so ist die Unterstützung der Mariendorfer und Tempelhofer Sozialdemokraten und der Arbeiterwohlfahrt, die mir eine Matratze und eine Decke zum Schlafen brachten, die meiner Frau einen Mantel kauften, die meinem Vater und mir Lebensmittel gaben, ganz besonders zu würdigen.

Zu würdigen aber auch die ideelle Unterstützung mit vielen Hinweisen und Hilfen bei der Arbeits- und Wohnungssuche wie beim Zurechtfinden in Berlin und in der Berliner Sozialdemokratie. Erwähnt seien namentlich die rührigen SPD-Funktionäre Willi Weber, Emil Lohrengel, Theo Thiele, Eberhard Hesse; besonders auch der großartige Innensenator Joachim Lipschitz und der SPD-Vorsitzende Franz Neumann. Sie waren Markenzeichen einer SPD, die es heutzutage nicht mehr gibt.

Der Charakter der Berliner SPD war von vernunftgeprägter Pragmatik bestimmt, wie sie „kleinen Leuten" zumeist eigen ist. Mit ihr mischten sich die Wertvorstellungen der Kriegsgeneration, vor allem Ordnungs- und Gemeinsinn. Klare und konstruktive Positionen boten die Grundlage für eine überzeugende Politik der Freiheit gegen die kommunistische Gewaltherrschaft für die Einheit Berlins und Deutschlands. Die Auseinandersetzung zwischen freiheitlicher Demokratie und kommunistischer Gewaltideologie und die in Berlin vorausgegangene Gründung der SED hatten das auch in der Berliner SPD vorhandene marxistische Element eliminiert oder in die SED geschwemmt. So war die Berliner SPD nach 1946 der erste von linksideologischen marxistischen Elementen nahezu freie Organisationsteil in der langen Geschichte der SPD. Entsprechend erfolgreich seine Politik.

Mit dem Godesberger Programm, 1959, versuchten weitsichtige und kluge Politiker der SPD, wie Fritz Erler, Wenzel Jaksch, Carlo Schmid, der gesamten SPD die Grundlage für eine ideologiefreie pragmatische Politik zu schaffen. Die Erfolge in den sechziger Jahren gaben ihnen zunächst auch recht.

Aber Ende der sechziger Jahre und Anfang der siebziger Jahre brach es über die SPD herein. Zehntausende von linken Kräften, darunter viele Studenten und Akademiker der 68er-Bewegung, drängten in die SPD mit dem eindeutigen Ziel, sie von einer Partei der „Lohnabhängigen" zu einer linksideologischen Partei umzufunktionieren. Mit Geschäftsordnungstricks und rücksichtsloser Eloquenz gelang ihnen dies zunehmend.

Ich erinnere mich an eine SPD-Versammlung Anfang der siebziger Jahre in Berlin-Rudow, einem größeren Neubauviertel im Bezirk Neukölln, zu der mich der dortige SPD-Vorsitzende, der Bundestagsabgeordnete Bühling, als Referent eingeladen hatte. Kurz nach Eröffnung der Versammlung wurde er mit zahlreichen angeblichen Zuzügen von SPD-Mitgliedern aus dem linken SPD-Bezirk Zehlendorf (Sitz der Freien Universität) konfrontiert. Später stellte sich heraus, daß diese zugezogenen SPD-Mitglieder pro forma bei drei linken SPD-Leuten in Berlin-Rudow als Untermieter eingetragen waren. So wurden zum Beispiel in Berlin die Mehrheitsverhältnisse manipuliert.

Diese „zugezogenen" SPD-Mitglieder, allesamt Studenten, verlangten mindestens zwanzigmal das Wort zur Geschäftsordnung, zogen damit die Versammlung in die Länge und störten den Ablauf. Die Arbeiter wurden unwillig, protestierten und verließen nach und nach die Versammlung, weil ihnen diese Art von Veranstaltung nicht behagte und weil sie am anderen Morgen früh aufstehen mußten.

Nun hatten die linken Studenten die Mehrheit. Sie brachten Resolutionen für die Einstellung von Kommunisten in den öffentlichen Dienst ein und andere gegen den Rechtsstaat gerichtete Erklärungen, die alle mit Mehrheit angenommen wurden. Bühling und ich, die wir uns heftig gegen diese linke Tour wehrten, hatten keine Chance. Am anderen Tag stand in linken Gazetten, daß sich die SPD in Berlin-Rudow für die Einstellung von kritischen Demokraten in den öffentlichen Dienst eingesetzt habe. Als ich mich an den Landesvorsitzenden der Berliner SPD, Klaus Schütz, wandte und ein entsprechendes Vorgehen gegen diese Methoden sowie ein Parteiverfahren gegen diese manipulierenden SPD-Mitglieder forderte, erklärte er, daß man da nichts machen könne. Man müsse im Gegenteil Rücksicht auf die schwierige Lage zwischen Rechts und Links in der Berliner SPD nehmen.

Motive und Strategie traten dabei eindeutig zutage. Die meisten der überwiegend jungen Leute stammten aus „gutbürgerlichen" Elternhäusern, wo sich die Eltern- und Großvätergeneration in der NS-Zeit allerdings für den Nationalsozialismus engagiert hatten. Jetzt glaubten die Jungen, angeheizt durch die Frankfurter Schule der Horkheimer, Habermas, Marcuse, die Aufarbeitung des Nationalsozialismus vornehmen und nicht zuletzt auch die „ihrer Schicht zustehenden Positionen" in Staat, Bildung und Medien wieder zurückerobern zu müssen.

Da die Vätergeneration mit ihrem Versagen in der NS-Diktatur rechts angesiedelt war, meinte man, sich links gerieren zu müssen. Als politische Plattform bot sich hierfür die SPD an, eine Partei, die ja „antifaschistisch" war und die sich anschickte, eine gegen die konservativen Kräfte gerichtete neue Deutschlandpolitik zu betreiben; eine Deutschlandpolitik, die sich am Ausgleich mit der SED orientieren wollte. Damit ergab sich die große Chance, mit der sozialistischen SED und mit einer wieder auf sozialistisch getrimmten SPD auf der Grundlage der für immer fortbestehenden Teilung Deutschlands ein gegen Amerika, gegen die Nato und gegen den Kapitalismus (sprich, gegen die freiheitliche Demokratie) gerichtetes sozialistisches Friedenslager in der Mitte Europas zu schaffen. Welch eine Perspektive. Also hinein in die SPD; Unterstützung der auf die Spaltung Deutschlands angelegten Politik der „innerdeutschen Beziehungen" und Forcierung der „Friedenspolitik".

Willy Brandt und die sich um ihn gescharte Gruppierung der Entspannungsideologie wie Bahr, Heinemann, Ehmke, Eppler, machten die Tore der SPD für ihre linksideologischen Unterstützer weit auf.

Das Versagen der „Rechten" in der SPD

Die „rechten" Spitzenfunktionäre der SPD verloren, nach dem frühen Tod ihrer Führungspersönlichkeiten Fritz Erler und Wenzel Jaksch, ihren Halt und mußten die Eintrittswelle linker Kräfte sowie die zügig vorgenommene Charakterveränderung und Ideologisierung hilflos hinnehmen. Widerstand gab es nur in örtlichen Bereichen durch tatkräftige kleine Funktionäre, der aber bald erlahmte, weil die politische Hilfe von „oben" ausblieb.

Erst 1971 besannen sich Teile der SPD-Fraktion unter Führung von Egon Franke und Hermann Schmidt-Vockenhausen. Man wollte in den Kurt-Schumacher-Kreis eintreten und diese Organisation, die von ehemaligen politischen Häftlingen aus den Reihen der SPD gegründet worden war und fest auf dem Boden Kurt Schumachers und Fritz Erlers stand, als Gegengewicht gegen die erstarkenden Linken einsetzen. Aber letztlich schreckten sie vor einer offenen Konfrontation zurück und hofften darauf, daß alles nicht so schlimm kommen würde. Es kam viel schlimmer. Den Repräsentanten der „Rechten" wurden von den Linken die Wahlkreise streitig gemacht. So verlor der Verteidigungsminister Georg Leber seinen Wahlkreis in Hessen, Annemarie Renger mußte darum bangen, überhaupt noch in den Bundestag zu kommen, und anderen ging es ebenso.

Inzwischen kam es bei den ehemaligen politischen Häftlingen, die acht, neun und mehr Jahre für die SPD durch die Kommunisten inhaftiert waren, wegen der zunehmenden Linkspolitik der SPD zu den ersten Austritten. Das führte im Mai 1972 zu einem langen Grundsatzgespräch mit Willy Brandt. Kernpunkte des Gesprächs waren die Vorwürfe der politischen Häftlinge, die SPD würde immer mehr auf die Friedenspolitik Moskaus einschwenken und den Freiheitsimpetus eines Kurt Schumacher verlieren. Willy Brandt gelobte Besserung. Ändern tat sich nichts.

Dann gründete sich in Niedersachsen die Fritz-Erler-Gesellschaft mit dem eindeutigen Auftrag, gegen die Linksideologen in der SPD zu Felde zu ziehen. Am Anfang gab es von den oberen „Rechten", wie zum Beispiel Helmut Schmidt, wortkräftige Ermunterung. Doch als es ernst mit der innerparteilichen Auseinandersetzung wurde, verstummte diese Ermunterung.

Als Annemarie Renger Mitte der siebziger Jahre Präsidentin des Deutschen Bundestages war, kam es noch einmal zu einem Aufbruch. Es wurde ernsthaft darüber beraten, nunmehr der linken Entwicklung entgegenzutreten. Man war zwar entschlossen, jetzt die Bataillone gefechtsbereit zu machen und eine handlungsfähige Zentrale der Parteirechten zu schaffen, jedoch auch diesmal ließ man sich von Willy Brandt, der wieder Besserung gelobte, einlullen, und es geschah nichts.

Im nachhinein werden die Gründe für das Versagen der Parteirechten in der SPD klar. Da war zunächst Willy Brandt, der sich eindeutig auf die Seite der Linksideologen geschlagen hatte, die Charakterveränderung der SPD guthieß, die Spaltung Deutschlands akzeptierte und die Freiheitspolitik Kurt Schumachers gegen die „Friedenspolitik" der westlichen Linken und Breschnews eingetauscht hatte. Gegen ihn trauten sich die Rechten nicht anzutreten. Als sich 1975 einmal eine Gruppe der „Rechten" im Berliner Reichstag zu einem der vielen „Strategiegespräche" trafen, darunter Prof. Richard Loewenthal, Jochen Vogel, Karl Herold u. a., forderte ich Jochen Vogel auf, offen gegen Willy Brandt und seine innerparteiliche Politik Stellung zu beziehen. Doch Vogel verweigerte sich mit der Bemerkung, gegen Willy Brandt könnte man nicht auftreten. Statt offener Auseinandersetzung wurde der „Lahnsteiner Kreis", ein Gremium für „illustre" Theorien von den „Rechten", gegründet.

Die Genossen scheuten sich, eine offene Auseinandersetzung innerhalb der SPD zu führen. Man fürchtete, die SPD könnte ihre Regierungsposition verlieren und das Odium einer möglichen Spaltung der SPD könnte ihnen angelastet werden. Und dann kamen wohl noch sehr persönliche Gründe dazu. Jahrelang hatte man auf den Oppositionsbänken gesessen, nun war man Minister, Staatssekretär, Präsident. Alles das sollte man aufs Spiel setzen? Man arrangierte sich lieber.

In der Berliner SPD, in der, wie auf der Bonner Bundesebene, eine ähnliche „Kungelpolitik" betrieben wurde, kursierte daraufhin das böse Wort von der „linken und rechten Gewinn- und Erwerbsgemeinschaft".

Der zweite Verrat der SPD

Vielleicht ist nur den wenigsten nach 1945 bewußt geworden, daß die „Deutschlandpolitik" wie keine andere Politik das Geschehen entscheidend bestimmte. So mußten alle Gestaltungsversuche der Deutschlandpolitik gleichermaßen auf die jeweiligen Bewußtseinsformen der Bevölkerung in beiden Teilen Deutschlands wirken.

Gravierend zeigte sich das in der von Brandt und Bahr betriebenen und von der SPD verkörperten „neuen" Deutschlandpolitik. Kurt Schumacher, Konrad Adenauer und Ernst Reuter hatten die Deutschlandpolitik auf dem Postulat der Freiheit begründet, ihr damit den höchsten moralischen Wert des europäischen Humanismus verliehen und gleichzeitig den Kommunismus ausgegrenzt. Das Ergebnis war ein Konsens der Menschen in beiden Teilen Deutschlands.

Zusammen mit den in den sechziger Jahren aufkommenden Linksideologen rüttelte die Brandt-SPD an diesen Grundlagen. Sie ersetzte das Postulat der Freiheit durch die Chimäre des Friedens, schuf damit einen windigen Konsens mit der sowjetischen Friedenspolitik Breschnews, lädierte den Konsens der Deutschen und gefährdete darüber hinaus die politische Moral der SPD, weil die Partei immer mehr Handlangerdienste für die sowjetische „Friedens- und Koexistenzpolitik" zu leisten hatte.

Die zeigte sich in vielfältigen Varianten:

1. Entgegen der Tradition der SPD als einer Partei eines geeinten Deutschlands, brach die Brandt-SPD mit ihrer Deutschlandpolitik der Anerkennung der DDR und der Friedensbewahrung gegenüber dem anscheinend als ewig angesehenen sowjetischen Einflußgebiet mit dieser Verpflichtung und Verantwortung. Zwar versuchte man, dieses Faktum der Politik der „innerdeutschen Beziehungen" unter der Decke zu halten, berief sich bei Fragen nach der Einheit Deutschlands auf „geschichtliche Prozesse", aber immer mehr SPD-Funktionäre schrieben in aller Offenheit die Einheit Deutschlands ab.

Unmittelbar nach der Verkündung der sogenannten neuen Ostpolitik 1970/71 kam es in der SPD-Bundestagsfraktion zu einem kleinen Aufstand. Herbert Hupka trat deswegen zur CDU über. Franz Seume und Willy Bartsch aus Berlin verweigerten die Zustimmung zu dieser Politik. Sie wurden deshalb von der Illustrierten „Stern" schwer angegriffen.

Im Verlauf dieser Auseinandersetzung kam es im Berliner Bundeshaus, in dem ich amtierte, zu einer Aussprache zwischen den beiden Bundestagsabgeordneten und Willy Brandt in Gegenwart des Berliner Bundestagsabgeordneten Kurt Mattick und mir. Franz Seume, ein exzellenter Wirtschaftswissenschaftler, hielt Brandt vor, daß seine Politik die DDR stabilisiere. Brandt entgegnete, daß dies zur Normalisierung der Beziehungen zwischen Ost und West notwendig sei und daß die Wiedervereinigung nur eine Vision sein könne. Ich protestierte gegen solche Vorleistungen einer „Normalisierung". Seume und Bartsch kündigten ihren Austritt aus der SPD an. Brandt zuckte nur mit den Schultern.

Das Trauma der Linken von einem neuen Nationalismus der Deutschen im Falle einer staatlichen Einheit spielte eine wichtige Rolle. Hinzu kam das emotionale Element, das man bei den Linken nicht zu ertragen glaubte, daß bei der Wiedervereinigung natürlich der „Kapitalismus" über den „Sozialismus" gesiegt hätte. Die totale Verunsicherung der Linken 1989/90 beim Zusammenbruch der sozialistischen Diktaturen bewies diese Einstellung. Willy Brandt dagegen ließ die „Wiedervereinigung als Lebenslüge der Nation" rechtzeitig durch das „Zusammenwachsen, was zusammengehört" absorbieren.

Der Verzicht der SPD auf die Wiedervereinigung als unbedingtes Ziel der Deutschlandpolitik war ein Verrat an den Interessen des deutschen Volkes.

2. Von 1970 an vermied die SPD die offene Austragung der geistig-politischen Auseinandersetzung mit dem Kommunismus. Jedenfalls hat es von 1970 an keinen Parteitag, keinen Parteikongreß, keine Tagung etc. der SPD gegeben, auf denen man sich mit dem Kommunismus geistig-politisch auseinandergesetzt hätte. Dieses Thema war tabu.

Die Linken in der SPD suchten vielmehr den Konsens mit den „sozialistischen Genossen der SED". Da hätte eine ideologische Auseinandersetzung nur geschadet. Außerdem hätte man sich möglicherweise mit Antikommunisten gemein machen müssen, und die Verbrechen der Kommunisten, die man, wo es ging, verschwieg, wären allzu offensichtlich geworden.

Überaus deutlich wurde das im Zusammenhang mit der Affäre Kohl. Über Michael Kohl, Verhandlungspartner von Egon Bahr und späterer DDR-„Botschafter" in Bonn, hatte ich exakte Hinweise, daß er 1949 den Jenaer Studenten und ehemaligen Sozialdemokraten Wenzel wegen dessen Kontakten zur Berliner SPD beim NKWD denunziert hatte. Wenzel, der deswegen zu 25 Jahren Zwangsarbeit verurteilt worden war, hatte mir dies kurz vor seinem Tod im Zuchthaus Bautzen anvertraut. Anfang der siebziger Jahre erhielt ich hierüber weitere Bestätigungen, auch die, allerdings nicht beweisbaren, aber immerhin glaubhaften Hinweise, daß Kohl 1945/46 in seiner Heimatstadt Sondershausen zahlreiche jugendliche Jungvolkführer dem NKWD denunziert haben soll, von denen keiner die KZ-Haft beim NKWD überlebt habe.

Ich habe dies, als ich alle Recherchen abgeschlossen hatte, Anfang der siebziger Jahre Egon Bahr, Willy Brandt, Herbert Wehner und meinem Minister Egon Franke, später auch Bundeskanzler Helmut Schmidt, mitgeteilt. Alle nahmen diese Mitteilung mit spürbarem Entsetzen entgegen. Ich hatte dabei darum gebeten, Kohl von allen Veranstaltungen der SPD fernzuhalten. Dennoch erkannte ich am Wahlabend der Bundestagswahlen im Herbst 1976 mitten unter den im Parteihaus der SPD den Wahlsieg der SPD Feiernden Michael Kohl.

Am anderen Tag habe ich Kohl einen knallharten Brief geschrieben, ihm seine Denunziation vorgehalten und ihn aufgefordert, die Bundesrepublik zu verlassen. Kopie davon erhielt der Vorstand der SPD und mein Minister. Durch die SPD kam die Angelegenheit an die Öffentlichkeit, und Kohl wurde von der DDR zurückgerufen.

Aber wie feig, opportunistisch und katzbuckelnd gegenüber der DDR reagierte die SPD: Da stellte man sich nicht vor den armen Genossen Wenzel, der sein Leben für die SPD hingegeben hatte, und verlangte von der DDR und von Kohl Aufklärung über diese schmähliche Denunziation. Nein, man hielt sich „bedeckt" und verlor kein Wort über die Affäre Kohl. Im Vorstand der SPD zog man über den unsäglichen „Genossen" Kreutzer los, der mit seiner Einstellung gegen die Kommunisten die ganze Entspannungspolitik störe, und der saubere Minister Franke (SPD) vom sogenannten Ministerium für innerdeutsche Beziehungen, die nach Aussage von Bundeskanzler Schmidt nicht gut, ja noch nicht einmal nennenswert waren, hatte nichts Wichtigeres zu tun, als mir ein Disziplinarverfahren anzuhängen, weil ich mit meinem Kohl-Brief gegen das Beamtenrecht verstoßen habe. Als ich die beiden Bundeskanzler Brandt und Schmidt, den Fraktionsvorsitzenden Wehner, SPD-Bundesgeschäftsführer Egon Bahr, Minister Jochen Vogel und den Minister Franke als Zeugen vor den Bundesdisziplinarhof lud, wurde das Verfahren eingestellt.

Das Beispiel der Affäre Kohl bewies, wie wenig diese „neue" SPD noch bereit war, das Eintreten für die Freiheit und das dafür hingegebene Leben zu würdigen. Für das jämmerliche

Linsengericht einer angeblichen Entspannung mit der SED-DDR verriet diese Partei ihre Prinzipien und ihre Mitglieder.

3. Dieser Verzicht auf geistig-politische Auseinandersetzung war Verrat an der freiheitlichen Demokratie, und hiermit unterstützte man, ob man es zugab oder nicht, das Verbrecherregime der SED, und das war auch beabsichtigt.

Brandt hatte bereits 1970 vorwurfsvoll notiert, daß über die DDR bisher wenig Gutes gesagt worden sei. Da schwang der Unterton mit, daß sich das aber nun ändern müsse. Und wie sich das änderte. Vom innerdeutschen Ministerium wurden Filme aus der DDR-Produktion über Land und Leute der DDR angekauft und, obwohl die DDR ohnehin nur die Schokoladenseite ihres Systems zeigte, alle Szenen herausgeschnitten, die bei dem westlichen Zuschauer negative Eindrücke hätten hervorrufen können.

Darüber hinaus machte die SPD ihren ganzen Einfluß in den Kabinetten Brandt und Schmidt geltend, um der DDR westliche DM zufließen zu lassen. Die Zahlungen an die DDR wurden aufgebessert, und als das Autobahnteilstück von der Rostocker Autobahn nach Hamburg gebaut wurde, zahlte man der DDR 1,2 Milliarden DM, was weit über den eigentlichen Baupreis hinausging.

Als ich Bundesminister Franke auf diese Diskrepanz aufmerksam machte, antwortete er abweisend, die Bundesregierung habe doch nicht die Aufgabe, Erbsen zu zählen. Und der Parlamentarische Staatssekretär Herold fügte hinzu, ich solle endlich meine Aversionen gegen die DDR ablegen. Auch wenn ich früher da drüben eingesperrt gewesen sei, sei das eben kein Beleg dafür, die heutige Politik zu verstehen. Ich antwortete ihm, ich müsse feststellen, daß die Bundesregierung immer bereit sei, Geld zu geben, wenn es darum gehe, das Verbrecherregime in der DDR zu unterstützen.

Nur für die caritativen Verbände, die an DDR-Sozialrentner Pakete schickten und dafür kleine finanzielle Zuschüsse vom innerdeutschen Ministerium erhielten, gab es keine Aufbesserungen. Diese caritativen Leistungen aus der Bundesrepublik an Menschen in der DDR sah man in der damaligen Bundesregierung sowieso nicht gern, weil die DDR bei den Gesprächen hatte durchblicken lassen, daß sie solche Paketsendungen als diffamierend empfinde.

Solcherart Unterstützung des SED-Regimes durch die SPD war ein Verrat an der Wahrheit.

4. Als Honecker Mitte der siebziger Jahre seine deutschlandpolitischen Forderungen in Gera aufstellte, war man in Kreisen der SPD sofort für ihre Annahme. In nahezu allen Organisationsgremien der SPD wurden die Geraer Forderungen Honeckers positiv aufgegriffen, und führende SPD-Funktionäre wie Schmude, Eppler, Schröder etc. forderten von der Bundesregierung Anerkennung einer eigenen DDR-Staatsbürgerschaft, Anerkennung der DDR-Version der Elbegrenze, was die Demarkationslinie zur Staatsgrenze erhoben hätte, und ein völkerrechtliches Verhältnis zwischen DDR und Bundesrepublik, was ein Auslandsverhältnis zwischen den beiden Teilen Deutschlands bedeutet hätte. Hier stellte sich die SPD ganz auf die Seite der SED. Daß die Bundesregierung die SPD-Vorstellungen nicht umsetzen konnte, lag an der Sperre, die das Bundesverfassungsgericht 1973 auf Veranlassung Bayerns gesetzt hatte. Dieses Urteil bewahrte das deutsche Volk vor den verhängnisvollen deutschlandpolitischen Eskapaden der SPD und vor einer weiteren Stärkung der SED-Diktatur.

In meiner Eigenschaft als Präsident des Bundes der Mitteldeutschen sprach ich Herbert Wehner auf das Verfassungsgerichtsurteil an. Er meinte aufgebracht, es sei impertinent, daß sich die Karlsruher Hanseln in die Politik einmischen würden.

Meinen Gegeneinwand fegte er beiseite. Es gehe in der Deutschlandpolitik überhaupt nicht um Juristereien, sondern ausschließlich um Politik. Das, was vor zwanzig Jahren war, sei heute unwichtig gegenüber der großen Aufgabe, Europa den Frieden zu erhalten, und das gehe nur zusammen mit der DDR.

Das Eingehen auf die Geraer Forderungen Honeckers durch die SPD war ein glatter Verrat an der Einheit Deutschlands.

5. In diese ideologische Zuneigung gegenüber der Sowjetunion und der DDR gehörte komplementär der Abbau aller gegen den Kommunismus gerichteten Institutionen und die Abneigung gegenüber den gegen den Kommunismus kämpfenden Gruppen. So wurde das bewährte Ostbüro der SPD aufgelöst. Man verzichtete auf zuverlässige Informationen über die Wirklichkeit in der DDR, – und ließ die nicht wenigen treuen Genossen in Ost-Berlin und in der DDR allein.

In diesen Zusammenhang gehörte auch die Aversion gegen die Ermittlungsstelle für SED-Verbrechen in Salzgitter und die nahezu totale Abstinenz gegenüber den Dissidenten in der Sowjetunion und gegenüber der für ein freiheitliches Polen kämpfenden Solidarnosz.

Die SPD brach mit ihrer politischen Moral. In ihrer langjährigen Geschichte war sie immer offen für Freiheitsbewegungen gewesen und hatte sich stets mit ihnen solidarisch gezeigt. Nun opferte sie ihre von hoher politischer Moral geprägte Tradition für das Linsengericht einer schillernden Friedensideologie. Diese politische Position der SPD war ein Verrat im Kampf gegen den freiheitsgefährdenden Kommunismus.

6. In diese irrwitzigen Stabilisierungsversuche zugunsten der Kommunisten gehörte auch eine kaum bekannte politische Begebenheit in Berlin. Bis zum Mauerbau 1961 existierte in

Ost-Berlin aufgrund von Viermächtevereinbarungen die SPD mit immerhin 6000 Mitgliedern. Unter ihnen befanden sich zahlreiche Abgeordnete des Abgeordnetenhauses in West-Berlin und auch zwei Bundestagsabgeordnete. Nach dem Mauerbau suspendierte der Berliner Vorstand der SPD die Mitgliedschaft der Ost-Berliner Sozialdemokraten und versprach Wiederaufnahme der Parteiarbeit der SPD im Ostsektor Berlins, wenn es wieder Verbindungen zueinander geben würde.

Mit dem Berliner Viermächteabkommen 1971 gab es diese Verbindungen wieder, wenn auch mit den bekannten Hindernissen wie Passierscheine etc. Die SPD wurde nun aufgefordert, ihr Versprechen einzulösen. Aber, da der SED eine Wiederbelebung der SPD nicht genehm war, verzichtete die SPD darauf, ihre Partei in Ost-Berlin wieder zu etablieren. Ihre Genossen, die ihr in Ost-Berlin unter schwierigen Bedingungen die Treue hielten, ließ sie der SED wegen im Stich. Bei der Begründung für das Nicht-Einhalten ihres Versprechens verstieg sich der Berliner SPD-Vorsitzende Momper in den achtziger Jahren sogar zu der Behauptung, es bestünde die begründete Hoffnung, daß sich die Einheitspartei der DDR in Richtung auf eine SPD entwickle. (So nachzulesen in der FAZ vom 19. Juni 1989.)

Dieser Verzicht der SPD auf ihre Parteiorganisation im Ostsektor Berlins war nicht nur ein gravierender politischer Fehler, es war zugleich Verrat an der Treue der eigenen Mitglieder.

7. Die von der SPD vorgenommene Hofierung der Kommunisten schlug sich natürlich auch in der bundesrepublikanischen Innenpolitik nieder. Zwar hatte die Regierung Brandt Anfang der siebziger Jahre zusammen mit den Länderinnenministern den sogenannten „Extremistenbeschluß" gefaßt, der politischen Extremisten von links und rechts, also auch

den Kommunisten, den Zugang zum öffentlichen Dienst verbot, aber Mitte der siebziger Jahre setzte eine heftige Kampagne der Linken dagegen ein. Der damalige Bürgermeister von Hamburg, Klose, machte sich in der Linkspostille „konkret" zum Wortführer dieser Kampagne. In der SPD wurde die Forderung nach Aufhebung des Extremistenbeschlusses immer stärker, so daß es zu einer totalen Verwässerung des Beschlusses kam.

Dieser Einsatz für Kommunisten durch die SPD war ein Verrat am Konsens der Demokraten, die freiheitliche Demokratie zu sichern.

8. Im Laufe der Jahre war es in der SPD, trotz eines Beschlusses des Parteirates, keine Kontakte zur SED zu unterhalten, gang und gäbe, Kontakte mit Funktionären und Gruppierungen der SED auf den verschiedensten Ebenen zu unterhalten. Aus diesen Kontakten entwickelten sich bald freundschaftliche Verhältnisse, wie die Beispiele der Berliner SPD-Funktionäre Ristock, Longolius, Momper u. a. zeigten, die die „rotlackierten Nazis" der SED zu privaten Gartenfesten baten und sie sogar als Gäste zu den Parteitagen der SPD in Berlin einluden. Die Hofierung der SED durch die Berliner SPD ging so weit, daß der von mir in einem Artikel geäußerte Tatbestand der kommunistischen Unterwanderung der SPD und anderer Organisationen als Beleidigung empfunden und gegen mich ein Parteiverfahren eingeleitet wurde. Meine angeführten praktischen Beispiele der Unterwanderung wurden als Einzelfälle oder Praktiken von früher bewertet. Auch das Verhalten von meiner Frau und von mir, als uns nach sieben Jahren Haft und bei noch achtzehn Jahren Inhaftierung vor uns, unabhängig voneinander, die Freilassung angeboten wurde, wenn wir unterschreiben würden, in der SPD die „Friedenspolitik des sozialistischen Lagers" zu vertreten, und daß wir diesen schändlichen Handel, trotz der verlockenden Freilassung, ablehnten und bereit waren, noch weitere Jahre

Haft auf uns zu nehmen, zählte bei den linken Ideologen der SPD nicht.

Diese zahlreichen Kontakte der SPD zu den SED-Kommunisten waren Verrat an den demokratischen Prinzipien der SPD.

9. Es war kein Wunder, daß sich die SPD sofort auf die Seite der Sowjets stellte, als es darum ging, den durch die Breschnewsche Überrüstung bewirkten Nato-Doppelbeschluß Anfang und Mitte der achtziger Jahre zu verhindern. Zwar hatte Helmut Schmidt diesen Nato-Doppelbeschluß, der eine westliche Antwort auf die sowjetische Hochrüstung bedeutete, mit formuliert, aber das hinderte die überwältigende Mehrheit des inzwischen linksideologisch ausgebildeten Funktionärskörpers der SPD nicht, diesen Nato-Doppelbeschluß zu bekämpfen und ihren eigenen Kanzler zu stürzen; die Hauptsache, der „Frieden" – im sowjetischen Sinn – versteht sich, wurde gewahrt.

Zusammen mit einer, ganz offensichtlich von den Kommunisten wesentlich mitgesteuerten „Friedensbewegung", zogen sie gegen die Nato zu Felde und bekamen in ihrer Verblendung gar nicht mit, daß sie in dieser letzten entscheidenden psychologischen Schlacht des „Dritten (kalten) Weltkrieges" auf der falschen Seite, nämlich auf der der Diktatur gegen die der Freiheit standen. Diese gegen die Nato, für die sowjetische Diktatur von der SPD eingenommene Position war ein Verrat an der Freiheit.

10. In der zweiten Hälfte der achtziger Jahre kam es dann, neben den zahlreichen bestehenden inoffiziellen Kontakten von SPD-Funktionären mit der SED, zur ersten offiziellen Kommunikation der SPD mit der SED. Mit Hilfe eines „Streitpapiers" wollte man über bestimmte Formen von Gesprächen ein „Verhältnis" zwischen SPD und SED schaffen.

Mit so miesen Figuren wie den SED-Funktionären Axen, Reinhold, Hager und ähnlichen Typen setzte man sich freundschaftlich vertrauensvoll an einen Tisch.

Gleichgültig, was bei dieser Kommunikation mit Vertretern einer Diktatur und einer Verbrecherpartei herauskam oder hätte herauskommen können, entscheidend war die Tatsache, daß die SPD es von vornherein vermied, die Kommunisten auf die von ihnen an Sozialdemokraten begangenen Verbrechen anzusprechen. 5000 Sozialdemokraten hatten die Kommunisten von 1945 an inhaftiert; 400 von ihnen hatten sie in den sibirischen Lagern und in DDR-Zuchthäusern umkommen lassen. Mehr als 20 000 Sozialdemokraten waren von den Kommunisten schwer gemaßregelt worden und Zehntausende hatten aus ihrer Heimat vor der kommunistischen Verfolgung fliehen müssen.

Aber diese ungeheuerlichen Tatsachen sprach die SPD bei ihren Treffen mit den SED-Funktionären nicht an. Das hätte ja ihr Vorhaben, mit der SED offiziell zu kommunizieren, gefährden können. So hat die SPD mit ihrem feigen Verhalten ihren Zehntausenden geflüchteten, gemaßregelten, inhaftierten und umgekommenen Mitgliedern, die für ihre Partei, die SPD, Stellung, Heimat, Freiheit, Gesundheit und das Leben geopfert hatten, noch nachträglich einen hundsgemeinen Tritt verpaßt.

Erst Ende der achtziger Jahre, als ich Egon Bahr brieflich das miese Verhalten der SPD in bezug auf die für sie erbrachten Opfer vorhielt und das Scheitern der SPD-Vorstellungen hinsichtlich ihrer Konnexion mit der SED offenkundig war, gab es seitens der SPD zögernde Verlautbarungen über „SED-Vergehen" gegenüber Sozialdemokraten.

Dieses Verhalten der SPD war der gemeinste Verrat der SPD an ihren eigenen Mitgliedern.

Persönliches Resümee

Wer bedenkt, daß man für seine Partei, die SPD, im Kampf gegen zwei Diktaturen, die die Vernichtung der SPD betrieben, sein Leben eingesetzt und große Opfer an Freiheit und Gesundheit erbracht hat, kann die Enttäuschung ermessen, den der Doppel-Verrat der SPD an einem selbst und am deutschen Volk ausgelöst hat.

Die Erkenntnis des zweiten Verrats gleicht einem Martyrium über die gesamten siebziger Jahre hinweg; wobei mich diese zehn Jahre seelisch mehr belastet haben als die sieben Zuchthausjahre. In der politischen Haft war man zwar den Torturen der kommunistischen Machthaber ausgesetzt, aber man fühlte sich ihnen dennoch überlegen, weil man das Freiheitsopfer für eine gute Sache in Gemeinschaft mit einer der Freiheit und der Demokratie ergebenen Partei erlitt.

Der zweite Verrat durch die SPD war dagegen viel schwerer zu ertragen. Man war zwar ein freier Mensch, aber die Gemeinschaft, der man sein Herzblut gegeben hatte, verriet einen tagtäglich immer mehr an die, die eindeutig Verbrecher waren und die man im Auftrag dieser Gemeinschaft bekämpft hatte. Der Schmerz darüber ist groß. Damit endet dann auch die Beziehung zur SPD.

Das Erleben dieses zweifachen Verrats hat aber auch die Sicht in die Tiefe der Gründe dieses Verhaltens der SPD in einem Maße geschärft, wie es sonst bei einer Betrachtung der Politik einer Partei nicht möglich gewesen wäre. Oftmals sind die Ursachen für das Verhalten von Menschen, von menschlichen Gemeinschaften, von Parteien gar nicht so kompliziert, wie es die Politik so gern weismachen möchte. So auch der Fall der SPD. Man stellt sehr schnell und beweiskräftig fest, daß die Behandlung der anstehenden Probleme nicht nach den vorliegenden Gegebenheiten, nicht nach praktikablen Vorstellungen vorgenommen werden, sondern unter einem regelrechten Diktat gewisser ideologischer Vorgaben. Die Anhänger solcher Ideologien mit ihren puristischen Meistern wachen eifersüchtig darüber, daß die „Lehre eingehalten" wird. Und besonders glücklich ist man, wenn man ein ganzes Lehrgebäude konstruieren kann, zum Beispiel eine „Entspannungs- und Friedensideologie", bei der im Hintergrund der Sozialismus, der heilige Gral der Linksideologen, sichtbar wird. Opportunisten und Dummköpfe gibt es dann zuhauf, die solchen Verheißungen hinterherlaufen.

So und nicht anders war es bei dem ersten und vor allem bei dem zweiten Verrat der SPD. Freiheit und Recht, Demokratie und politische Moral, überhaupt alle bisher gültigen Werte werden dann bedenkenlos der ideologischen Vorgabe geopfert. Die Deutschen hatten viel Glück, daß 1990 die sozialistischen Diktaturen in Ost-Europa zusammenbrachen. Man kann sich sehr leicht vorstellen, was eine ideologisierte SPD im Zusammenwirken mit den Kommunisten noch alles angerichtet hätte.

Erst wenn in der SPD, immerhin ein wichtiger Pfeiler unserer Demokratie, der Einfluß aller Marxisten, Sozialisten und Linksideologen zur Unwichtigkeit verkümmert ist, wird sie eine wirklich zuverlässige Partei sein.

DER RAT DER STADT GERA
- Der Vorsitzende -

Herrn
Paul K r e u t z e r

Berlin-Mariendorf
Dardanellenweg 4o

**Fünfjahrplan
heißt
für uns:**

Schöpferisch, staatsbewußt und
volksverbunden schaffen

Ihre Zeichen:	Ihr Schreiben vom:	Bei Antworten und Rückfragen stets angeben:	
		Unser Zeichen:	Tag:
	8.7.56	ol-ol-67 Bö/C	2.8.1956

Werter Genosse Paul Kreutzer!

Dein Schreiben vom 8. Juli d.Js. habe ich erhalten. Der Poststempel zeigt
an, daß Du es wesentlich später auf den Weg gebracht hast. Ich muß allerdings gestehen, daß mich der Inhalt des Schreibens überraschte, weil ich
wähnte, daß auch Du in Erkenntnis der Notwendigkeit der Einheit der Arbeiterklasse den Zusammenschluß der beiden Arbeiterparteien im April 1946
begrüßt und mit vollzogen hast. Meine im faschistischen Konzentrationslager
verbrachte Zeit hatte mir jedenfalls bewußt gemacht, daß es die Aufgabe
revolutionärer Sozialisten sein muße, nach der Befreiung mitzuwirken,
die organisatorische und ideologische Einheit der Arbeiterklasse herzustellen. Wenn alle früheren Sozialdemokraten aus solcher Erkenntnis gehandelt hätten, würde nicht eingetreten sein, daß in Westdeutschland der
Kapitalismus sich restaurieren und der deutsche Imperialismus fröhlichen
Urstand halten konnte.

Ich bin in die alte sozialdemokratische Partei eingetreten, als noch ihr
bester Führer, Genosse August Bebel, lebte und die Partei lehrte, daß es
ihre Aufgabe sei, die gesellschaftlichen Verhältnisse zu verändern, um
den Sozialismus zu verwirklichen. In solchem Sinne bin ich zeitlebens ein
marxistischer Sozialist geblieben und habe es daher als meine Aufgabe betrachtet, zu helfen, die Herstellung der Einheit der Arbeiterklasse zu
verwirklichen, weil das die unabdingbare Voraussetzung für die Überwindung
des Kapitalismus und die Verwirklichung des Sozialismus ist. Das hat mir
ganz besonders die Zeit im Konzentrationslager eingehämmert. Würden diese
Notwendigkeit alle Sozialdemokraten eingesehen haben, so würde der deutsche Imperialismus in Westdeutschland nicht wieder entstanden sein und
das deutsche Volk wäre nicht erneut in die Gefahr eines dritten Weltkrieges
gerückt worden. Und daher meine ich, daß Du die Notwendigkeit der Aktionseinheit der Arbeiterklasse an unrichtige Voraussetzungen bindest bzw. nicht
mit der Schärfe erkennst, mit der ihre Verwirklichung herbeigeführt werden muß. Wir haben mit der Deutschen Demokratischen Republik den ersten
deutschen Staat der Arbeiter und Bauern geschaffen. Das müßte auch die
Herzen eines jeden Sozialdemokraten höher schlagen lassen, sofern ihn in
seinem politischen Handeln zumindestens die Erkenntnisse des Marxismus
leiten. Noch besser würde es sein, wenn das Handeln auch aus den Erkennt-

Anlagen

./.

Fernruf S.-Nr. 2611 – Postschließfach Gera I/100

V/5/5 Ma 4342/55 Geradruck 2786 4

110

nissen des Leninismus bestimmt wird. Ein Sozialdemokrat darf sich
der Vertiefung seiner Erkenntnisse doch nicht deshalb verschließen,
weil er fürchtet, ein "Kommunist" zu werden.

Sei nicht verwundert, wenn ich in solcher Weise auf Dein Schreiben
reagiere. Aber da ich meine, daß jeder Sozialist die Verpflichtung
hat, dem gesellschaftlichen Fortschritt und nicht seiner Verhinderung zu dienen, mußte ich so reagieren.

Es wird Dich dann auch nicht verwundern, wenn ich mich dagegen wende, einen Freiheitsentzug im Staate der Arbeiter und Bauern mit der
Haft im faschistischen Konzentrationslager gleichzusetzen. Die darin vollzogenen Unmenschlichkeiten finden nur in den Straflagern anderer kapitalistischer Staaten eine Parallele.

In den vergangenen 11 Jahren, in denen ich eine angespannte Arbeit
zu leisten hatte, sind mir mancherlei Menschen aus dem Bewußtsein
geraten. Ich bitte daher um Deine Nachsicht, wenn ich Dir offen sage, daß ich weder eine Vorstellung von Karl Linke noch von Dorle
Fischer habe. Und wenn ich mich nicht erinnerte, Dich bei Deinem
Bruder Hugo gesehen und gesprochen zu haben, so hätte ich sogar
Mühe, mich Deiner zu erinnern.

Dein Schreiben habe ich zur Klärung der von Dir an mich herange-
tragenen Fragen mit der für meine Funktion zuständigen politischen
Stelle besprochen und danach zur Prüfung der Enthaftung von Dorle
Fischer und Karl Linke dahin abgegeben.

Ich nehme an, daß Dir weitere Nachricht zugehen wird.

Mit sozialistischem Gruß!

(Böhme)
Oberbürgermeister

Agust Frölich

Werter Genosse Kreutzer!

Unter Bezugnahme auf meinen Zwischenbescheid vom 23.7.56.-Antwort auf Dein Schreiben vom 15.7.56.- kann ich heute mitteilen daß nach amtlicher Mitteilung an mich,"Die Haftentlassung des Karl Linke am 27.7.56.und die der Dorothee Fischer am 30.7.erfolgte."

Es war für mich eine Selbstverständlichkeit,daß ich mich in diesem Falle für die Haftentlassung verwendete.Wenn dadurch eines der "Hindernisse"zur Kontaktaufnahme zwischen den beiden sozialistischen Parteien,der Sozialistischen Einheitspartei Deutschlands und der Sozialdemokratischen Partei Deutschlands,aus dem Wege geräumt sein sollte,wäre das eine große Genugtuung für mich.-Wie steht es aber nun mit den in der Bundesrepublik Inhaftierten,die deshalb eingekerkert sind,weil sie für die Wiedervereinigung unseres Vaterlandes,gegen die Remilitarisierung und gegen die Wehrpflicht und für die Erhaltung des Friedens sich eingesetzt haben.Von diesen Deutschen Patrioten,-Kommunisten,Sozialdemokraten und Parteilose,die vielfach, wie in der Nazizeit in "Schutzhaft" gehalten werden,weil sie widerrechtlich verfolgt werden,ergeht auch der Ruf nach Freiheit.Wann werden sich führende sozialdemokratische Genossen finden,die sich für die Freilassung dieser Opfer der Adenauer-Regierung und ihres Systems offiziell einsetzen?

"Wenn wir beide zur Zeit in zwei getrennten politischen Lagern stehen" darf uns das nicht hindern dahin zu wirken,daß dieser Zustand ehestens beseitigt wird.Dazu ist aber notwendig,daß Vertreter beider Parteien sich über das wie unterhalten mit dem Ziel zunächst einmal die Wiedervereinigung unseres Vaterlandes herbeizuführen.Daß das kein Deutschland der Monopolisten und Imperialisten,gestützt auf einen Hitler-Militarismus,sein darf sondern ein demokratisches Deutschland das zum Sozialismus strebt und im großen Weltfriedenslager steht,ist für mich eine Selbstverständlichkeit und sollte für jeden Sozialisten eine Selbstverständlihkeit sein.

Der Faschismus ist in der Bundesrepublik wieder erstanden.Mit dem Verbot der Kommunistischen Partei Deutschlands wollen Adenauer und sein Faschistisch- imperialistischer Anhang,nach Hitlers Methode den Anfang machen zur Unterdrückung der organisierten Arbeiterschaft.Sollte die KPD verboten werden,dann werden diesem Verbot,wie 1933,die Sozialdemokratische Partei und die Gewerkschaften folgen.Im ureigenen Interesse und auf Grund der Erfahrungen unter Hitler und der unter Adenauer müßte die SPD den schärfsten Kampf gegen das beabsichtigte Verbot der KPD führen.Bisher ist das seitens der Führung der SPD nicht geschehen!

Die Zeit drängt zum handeln! Allen sozialdemokratischen Genossen kann man nur zurufen: I h r s e i d g e w a r n t !

Mit sozialistischem Gruß

August Frölich

WOLFGANG DÜYSEN

Kommunisten im Staatsdienst

Wolfgang Düysen,

wurde 1925 in Hamburg-Eimsbüttel geboren und ging dort zur Schule. Während seiner Lehre auf der Schiffswerft Blohm & Voss legte er die Reifeprüfung in Abendkursen ab, war Hitlerjunge, Fußballspieler und Luftwaffenhelfer. Nach dem Kriegsdienst studierte er in Hamburg, London und Chicago. Er wurde Lehrer im heimatlichen Eimsbüttel und bildete hier und in anderen Stadtteilen Lehrer aus. Die Hamburger Stadtpolitik begleitete er als Eimsbüttler SPD-Abgeordneter der Bezirksversammlung und der Bürgerschaft. Gegenwärtig ist er Vorsitzender der Gesellschaft für Soziale Demokratie, der Dachgesellschaft des „Kurt-Schumacher-Kreises" und der „Dr. Julius-Leber-Gesellschaft".

Wir kamen 1945 aus dem Krieg oder aus der Gefangenschaft zurück und trafen uns in Hamburger Schulen oder in anderen öffentlichen Räumen. Wir trugen tressenlose Uniformen oder eingefärbte englische oder amerikanische Uniformstücke. Wir – die während der Weimarer Republik geboren wurden und in dieser Demokratie die frühesten Kindheitsprägungen erhielten – waren im Jungvolk und in der Hitlerjugend „geformt" worden und ohne Begeisterung, aber auch ohne Widerstand, in den Kriegsdienst gegangen.

Die Bilder der Leichenberge in den NS-Konzentrationslagern innerhalb und außerhalb Deutschlands beraubten uns jeder kritischen Reflexion über die Frage, ob wir als Soldaten andere Völker angegriffen oder uns vor ihnen verteidigt hatten. Es gab zwischen uns 20- bis 30jährigen auch kein analysierendes Gespräch darüber – wir waren froh, wenn wir in der Trümmerlandschaft unserer Stadt Hamburg noch etwas zu essen bekamen, und wir rauchten die Kippen der Sieger.

Aber es würde zu den Unwahrheiten der Nachkriegsgeschichte gehören, wenn man behauptete, daß wir das kritische Denken verlernt hätten. So fanden wir uns zu Diskussionen zusammen, und ich traf im Sozialistischen Deutschen Studentenbund in den Hungerjahren nach 1945 die Kriegsheimkehrer Helmut Schmidt, Walter Tormin, Oswald Paulig, Joachim Heydorn – die von Kurt Schumacher berichteten, den ich dann in Harburg mitreißend sprechen hörte.

Ich traf auch einen jungen Mann mit wildem, lockigem Haar, der keine Uniformreste trug und fanatische Reden auf den Führer der Weltrevolution, Stalin, hielt: Ralph Giordano. Heute gehört er neben Grass und Wallraff zu den einseitigen Kritikern unseres Rechtsstaates.

Der Sozialistische Deutsche Studentenbund – für viele SPD-Politiker der fünfziger und sechziger Jahre weithin prägend –

formierte sich 1946 in Hamburg. Aus „Organisations-Scheu" trat ich nicht bei. Einen Tag nach dem Gewinn der absoluten Mehrheit im Deutschen Bundestag durch Konrad Adenauers CDU im Jahre 1957 entschloß ich mich aber, der Solidargemeinschaft der Sozialdemokraten beizutreten. Für mich waren Kurt Schumacher, Carlo Schmid, Fritz Erler und Herbert Wehner überzeugend.

1963 wurde ich zum Vorsitzenden des Ortsvereins Lokstedt im Kreis Eimsbüttel gewählt. Lokstedt − hier ist das NDR-Fernsehzentrum, hier auch Beiersdorf und Philips und auch Hagenbecks Tierpark − hatte 20 000 Einwohner; 300 von ihnen waren bei meiner Wahl Mitglied der Partei. Die meisten gehörten der SPD schon vor 1933 an, zum Teil als Mitglieder der Falken, der Arbeiterjugend, der Freidenkerbewegung oder der Naturfreunde. Keiner von den Älteren war während des Dritten Reiches zur NSDAP übergelaufen, wenngleich mit Sicherheit mancher in den dreißiger Jahren Hitler gewählt haben dürfte. Sehr tief saß in ihnen die Erinnerung an die blutigen Straßenkämpfe während der Zeit der Weimarer Republik und an die Saalschlachten, die sie als Reichsbanner-Leute mit dem Rotfrontkämpfer-Bund und der SA durchstehen mußten. In Erinnerung an meine Kindheit höre ich noch heute die aufreizenden Klänge der Schalmeien-Kapellen der KPD und die in den Häuserfronten widerhallende Marschmusik der SA-Musikzüge. Ich entsinne mich der Schlägereien mit Schußwechseln und der plötzlich auftauchenden Tschakos der hart zuschlagenden Polizei. Wir wußten als Kinder, wie wir uns zu verhalten hatten: sofort in den nächsten Hauseingang und bis in die vierte Etage laufen.

Noch in den sechziger Jahren diskutierten alte Sozialdemokraten die Frage, ob der Hamburger Polizeipräsident Eggerstedt oder der hannoversche Oberpräsident Noske ihre Machtmittel − nämlich eine mit Panzerwagen, Maschinenkanonen und Maschinengewehren ausgerüstete loyale Polizei −

hätten einsetzen müssen, um die roten und braunen Totengräber der Weimarer Republik zu disziplinieren. Nur: Noske, der die Kommunistenaufstände in den ersten Jahren der Weimarer Republik niedergeschlagen hatte, war durch die kommunistische Agitation zum Bluthund und nicht zum Retter gestempelt worden. Er war es, der die Reichswehr zu Hilfe holte, zu der die SPD nie ein Verhältnis fand.

Die älteren Sozialdemokraten, die ich im Ortsverein kennenlernte, fürchteten die Kommunisten/Stalinisten mehr als die Nazis — letztere waren es aber, die ihnen die Freiheit genommen hatten. Doch es verschwanden auch sieben Millionen Arbeitslose von der Straße.

Ich kann bis heute nur registrieren, daß Millionen junge sozialdemokratische Mitglieder und Wähler nach dem Untergang der ersten deutschen Republik für Hitler in den Krieg zogen. Aber ich sehe die tragische Verknüpfung von Vaterlandsliebe und innerer Abwehr gegen Hitler, zwischen Pflichterfüllung als Soldat und Friedensliebe, die immer ein tiefes Merkmal der SPD war und heute noch ist.

Die gestandenen Mitglieder des Ortsvereins Lokstedt wurden in der Abwehr von kommunistischen Prinzipien bestärkt durch die Entwicklung in der DDR.

Zusammen mit dem Vorstand begann ich, Formen und Inhalte der Basisarbeit in der SPD zu ändern:

- Wir verdichteten die Zahl der Distriktversammlungen und luden die Öffentlichkeit dazu ein — bis dahin undenkbar.

  Noch undenkbarer war:
- daß Parteimitglieder Zugang zu den Vorstandssitzungen hatten;
- daß wir zu politischen Frühschoppen am Sonntagmorgen in Gasthäuser einluden, was den Protest der älteren Mit-

glieder bewirkte („der trinkende Arbeiter denkt nicht, der denkende Arbeiter trinkt nicht"), obwohl Parteilokale in der Geschichte der Arbeiterbewegung eine erhebliche Rolle spielten;

- daß wir den Stützpfeiler der Parteiarbeit, nämlich die Hauskassierung, durch bargeldlose Zahlung ersetzten, wobei wir die Betreuung älterer Mitglieder durch Hausbesuche nicht aufgaben;
- daß wir immer häufiger Nicht-Mitglieder einluden, bei uns Referate zu halten, vorrangig Redakteure aus dem NDR, vom „Spiegel" und vom Springer-Verlag.

Diese zeitgerechten Veränderungen der Rolle eines Ortsvereins führten, für mich unerwartet, zu Konflikten. Aus den umliegenden Studentenheimen kamen junge Menschen, die schon allein durch Aussehen und Auftreten die gestandenen Sozialdemokraten irritierten, die sich immer noch gut anzogen, wenn sie zur Parteiversammlung gingen. Die Diskussionsbeiträge erregten nicht nur Verwunderung, sondern teilweise auch krasse Ablehnung. Die 68er Studentenbewegung schlug voll durch.

Der Lokstedter Vorstand vermengte in seine Rundschreiben tagespolitische Diskussionen mit Öffentlichkeits- und Bildungsarbeit. Viele Mitglieder waren nach entsprechender Motivation bereit, an den Seminaren der Friedrich-Ebert-Stiftung teilzunehmen. Wir suchten Partnerschaften zu schleswig-holsteinischen Ortsvereinen und auch zu dänischen Sozialdemokraten. Immer mehr Bürger kamen zu uns und wollten Mitglied werden, vor allem auch junge Frauen. Aber sie waren überwiegend nicht Arbeitnehmer, die bisher das Rückgrat der Partei bildeten, sondern Akademiker und Freiberufler.

Die erfolgreiche Arbeit des Lokstedter Ortsvereins sprach sich herum. Wir erhielten Besuch von namhaften Funktio-

nären, und Willy Brandt, Parteivorsitzender und Bundes-
außenminister in der Großen Koalition, schickte uns ein
Anerkennungsschreiben.

In dieser Zeit standen sie vor meiner Tür und vor unserem
Versammlungslokal, die hochrangigen Mitglieder der SED-
Bezirksleitung Rostock und des Rates der Stadt, unter anderem der damalige Stadtschulrat von Rostock, Jochen Daedlow
und der stellvertretende Chefredakteur der „Ostsee-Zeitung",
Heinz Gundlach. (Letzterer wirbelte übrigens viel Staub
auf, als er 1977 mit Günter Wallraff konspirativ zusammenarbeitete.)

Nach ausführlichen Gesprächen luden sie mich, andere Pädagogen und Professoren der Hamburger Universität zum
Besuch von Bildungseinrichtungen in der DDR ein. Als
„pflichtgetreuer" Funktionär wandte ich mich an Herbert
Wehner, damals Bundesminister für gesamtdeutsche Fragen,
und erhielt die Erlaubnis, in die DDR zu reisen. Die Berichte
über unsere Erfahrungen mit der kommunistischen Staatspartei wurden von den Lokstedter SPD-Mitgliedern recht unterschiedlich aufgenommen – zu tief saßen die schlimmen
Erfahrungen mit den Kommunisten der zurückliegenden Weimarer Zeit und im Nachkriegs-Mitteldeutschland. Obwohl
Willy Brandt und Egon Bahr die Öffnung zum Osten vorbe-
reiteten, konnten wir nicht überzeugend darstellen, daß es ein
Unterschied ist, ob man mit einem Funktionär der SED
spricht, die Macht über 17 Millionen Deutsche ausübte, oder
mit Vertretern der DKP hier in Hamburg, die bei den Bürger-
schaftswahlen Bruchteile von einem Prozent erreichte. Für
die erfahrenen Sozialdemokraten galt der Grundsatz, sich
nicht mit Feinden der Demokratie einzulassen. Außerdem bestand immer noch der „Unvereinbarkeits-Beschluß" des SPD-
Parteivorstandes, der bis heute nicht aufgehoben wurde –
die Geschichte ist über ihn hinweggegangen, die Leipziger
Bürger machten ihn gegenstandslos.

Im Jahr 1969 – ich war damals Mitglied der Bezirksversammlung Eimsbüttel (Kreistag) – wurde ich vom Schuldienst in die Lehrerausbildung für die Fächer Geschichte und Politik berufen.

Ich hatte – trotz Studiums – schon damals in der SPD Schwierigkeiten, das soziologische Kauderwelsch der Jungsozialisten zu verstehen, mit dem sie ihre Forderungen nach Null-Wachstum, gleichem Lohn für alle Arbeitnehmer, Entlarvung des kapitalistischen Systems der Bundesrepublik im Sinne einer Systemüberwindung, Selbstbestimmung am Arbeitsplatz, Aktionseinheit mit „fortschrittlichen Gruppen" und Basis-Demokratie mit gebundenem Mandat durchzusetzen versuchten.

Ähnlichen Forderungen begegnete ich auch in der Lehrerausbildung, und zwar hier schon mit unverhohlenen Kampfansagen gegen unser parlamentarisches System. Ich zitiere aus einem der zahlreichen Flugblätter, die in meinem Seminar verteilt wurden, meistens mit dem Emblem des Sowjetsterns plus Maschinengewehr versehen:

„Die Politik der Schulbehörde wird bestimmt von den Interessen des Kapitals, nicht aber von den Interessen der Allgemeinheit. Die Behörde ist ein Teil des Staates, der die Interessen des Kapitals durchsetzen soll. Dieser Staat will, daß wir die gesamten Schweinereien im Interesse der privaten Industrie als ein Kuriosum betrachten, daß wir nicht dagegen kämpfen und daß wir nicht dagegen unterrichten. – Jetzt haben auch die Eltern die Nase voll. Sie haben erkannt, daß die Sache nicht in den richtigen Händen ist. Sie wissen, daß sie gegen diesen Staat kämpfen müssen – daß sie ihn nicht bitten können. Eine ähnliche Bewegung gibt es in der Lehrerschaft. Die Lehrer weigern sich in zunehmendem Maße, diesen Staat, der die wenigen vertritt, ihrerseits zu vertreten."

Ich bekam Schwierigkeiten sowohl mit den von mir respektierten älteren Sozialdemokraten, weil ich mit SED-Leuten redete, als auch mit Jungsozialisten, weil ich Hamburger Kommunisten auf unseren öffentlichen Versammlungen nicht zu Wort kommen ließ. Hinzu kam der Druck der verschiedenen K-Gruppen innerhalb der Lehrerausbildung auf die demokratisch gesinnten Seminarleiter. Persönliche Beleidigungen, Behinderung meiner Vortragstätigkeit, heimliche und offene körperliche Bedrohungen sowie Telefonterror setzten mir zu. Ich mußte leider feststellen, daß die Schulbehörde und die sozialdemokratische Fraktion der Hamburger Bürgerschaft, der ich inzwischen angehörte, nicht tatkräftig genug gegen die linken Chaoten auftraten.

Immerhin faßte der Hamburger Senat – wie andere Länderregierungen – Ende 1971 eine Grundsatzentscheidung: Er stellte fest, „daß die Ernennung zum Beamten auf Lebenszeit bei politischen Aktivitäten des Bewerbers in rechts- oder linksradikalen Gruppen unzulässig ist; dies gilt nach Auffassung des Senats erst recht im Erziehungsbereich und jedenfalls dann, wenn der Betreffende in den genannten Gruppen besonders aktiv ist".

Bürgermeister war Peter Schulz, der diese Entscheidung – die nicht nur von den Jungsozialisten und Linken in der SPD angegriffen wurde, sondern auch von den linksliberalen Massenmedien des In- und Auslandes – mit vielen Argumenten und rhetorischer Schärfe verteidigte. Mir sagte er einmal: „Weißt Du, Wolfgang, meine Wachsamkeit ist geschärft, denn mein Vater (1932 Oberbürgermeister von Rostock) saß bis 1945 mehrere Jahre in den Haftanstalten der Nazis und wurde 1946, nachdem die sowjetische Besatzungsmacht ihn als Oberbürgermeister eingesetzt hatte, schon wieder für mehrere Jahre inhaftiert, diesmal von den deutschen Kommunisten. Der Unterschied zwischen den beiden Haftzeiten war folgender: Bei den Nazis wußten wir immer, wo er saß, und meine Mutter bekam eine geringe Unterstützung. Bei den Kommunisten wußten wir lange Zeit nicht, ob er überhaupt noch lebte."

Peter Schulz hätte gern zur Bekräftigung des Beamtenrechts Lehrer entlassen, die nationalsozialistisches Gedankengut vermittelten, damit es nicht heißen konnte, man sei auf dem rechten Auge blind – aber es gab keinen erkennbaren Fall. Hingegen gab es eine ganze Reihe von Vorkommnissen mit kommunistischen Lehrern, die die Behörde zum Eingreifen zwang. Allerdings ist kein Lehrer entlassen worden. Alle Referendare, die sich zu meiner Zeit öffentlich und im Unterricht im Sinne der kommunistischen Ideologie ausließen und die ihnen anvertrauten Schüler indoktrinierten, wurden unter dem links-sozialistischen Schulsenator Professor Grolle auf Lebenszeit eingestellt.

Der jetzige Vorsitzende der ältesten deutschen Gewerkschaft, der „Gesellschaft zur Förderung des vaterländischen Schul- und Erziehungswesens", 1803 von Daniel Curio gegründet, heute die GEW, war eingeschriebenes DKP-Mitglied. Der höchste pädagogische Beamte Hamburgs mag einen Wandel vollzogen haben, früher war er als linker Juso bei den K-Gruppen zu Gast.

Die Situation im Hamburger Studienseminar verschärfte sich immer mehr. Demokratisch gesinnte Referendare wagten kaum noch, sich zu Wort zu melden, weil sie einem ständigen Gruppendruck ausgesetzt waren. Ich selbst konnte einige Vorträge nur unter Polizeischutz zu Ende führen. Mittlerweile zweifelte ich an der Wachsamkeit und Verteidigungsfähigkeit unserer Politiker und Staatsdiener. Nie werde ich vergessen, wie ich auf dem Rückweg von einer Lehrprobe in der Nähe meines Hauses durch Zufall in einer vieltausendköpfigen Menge mit roten Fahnen „eingekesselt" wurde. Sie bewegte sich vom Stellinger Friedhof zur Hamburger Innenstadt anläßlich der Beisetzung des RAF-Mitgliedes Raspè. Es wurden Haßparolen skandiert, wie „Ponto, Buback, Schleyer/der nächste ist ein Bayer" – Aufruf zum Mord an Franz Josef Strauß. Ich fühlte mich mutlos und las zu Hause die Protokolle des ersten „Radikalen-Erlasses" aus dem Jahre 1930 nach. Auch damals wehrte sich der überwiegend von Sozialdemokraten getragene Hamburger Senat gegen die Bestrebungen, durch einen gewaltsamen Umsturz die demokratische Staatsordnung zu beseitigen. Während sich die Nazis in der Bürgerschaftsdebatte vom 3. November 1930 doppelzüngig verhielten, machte der kommunistische Abgeordnete Dettmann keinen Hehl aus seiner Überzeugung. Er sagte (gekürzt): „Wir sind aus der Sozialdemokratischen Partei wegen ihres gemeinen Klassenverrats ausgeschieden und treffen als revolutionär gesinnte Kommunisten Vorbereitungen zu Aktionen, die durchaus zu einer bewaffneten Auseinandersetzung führen können." 42 Jahre später äußerte sich Hans-Ulrich Kose, der SPD-Fraktionsvorsitzende in der Hamburgischen Bürgerschaft, wie folgt: „Wir haben unendlich viele Skrupel im Umgang mit Leuten, die, wenn sie die Macht haben, keine Skrupel kennen."

Viele sozialdemokratische Parlamentarier haben also die Gefahr erkannt; schließlich hat die Partei in ihrer 120jährigen beispielhaften, aber auch widersprüchlichen Geschichte genügend leidvolle Erfahrungen gesammelt. Trotzdem erhielt ich wenig Unterstützung vom Senat, von der Fraktion und der Partei. Im Distrikt Lokstedt blieben die alten Mitglieder, also die Reichsbanner-Leute, den Versammlungen nicht nur aus Gesundheits- und Altersgründen fern, sondern auch, weil sie sich nicht mehr geborgen fühlten. Die Jüngeren bauten zusammen mit anderen Ortsvereinen eine Organisation auf, die sich „Eimsbütteler Gesprächskreis linker Kreisdelegierter" nannte. Dieser „Gesprächskreis" erhielt argumentative Unterstützung von den linken Redakteuren des NDR, gewann öffentliche Aufmerksamkeit und Gewicht. Das hat mit dazu beigetragen, daß die Hamburger SPD noch heute in zwei Flügel gespalten ist, deren politische Überzeugungen sich gegenseitig ausschließen (zum Beispiel im Asylrecht). In anderen Bundesländern ist es kaum anders.

Als ich seinerzeit von Pressevertretern über die alarmierenden Zustände in der Hamburger Lehrerausbildung befragt wurde, gab ich am 19. September 1973 dem Hamburger Abendblatt eine Erklärung, die weithin nachgedruckt wurde:

„100 Kommunisten lehren an Hamburgs Schulen"

„In dieser Kampfansage an den demokratischen Rechtsstaat sieht SPD-Bürgerschaftsabgeordneter und Seminarleiter Wolfgang Düysen ein alarmierendes Zeichen: Zum erstenmal wagen die Kommunisten in der Junglehrerausbildung die nackte, unverhüllte Kampfansage. Ihr Einfluß hat alarmierend zugenommen. Die Hamburger Eltern müssen jetzt kritisch die Lehrinhalte verfolgen, die ihren Kindern von anarchistischen und kommunistischen Referendaren und Lehrern vermittelt werden. Demokratische Pädagogen haben diese Wachsamkeit nicht zu fürchten; denn sie erziehen ihre Schüler dazu, das Grundgesetz zu achten."

Daraufhin fragten die Vertreter der Nachrichtenagenturen Reuters und TASS (!) meine Frau am Telefon, ob ich wegen dieser Erklärung nicht Angst haben müßte. Meine Frau, eine gestandene Sozialdemokratin, Trägerin der Silbernen Ehrennadel der SPD, verstand das nicht. In der nächsten Nacht durchschlug eine Kugel unser Wohnzimmerfenster und blieb im Bücherbord stecken. In den folgenden Tagen und Nächten wurden wir ständig telefonisch bedroht. Das war im September 1973.

Die Fraktion schwieg zu den Presseveröffentlichungen, bezog aber in einer Aktuellen Stunde der Hamburger Bürgerschaft zu dem Antrag der CDU, dieses Thema zu diskutieren, deutlich Position. Diese unterschied sich nicht von den Argumenten der CDU und FDP, der Senat jedoch ignorierte in der Folgezeit die Bekundungen der SPD-Bürgerschaftsfraktion.

Nicht wenige Fraktionsmitglieder drückten mir die Hand, wenn auch nicht demonstrativ. Bei den Eimsbüttler Ortsvereinen war ich in den folgenden Jahren zwar nicht isoliert, aber ich konnte auf Delegiertenversammlungen keine Mehrheiten erreichen. Wer das Innenleben politischer Parteien kennt, weiß, daß die besten Argumente nichts nützen, wenn sich nicht genügend Hände dafür heben:

— Wer sich gegen ideologische Schulfabriken, also Gesamtschulen der 1. Generation, wandte, war ein Bildungsreaktionär. Das Argument, daß die Hansestadt in den zwanziger Jahren unter sozialdemokratischen Senatoren das europaweit beste Schulwesen hatte, in dem auch Lernbehinderte und Hochbegabte, letztere vor allem aus Arbeiterfamilien, beispielhaft gefördert wurden, interessierte nicht.

— Als Mitautor der 1973 in hoher Auflage in einem sozialdemokratischen Verlag (Neue Gesellschaft) erschienenen Schrift VERTEIDIGUNG + ENTSPANNUNG = SICHERHEIT versuchte ich auf Versammlungen immer wieder deutlich zu machen, daß die Nuklearstrategie der NATO den Generalstab der Roten Armee davon abhielt, bei einem Angriff ein unkalkulierbares Risiko einzugehen. Das — und nicht die Demonstrationen der „Friedensbewegung" — führe zu der „Abwesenheit von Krieg" in Mitteleuropa. Ergebnis: Ich war ein „Schmidt-Mann", im linken SPD-Bezirk Eimsbüttel ein Schimpfwort.

— Wer im Jahre 1972 nach dem Verbrennen der Springer-Zeitungen vor dem Hamburger Gewerkschaftshaus durch Jungsozialisten darauf hinwies, daß die Grundsätze Axel

Springers: Abwehr des Ungeistes von Rechts und Links, Versöhnung mit dem jüdischen Volk, kein Verzicht auf eine friedliche Wiedervereinigung, Bekenntnis zur Sozialen Marktwirtschft auch vom Godesberger Programm abgedeckt würden, war ein „Springer-Mann", ein „Betonkopf", noch schlimmer: „ein Rechter".

Herbert Weichmann, sicher einer der größten Bürgermeister meiner Vaterstadt, Jude durch Geburt, Preuße durch Prägung und Sozialdemokrat aus Überzeugung, sagte mir vertraulich: „Wenn Jochen Steffen, der Messias der Linken, Ministerpräsident von Schleswig-Holstein wird, ziehe ich mich aus der SPD zurück." Steffen wurde es nie, wohl aber sein Ziehsohn Engholm.

1974 wurde mein Freund und Sylter Feriennachbar Hans-Ulrich Klose, ein nachdenklicher, mißtrauischer Demokrat ohne SPD-Stallgeruch, Bürgermeister in Hamburg (und damit Ministerpräsident). Er meinte, daß es die junge Generation nicht verstehen würde, wenn man Kommunisten dem Staatsdienst fernhielte. Meinen Einwand, daß dies auch einmal für andere Extremisten gelten könnte, nahm er leider nicht ernst. So wurden sie alle eingestellt.

1976 verließ ich die SPD. Seitdem bin ich Sozialdemokrat ohne Parteibuch.

In dem Jahrzehnt nach meinem Austritt wurde auf Landes- und Bundesdelegiertenversammlungen die Forderung nach Anerkennung der DDR-Staatsbürgerschaft immer drängender, und die antiamerikanische Stimmung und die Bündnisfeindlichkeit wurden immer unerträglicher. Noch bis wenige Wochen vor der Wende stellten Kommissionen der SPD und der SED ein hohes Maß an Übereinstimmung in ihren gemeinsamen Arbeitspapieren fest. Die Leipziger Bürger verhinderten dann 1989 weitere Gemeinsamkeiten.

In keiner Partei, Gruppe oder Formation ist zwischen den Flügeln der Haß so groß wie zwischen Sozialisten und Sozialdemokraten in der „SPD".

Die Partei wird daran zerbrechen.

HELMUT BÄRWALD

Von der SPD
zur Persona non grata erklärt

Helmut Bärwald,

geboren 1928 in Leipzig. Nach dem Abitur 1946 aus politischen Gründen nicht zum Studium an der Universität Leipzig zugelassen. Ab Januar 1947 Mitglied einer sozialdemokratischen Widerstandsgruppe in Leipzig. Mai 1948 Flucht aus der SBZ. Mai 1949 Eintritt in das Ostbüro der SPD, ab 1966 Leiter des zur gleichen Zeit in Referat für gesamtdeutsche Fragen umbenannten Ostbüros. Ende Januar 1971 nach Auflösung dieses Büros Beendigung der Tätigkeit als Referent beim Parteivorstand der SPD. Im September 1971 Austritt aus der SPD.

Seit 1971 freiberuflicher Publizist. Zahlreiche Veröffentlichungen zum politischen Extremismus, zur Inneren Sicherheit, zur politisch-psychologischen Kriegsführung der Kommunisten, zu ost- und deutschlandpolitischen Themen. Bücher: Als Mitautor: Der SED-Staat, Köln 1962; Partisanen ohne Gewehr − Funktion, Methoden und Argumente kommunistischer Infiltration, Köln 1967; Rechts-Links, Bonn 1968. Als Allein-Autor: DKP − Die kommunistische Bündnispolitik in Deutschland, Köln 1970 und 1971; Trojanische Kavallerie − Anmerkungen zum psychologisch-politischen Krieg gegen die Freiheit, München 1976; Mißbrauchte Friedenssehnsucht − Ein Kapitel kommunistischer Bündnispolitik, Bonn/Düsseldorf 1983; Spiegel-Fechtereien, Herford 1987; Das Ostbüro der SPD 1946 − 1971/Kampf und Niedergang, Krefeld 1991.

Zeitweilig freier Mitarbeiter bei dem CDU-Bundestagsabgeordneten Dr. Werner Marx (Deutschlandpolitik) und bei dem CSU-Bundestagsabgeordneten Carl-Dieter Spranger (Innere Sicherheit). 1980 freier Mitarbeiter (Innere Sicherheit) im Bonner Wahlkampfbüro des Kanzlerkandidaten Franz Josef Strauß.

130

*U. a. ordentliches Mitglied der Deutschlandstiftung e. V.,
Mitglied im Bund Freiheit der Wissenschaft, Mitglied des
Vorstandes des Instituts für Demokratieforschung e. V.,
Hauptmann der Reserve a. D. der Bundeswehr (Psychologi-
sche Kampfführung). Seit November 1993 Vorsitzender der
Gesellschaft für Soziale Demokratie e. V. (mit Kurt-Schuma-
cher-Kreis und Dr.-Julius-Leber-Gesellschaft).*

Ich war kein „in der Wolle gefärbter" Sozialdemokrat. Zur Sozialdemokratie, zur SPD, kam ich nicht durch ein verfaßtes Programm, nicht durch die Beschäftigung mit einer Theorie. Zur Sozialdemokratie, in die SPD, hatten mich vielmehr das vorbildhafte Handeln und die überzeugenden, mit diesem Handeln übereinstimmenden Aussagen und „gelebten" Prinzipien von Sozialdemokraten, allen voran Kurt Schumacher, in der offensiven Auseinandersetzung mit dem Kommunismus geführt.

Im März 1928 wurde ich in Leipzig geboren und wuchs in einem „gutbürgerlichen", national-konservativen Elternhaus auf. Kein Mitglied meiner Familie hatte jemals Kontakt zur SPD. Über die Sozialdemokratie in Deutschland erfuhr ich kaum etwas; außer den wenigen zumeist abfälligen Hinweisen in der Schule, wenn im Geschichtsunterricht die Weimarer Republik und deren Zusammenbruch zur Sprache kam.

Als Sechzehnjähriger meldete ich mich wie fast alle meine Klassenkameraden freiwillig als Reserveoffiziersbewerber (ROB). Anfang März 1945, wenige Tage vor meinem 17. Geburtstag, wurde ich zur Wehrmacht eingezogen, kam in eine an der tschechisch-österreichischen Grenze stationierte Ausbildungseinheit und geriet nach der Kapitulation in amerikanische Gefangenschaft. Nach wenigen Wochen entlassen, kehrte ich kurz vor dem Einmarsch der Roten Armee in meine damals noch von den Amerikanern besetzte Heimatstadt zurück.

Politik war für mich und meine Freunde zu dieser Zeit kein Thema. Es galt, in der schwierigen Zeit nach Ende des Krieges halbwegs „über die Runden" zu kommen. Und es gab die kleinen und großen, unbezahlbaren und unvergeßlichen Freuden: den Zustand des Nicht-Krieges, die beginnende große Liebe, die Hoffnung, die Pläne und Illusionen für die Zukunft. Im Herbst 1945 begann wieder der Schulunterricht. Da gab es für den Oberprimaner den selbstgestellten Auftrag und nur das eine Ziel, ein ordentliches Abitur zu „bauen".

Gewiß hatte ich Interesse am politischen Geschehen; wohl wußte ich, was SPD und KPD, was LDP und CDU, was ab April 1946 die aus der Vereinigung von SPD und KPD entstandene SED, propagierten und taten. Gewiß bekam ich den Beginn der Bolschewisierung in der Sowjetischen Besatzungszone Deutschlands mit und verspürte eine wachsende Beklemmung. Für eine aktive politische Betätigung empfand ich aber keine Begeisterung.

Doch dann, ab Sommer 1946, änderte sich vieles. Mein zukünftiger Schwiegervater, ein alter Sozialdemokrat, ein Gegner der Vereinigung seiner Partei mit den Kommunisten, erzählte mir begeistert über die deutsche Sozialdemokratie, über den Kampf vieler Sozialdemokraten gegen den Totalitarismus, gegen Diktaturen jeder Couleur; so auch gegen die sich entwickelnde kommunistische Zwangsherrschaft in der Sowjetischen Besatzungszone. Er erzählte von einem Dr. Kurt Schumacher, der „weit weg", als Vorsitzender der SPD in den westlichen Besatzungszonen, vernehmlich und unbeirrt vor der Diktatur jedweder Art, vor den Kommunisten, den „rotlackierten Nazis" warnte. Nun las ich genauer, mit steigendem Interesse und mit wachsender Anteilnahme eines politisch „Umherirrenden", was Kurt Schumacher schrieb, und was in der SBZ zum Beispiel im sozialdemokratischen „Telegraf" aus Berlin sowie in anderen Publikationen zu finden war. Nun hörte ich immer öfter Kurt Schumacher zu, wenn er im Radio über einen Sender in den Westzonen oder in West-Berlin sprach.

Zwei Ereignisse im Herbst 1946 hatten scheinbar gar nichts miteinander zu tun, doch bestand zwischen beiden eine für mich damals nur vage spürbare enge Verknüpfung. Beide Geschehnisse veränderten mein Leben, stellten Weichen, bestimmten damalige und künftige Entscheidungen. Damals wußte ich das nicht; ich ahnte es nicht einmal.

Es mag im September oder Oktober des Jahres 1946 gewesen sein, als ich mich hoffnungsvoll und zukunftsgläubig auf den Weg in die Leipziger Universität machte, um mich für das Studium der Medizin immatrikulieren zu lassen. An der Universität wurde ich von einem jungen Mann in Empfang genommen, der sich hinter einem großen „bourgeoisen" Schreibtisch thronend, als Sekretär der kommunistischen Freien Deutschen Jugend (FDJ) vorstellte und mich, einem strengen Verhör unterzog. Seine erste Frage galt nicht etwa meiner Schulbildung oder meinen Studienwünschen. Vielmehr herrschte er mich an: „Was ist denn Dein Vater?" Ich antwortete: „Großhandelskaufmann". Da prasselte es wie ein Gewitter auf mich herab. Ich wurde darüber „belehrt", daß ich mich in den Räumen einer Arbeiter-und-Bauern-Universität befände, in der die „Töchterchen und Söhnchen der Bourgeoisie, der Kapitalisten, Ausbeuter und Nazis" nichts mehr zu suchen hätten. Der Sohn eines Großkaufmanns bildet sich doch wahrhaftig ein, studieren zu dürfen, wetterte der immer mehr in Rage gekommene FDJ-Funktionär . . . Der FDJ-Aufseher konnte es nicht fassen. Ich erlebte, unvorbereitet, die erste, mich unmittelbar berührende Konfrontation mit der damals bereits in alle Lebensbereiche hineinreichenden kommunistischen Gewaltherrschaft in der Sowjetischen Besatzungszone. Meine Enttäuschung und mein Zorn müssen wohl irgendwie sichtbar gewesen sein. Denn plötzlich beugte sich der FDJ-Obere jovial lächelnd über den Schreibtisch und sagte, es gäbe vielleicht noch eine Möglichkeit, immatrikuliert zu werden, wenn ich Mitglied „einer Partei des antifaschistisch-demokratischen Blocks" würde. So – und nun raus! Ich entfernte mich und handelte. Ich wurde Mitglied der Liberal-Demokratischen Partei (LDP). Drei Wochen später ging ich – ich gebe es zu: mit heftigem Herzklopfen – wieder zum Universitäts-„Politruk" und legte ihm meine LDP-Mitgliedskarte als Beweis dafür vor, daß ich, wie von ihm „empfohlen", Mitglied „einer Partei des antifaschistisch-demokratischen Blocks" geworden war. Mit spitzen Fingern und spitzem Blick nahm er die Karte an sich, warf sie nach wenigen Augenblicken über den Schreibtisch und brüllte mich an: „Du A..., das ist doch die falsche Partei. Verschwinde! Raus!" In diesen wenigen Minuten war mir vieles klargeworden. Ich hatte einen Blick hinter die Kulissen der als „Demokratie" getarnten kommunistischen Diktatur getan. Ich wußte damals nicht, wie es vor allem in beruflicher Hinsicht weitergehen sollte. Aber ich spürte, auf welcher Seite, in welchen Kreisen Gleichgesinnter, ich meinen Platz suchen sollte. Die Entscheidung kam bald.

Ich wurde Mitarbeiter im Sekretariat des Vorsitzenden des Stadtverbandes Leipzig der LDP. Dort lernte ich auch den damaligen Jugendreferenten der Leipziger LDP, Manfred Gerlach, kennen. Gerlach, der es im SED-Staat bis zum amtierenden Vorsitzenden des Staatsrates brachte, vertrat schon damals mehr sozialistische denn liberal-demokratische Ansichten und trug, von ihm gewiß nicht gewollt, durch sein agitatorisches Geschwätz und seine indoktrinäre Einstellung zu einer Vertiefung meiner antikommunistischen Geisteshaltung und meines zunächst noch theoretischen Widerstandes gegen die kommunistische Zwangsherrschaft in Mitteldeutschland bei.

Zu dieser Zeit, in den letzten Wochen des Jahres 1946 – in dieser Zeit des beginnenden Suchens nach „politischem Halt", nach Antworten auf brennende, manchmal auch verzweifelte Fragen – lernte ich einen neuen Gesellschafter in einem der väterlichen Unternehmen kennen: einen alten, „gestandenen" Sozialdemokraten. Nach Kriegsende wurde dieser Mann einer der SPD-Kreissekretäre in Leipzig. Ab April 1946, nach der Vereinigung der SPD und KPD zur SED, war er einer der Kreissekretäre dieser Partei. Trotz des Altersunterschiedes entwickelte sich zwischen uns sehr schnell ein solides Vertrauensverhältnis. Schließlich, im Januar 1947, bekam ich von ihm zu hören, daß er der Leiter einer sozialdemokratischen Widerstandsgruppe in Leipzig sei, die Verbindung mit dem im Mai 1946 von Kurt Schumacher gegründeten Ostbüro der SPD habe. Nachdem er mir gründlich „auf den Zahn gefühlt" und mir zahlreiche Fragen, zum Beispiel zu Kurt Schumacher, zum Ostbüro, zum Widerstandskampf gegen die kommunistische Diktatur, beantwortet hatte, fragte er mich, ob ich in der von ihm geleiteten Widerstandsgruppe mitarbeiten wolle. Ich erinnere mich auch nach über vier Jahrzehnten noch sehr deutlich daran, daß ich ohne Zögern, in großer Erregung, mit einem überwältigenden Hochgefühl „Ja" sagte. Mit einem festen Händedruck wurde ich in die Gruppe und zugleich in die SPD Kurt Schumachers aufgenommen. Ich war Teil einer verschworenen Kampfgemeinschaft geworden.

Als ich mich dieser sozialdemokratischen Widerstandsgruppe in Leipzig anschloß, die ihren Anteil an der kämpferischen Auseinandersetzung mit dem totalitären Regime der sowjetischen und der deutschen Kommunisten, am aktiven Widerstand und an der Bekämpfung der wachsenden kommunistischen Gewaltherrschaft in Mitteldeutschland zu leisten bereit war, gaben mir und meinem politischen Handeln die Worte und Taten des Patrioten Kurt Schumacher Richtung und Ziel. Der damals und in den folgenden Jahren von den Kommunisten immer wieder als Schmähung und als Begründung für Verfolgungen, Verurteilungen und Liquidierungen verwendete Begriff „Schumacheragent" wurde für mich zum Symbol für unzählige demokratisch gesinnte Menschen in Mitteldeutschland. Das von den Kommunisten gebrauchte Schimpfwort, das Totschlag-Wort „Schumacheragent", gereichte den so Geschmähten zur Ehre.

Nicht nur durch die Worte Kurt Schumachers, auch durch Berichte zahlreicher anderer Kämpfer gegen die kommunistische

Diktatur, durch Berichte in Zeitungen, Rundfunksendungen, Flugblättern und andere Publikationen aus den Westzonen und aus West-Berlin, aber auch durch historische Dokumente wurden meine Freunde und ich im Widerstand, im Denken und Handeln beeinflußt. Sehr beeindruckt war ich zum Beispiel von einer Vision, die Oskar Umrath (1913 – 1943) 1942 in einem Brief aus einem Haftkrankenhaus nach Beendigung der Schlacht um Stalingrad niederschrieb. Dieser Briefauszug kursierte 1947 in „meiner" Widerstandsgruppe: „Die Würfel sind gefallen. Jetzt kommt der Bolschewismus nach Europa. Und wir, die unter Hitler im Zuchthaus sitzen, werden auch unter den Sowjets wieder in den Bunker müssen."

Die Echtheit dieses Zitats fand ich über ein Jahrzehnt später in dem Buch „Das Gewissen entscheidet – Bereiche des deutschen Widerstands von 1933 – 1945 in Lebensbildern" (Mosaik Verlag Annedore Leber, Berlin und Frankfurt/Main 1957, S. 44) bestätigt.

Oskar Umrath stammt aus einem sozialdemokratischen Elternhaus. Im September 1939 wurde er wegen politischen Widerstandes vom „Volksgerichtshof" gemeinsam mit Fritz Erler zu einer langjährigen Zuchthausstrafe verurteilt. Im März 1943 verstarb er im Haftkrankenhaus. In „Das Gewissen entscheidet" (S. 44) wird sein letztes Bekenntnis wiedergegeben: „In der radikalen Einheit von Gedanke und Handlung liegt das erreichbare Maß an menschlicher Freiheit begründet."

Im Mai 1948 mußte ich aus meiner Heimatstadt nach West-Deutschland flüchten, um einer Verhaftung und der Deportation in ein sowjetisches Uranbergwerk in der Nähe von Aue (Sachsen) zu entgehen. Ein Mitglied unserer Widerstandsgruppe, das bei der deutschen politischen Polizei (Kommissariat 5) tätig war, konnte den Leiter unserer Gruppe wie in etlichen anderen Fällen auch diesmal warnen. Dieser sorgte dann dafür, daß mich Freunde schleunigst an die Zonengrenze zwischen Thüringen und Bayern brachten. Über eine Furt der Saale gelang mir die Flucht. In Hof wurde ich von „Grenzbeauftragten" des SPD-Ostbüros in Empfang genommen. Nach zwei Tagen fuhr ich nach Hannover und meldete mich dort in der Zentrale des SPD-Ostbüros, dem meine Ankunft bereits signalisiert worden war.

Ein Jahr später, im April 1949, erhielt ich vom Personalchef des Ostbüros das Angebot, eine vakant gewordene Stelle zu besetzen. Aus materiellen Gründen hätte ich dieses Angebot nicht anzunehmen brauchen. Ich hatte in Hannover eine Beschäftigung als Hilfssachbearbeiter bei einer Versicherung gefunden und hatte überdies meine Pläne, Medizin zu studieren, noch nicht aufgegeben. Doch ein starkes, alle Einwände hinwegdrängendes Empfinden, mich aktiv an der geistig-politischen Auseinandersetzung mit dem Kommunismus und am Kampf um Freiheit für alle Deutschen beteiligen zu müssen, ließ mich die Ostbüro-Offerte annehmen. Am 2. Mai 1949 trat ich meinen Dienst in der damaligen Zentrale dieses Büros in der Böttcherstraße in Hannover-Herrenhausen an.

Es mag zahlreiche Zeitgenossen schockieren, etliche werden mich gar des Chauvinismus oder Revanchismus zeihen, wenn ich bekenne, daß für mich über das Kriegsende hinaus, der Zerstückelung Deutschlands zum Trotz, und unbeeinflußt von allen Versuchen der „Umerziehung" das Lied der Deutschen nichts an Bedeutung, Lebenskraft und richtungweisender Aussage verloren hatte. So war denn auch die Forderung nach „Einigkeit und Recht und Freiheit für das (ganze) deutsche Vaterland" neben den von Kurt Schumacher vertretenen Prinzipien in der Deutschland- und Ostpolitik bestimmend für meinen Eintritt in das Ostbüro, für meine Arbeit in diesem Büro und für mein gesamtes berufliches und politisches Wirken — bis in die Gegenwart und Zukunft. Da gab es — und gibt es — für mich kein Wenn und Aber. Da mußte und muß nicht nur die Sprache klar und eindeutig sein. Da mußte und muß auch alles Tun und Lassen selbstbewußt patriotisch sein. Meine Tätigkeit im Ostbüro richtete ich stets an einem Anspruch Kurt Schumachers aus. Er hatte nicht nur von seiner Partei, sondern von allen Deutschen im freien Teil Deutschlands gefordert, auch auf dem Weg zur Wiedervereinigung Deutschlands in Freiheit kämpferisch und aktiv zu sein, die Macht im Erkennen und Verstehen des Gegners und in der Aufstellung der Ziele ebenso zu suchen wie in der Energie und Zähigkeit, von diesen Zielen nicht abzulassen. Zu diesen Grundsätzen gehört auch, daß patriotische Demokraten zwar bereit sein sollten, Realitäten zu erkennen, nicht jedoch, Realitäten der Unmenschlichkeit, der Unfreiheit, des Unrechts und Terrors anzuerkennen und vor Diktaturen und Diktatoren „das Handtuch zu werfen". Ich erinnere mich auch, welchen starken Eindruck Ernst Reuter, der langjährige Regierende Bürgermeister des freien Teils Berlins, auf mich machte, als er in einer Rede zu Beginn der Blockade West-Berlins im Juni 1948 vor den Menschen warnte, „die in einer kritischen Stunde anfangen davon zu reden, man müsse sich mit den Realitäten, mit den Tatsachen, mit den Dingen und Verhältnissen abfinden". (24. Juni 1948 auf einer Protestkundgebung auf dem Hertha-Sportplatz).

Ich war überzeugt, daß ich mich mit meiner Gesinnung beim Ostbüro der SPD, das damals unmittelbar dem SPD-Vorsitzenden Kurt Schumacher unterstand, „auf dem richtigen Dampfer" befand. Zu Lebzeiten Schumachers und für etliche Jahre über seinen Tod im August 1952 hinaus haben das Ostbüro und seine Mitarbeiter hüben und drüben, die bis zur Liquidierung dieses Büros im Januar 1971 auf der Position eines kämpferischen Antikommunismus standen, in voller Übereinstimmung mit der SPD-Führung und wohl auch der Mehrheit der SPD-Mitglieder gewirkt und ihren Platz in dem opferreichen Kampf unzähliger Demokraten um Demokratie, Selbstbestimmung und Freiheit in ganz Deutschland eingenommen. In einem Kampf „für die Freiheit und gegen die verschleierte, als Demokratie eigener Art getarnte Diktatur in Mitteldeutschland" (Prof. Dr. Carlo Schmid, „20 Jahre Grundgesetz", Herausgeber Vorstand der SPD Bonn, o. J. ‹1969› S. 5).

Gelegentlich wurde und wird den Frauen und Männern, die in ihrem Widerstand gegen das kommunistische Regime in Mitteldeutschland Kontakte zum Ostbüro hatten, der törichte Vorwurf gemacht, illegal gehandelt und sowohl in der SBZ gegen Gesetze der Besetzer, als auch in der „DDR" gegen Gesetze des SED-Staates verstoßen zu haben. Gleiche Anschuldigungen wurden und werden hin und wieder auch gegenüber dem Ostbüro und seinen hauptamtlichen Mitarbeitern erhoben. Tausende von Widerständlern und Oppositionellen sind mit derartigen „Begründungen" von Sowjetischen Militärtribunalen oder deutschen Gerichten in der SBZ/„DDR" verurteilt worden. Mitarbeiter des Ostbüros im freien Teil Deutschlands mußten sich hin und wieder, nicht nur in der SPD, gegen solche dümmlichen Vorwürfe zur Wehr setzen. Solchen Anschuldigungen halte ich die Auffassung des Sozialdemokraten Dr. Rudolf Wassermann, des langjährigen Präsidenten des Oberlandesgerichts in Braunschweig, entgegen. Wassermann schrieb im Sommer 1991 in einem bemerkenswerten Aufsatz „Zur Sicherheitslage nach der Wiedervereinigung" unter der Überschrift „Umdenken tut not!" auch dieses:

„Die Erfahrungen mit der NS- und mit der SED-Diktatur versahen den Widerstand mit einer Gloriole; dies zu Recht, denn einer menschenverachtenden Diktatur kann man mit Zivilcourage allein nicht beikommen. Erstaunlich war jedoch, daß bei der Hochschätzung von Widerstand dessen Legitimitätsgrund in Vergessenheit geriet, nämlich die Existenz eines die Menschenrechte mit Füßen tretenden, gewalttätigen Unterdrückungssystems, das dem Rechtsgewissen rechtlich denkender Bürger keinen anderen Weg als den des Rechtsbruchs läßt, um der Menschlichkeit zum Sieg zu verhelfen." (Aufsatz „Umdenken tut not! Zur Sicherheitslage nach der Wiedervereinigung", in: „Kriminalistik" 6/91, S. 362).

1951, nach dem Umzug des SPD-Parteivorstandes einschließlich der Zentrale des Ostbüros nach Bonn, wurde ich Assistent, „rechte Hand", Vertrauter des damaligen Ostbüro-Chefs Stephan Thomas. In den fünfziger Jahren (nach Schumachers Tod 1952 wurde Erich Ollenhauer Parteivorsitzender) hatte ich keinerlei Schwierigkeiten, meine Arbeit im Ostbüro ohne Gewissenskonflikte zu leisten. Ich war mir damals sicher, daß Inhalt, Richtung und Ziel der Tätigkeit des Ostbüros mit Prinzipien, Vorstellungen und Politik der Parteiführung, der Bundestagsfraktion und der Mehrheit der SPD-Mitglieder grundsätzlich übereinstimmten. Das traf wohl für die offensive Auseinandersetzung mit dem Kommunismus und mit den totalitären Regimen in Mitteldeutschland, in der Sowjetunion und anderen kommunistischen Staaten ebenso zu wie für die entschiedene Abwehr kommunistischer „Westarbeit", Infiltration, Subversion und Bündnispolitik. Diese Einmütigkeit herrschte damals innerhalb der SPD nach meinen Erfahrungen und Eindrücken auch im Streben nach der Wiedervereinigung Deutschlands in Freiheit. Öffentlich sichtbar wurde dieser Konsens hin und wieder in parteioffiziellen Erklärungen und Berichten, die zum Beispiel in SPD-Jahrbüchern der fünfziger Jahre nachzulesen sind. Meine Kolleginnen, Kollegen und mich bestärkten und ermutigten solche Stellungnahmen der Parteiführung. Wie zum Beispiel eine Erklärung vom 3. Mai 1956, in der der Erste Sekretär des ZK der SED, Walter Ulbricht, und der „DDR"-Ministerpräsident und ehemalige Vorsitzende der SPD in Mitteldeutschland, Otto Grotewohl, zurechtgewiesen werden:

„Das Ostbüro der SPD als Agenten- und Spionagezentrale zu bezeichnen, ist eine Verleumdung. Das Ostbüro koordiniert die Tätigkeit jener Sozialdemokraten und ihrer Freunde in der Sowjetzone, die infolge des Verbots der SPD in der Zone nicht legal ... wirken können. Die Tätigkeit des Ostbüros der SPD kann und wird erst dann enden, wenn in einem wiedervereinigten Deutschland auch die Sozialdemokratische Partei Deutschlands in der heutigen Sowjetzone frei und legal tätig sein kann."

Doch bereits 1958 tauchten anfangs noch unscharfe Zweifel an einer völligen Übereinstimmung der Tätigkeit des Ostbüros, seiner Mitarbeiter und seiner Vertrauensleute in Mitteldeutschland mit Vorstellungen zunächst einiger Spitzenfunktionäre auf. Auf dem Bundesparteitag im Mai 1958 war Herbert Wehner erstmals zum Stellvertretenden Bundesvorsitzenden der SPD gewählt worden. Zu den Wehner unterstellten Ressorts gehörte auch das Ostbüro. Fritz Heine, Vorstandsmitglied seit 1946, Vertrauter von Kurt Schumacher, über Schumachers Tod hinaus nicht nur für das Ostbüro zuständiges Mitglied des Parteivorstandes, sondern einer der aktivsten Förderer dieses Büros, kam nicht wieder in den Vorstand. Stephan Thomas bestätigte und erhärtete aufgrund seiner Kenntnisse und Ahnungen die aufkeimenden Zweifel. Die Verunsicherungen wuchsen, als im Herbst 1958 der alte aus dem Sudetenland stammende Sozialdemokrat Wenzel Jaksch in einem dreiseitigen Brief seinen Austritt aus der SPD erklärte. Der prinzipienfeste und glaubwürdige Ost- und Deutschlandpolitiker Jaksch brachte in diesem Brief seine große Sorge über den wachsenden Widerspruch zwischen Wahlpropaganda der SPD und den damals für die Öffentlichkeit noch nicht oder kaum erkennbaren Veränderungen des deutschland- und ostpolitischen Kurses der Partei zum Ausdruck. Die Parteiführung überredete Jaksch zur Zurücknahme seiner Austrittserklärung und machte ihm einige, allerdings nicht für lange Zeit haltbare Zugeständnisse.

Im März 1959 wurde der von Wehner ausgearbeitete „Deutschlandplan der SPD" vom Parteivorstand und von der

Bundestagsfraktion gebilligt. Die Gegnerschaft zwischen Wehner und dem Ostbüro verschärfte sich. Nicht nur Wehner, sondern auch einige andere Präsidiums- oder Parteivorstandsmitglieder versuchten, damals noch ergebnislos, den Ostbüro-Chef zu Veränderungen, realiter: zu Restriktionen der Tätigkeit und Orientierung des Ostbüros zu veranlassen. Das weckte neue Ungewißheiten und neue Verunsicherungen. Doch die meisten Mitarbeiter des Ostbüros ließen sich nicht entmutigen. Ich erinnere mich, daß ich bereits damals Trotz und Unnachgiebigkeit entwickelte, die bis zur Liquidierung des Ostbüros im Januar 1971 anhielten. Diese Haltung bestimmte wesentlich meinen Vorsatz, insbesondere ab 1966 als Leiter des Büros, in dem von der Parteiführung gesteckten Rahmen so viel und so wirkungsvoll wie möglich die Aufgaben verwirklichen zu helfen, die das Büro bei seiner Gründung durch Kurt Schumacher im Jahre 1946 erhalten hatte.

Ab Ende der fünfziger, Anfang der sechziger Jahre wurde die von Wenzel Jaksch bereits im Herbst 1958 angeprangerte Doppelzüngigkeit zumindest für Insider immer deutlicher. Tatsächlich gab es in den sechziger Jahren zahlreiche Bekundungen und Bekenntnisse von SPD-Führern zu einem in Freiheit wiedervereinigten Deutschland und zu den Opfern kommunistischen Terrors in Mitteldeutschland.

Diese Bekundungen waren durchaus beeindruckend. Ich gebe zu, daß auch ich hin und wieder vor der Frage stand, welches denn nun die wirkliche Auffassung und Politik der Parteiführung sei: die in der Öffentlichkeit zur Schau gestellte oder die damals noch intern, innerhalb des Apparates, praktizierte.

Trotz nagender Zweifel fand ich es immer noch bemerkenswert, wie durchaus glaubhaft der damalige SPD-Vorsitzende Erich Ollenhauer und auch der damalige Regierende Bürgermeister von Berlin, Willy Brandt, auf dem Kongreß „10 000 Jahre Kerker für Deutschlands Freiheit" im April 1961, der

Wahlkampf zur Bundestagswahl 1961 hatte begonnen, ihre vom Ostbüro entworfenen Reden vortrugen. Brandts Ansprache auf dem Häftlingskongreß enhält unter anderem diesen Passus:

„Unsere Landsleute in der Zone erfüllen durch ihre Haltung, durch ihr Ausharren, durch alle Zeichen, die sie dafür geben, sich nicht zu beugen und dieses Regime nicht zu unterstützen, eine Aufgabe, die im Interesse unseres ganzen Volkes liegt."

Zur Einstimmung auf den Wahlkampf zur Bundestagswahl 1965 hatte die SPD ihren Bundesparteitag im November 1964 in Karlsruhe unter dem eindrucksvollen Motto „Erbe und Auftrag" veranstaltet. Diese Worte waren in der Tribünendekoration auf einer graphischen Darstellung von Deutschland in den Grenzen von 1937 zu lesen. Das paßte zwar gar nicht mit meinen Erfahrungen und denen meiner Freunde und Kollegen im Ostbüro zusammen. Aber ich ließ mich, trotz anhaltender Verunsicherungen, noch einmal in die Irre führen und der trügerischen Hoffnung verfallen, daß die Mehrheit der SPD-Führung in der Ost- und Deutschlandpolitik sowie in der kämpferischen Auseinandersetzung mit dem Kommunismus auf dem von Kurt Schumacher abgesteckten Weg bleiben werde.

Doch hinter dieser, selbst für Insider nicht immer hinterschaubaren Kulisse entwickelte sich eine allmählich wachsende Entfremdung zwischen dem Ostbüro und, von Ausnahmen abgesehen, den die Politik der SPD letztlich bestimmenden Führungsgremien der Partei. Zwar hielt sich die SPD-Führung Mitte der sechziger Jahre mit direkten Eingriffen in die Arbeit des Ostbüros noch zurück. Doch der damalige Ostbüro-Chef Stephan Thomas und ich gewannen immer deutlicher den Eindruck, mit etlichen grundsätzlichen politischen Standpunkten und zahlreichen Aktivitäten des Ostbüros neben der von erstarkenden Kräften in der Parteiführung durchgesetzten Linie zu liegen. Eines Tages stand ich, wie mein damaliger Chef und einige Kollegen, betroffen vor den Fragen: Wohin geht die SPD? Ist die SPD noch die Partei Kurt Schumachers? Werden Position, Prinzipien und Ziele, Inhalt und Methoden der Tätigkeit des Ostbüros von der SPD noch uneingeschränkt getragen? Die Antworten, die ich mir nach einer nüchternen Lagebeurteilung geben mußte, fielen nicht gut aus. Deswegen war ich auch sofort zur Zustimmung bereit, als mir Stephan Thomas Anfang 1966 das Angebot machte, mit ihm und einigen wenigen Ostbüro-Mitarbeitern ein von der SPD unabhängiges „DDR- und Osteuropa-Forschungsinstitut" zu gründen, mit dem die Arbeit des Ostbüros ein wenig modifiziert fortgesetzt werden könnte.

Doch dann kam alles anders. Das Projekt zerschlug sich, weil zunächst unverbindliche Finanzierungsangebote vor allem aus der Wirtschaft zurückgezogen wurden. Stephan Thomas schied Ende Juni 1966 aus den Diensten beim Parteivorstand der SPD aus und wurde Leiter der Abteilung Internationale Beziehungen der SPD-nahen Friedrich-Ebert-Stiftung. Ich übernahm zunächst kommissarisch die Leitung des Ostbüros.

Wie gestört das Verhältnis zwischen der SPD-Führung und dem Ostbüro war, zeigte sich damals auf zweifache Weise: Der Boden, auf dem das Ostbüro arbeitete, wurde immer brüchiger. Personell und finanziell gab es manchen Engpaß. Die Atmosphäre vor allem im Verhältnis − präziser: im Mißverhältnis − zwischen Wehner und dem Ostbüro wurde immer stickiger. Und: Das SPD-Präsidium ließ sich zehn Monate Zeit, die Aufrechterhaltung des Ostbüros und meine endgültige Bestätigung als Leiter dieses Büros zu beschließen. Der traditionsreiche, bei Freund und Feind gleichermaßen bekannte Name „Ostbüro" wurde in „Referat für gesamtdeutsche Fragen" geändert. Von einem guten Freund aus der Führung der SPD-Bundestagsfraktion wußte ich, daß es bereits damals − Ende 1966, Anfang 1967 − im SPD-Präsidium die

Absicht gab, das Ostbüro aufzulösen. Daß es noch nicht dazu kam, lag wohl vor allem daran, daß dieses Büro noch als Alibi, als Aushängeschild für den nächsten Wahlkampf (zur Bundestagswahl 1969), gebraucht wurde. Außerdem wollte die Parteiführung wohl auch nicht auf die erheblichen öffentlichen Zuschüsse zur Finanzierung der vom Ostbüro geleisteten gesamtdeutschen Arbeit verzichten.

Mir wurde klar, auf welch schmalem Grat ich mich bewegte. Oft mußte ich in den nächsten vier Jahren Balanceakte ausführen, um auf immer bewegterem Meer und angesichts unzähliger Klippen den Kurs des „Ostbüro-Schiffes" zu halten. Gewiß, ich hätte „meinen Hut nehmen" können. Noch unterließ ich es. Nicht aus Loyalität zu einer sich stetig verändernden Partei, die Ende der sechziger Jahre schon nicht mehr meine „politische Heimat" war, vielmehr aus Treue zu einer selbstgewählten, aus eigenem Willen und aus Überzeugung übernommenen Aufgabe, etwas für mein Vaterland, für dessen Einheit und Freiheit zu leisten.

Die Parteiführung sagte mir bis zur Liquidierung des Ostbüros im Januar 1971 nie direkt, daß sie mich, meine Arbeit und das von mir geleitete Büro als Ballast, als Belastung der sich entwickelnden „neuen" Ost- und Deutschlandpolitik der SPD und der sich stetig verdichtenden Beziehungen zwischen SPD-Funktionären und SPD-Gliederungen mit Exponenten kommunistischer Diktaturen empfand. Statt dessen gab es eine Fülle von Indizien, von Einschränkungen im organisatorischen Bereich und an Äußerungen führender Funktionäre, die meine Position als Nonkonformist, als Außenseiter in der SPD der späten sechziger Jahre deutlich machten.

Bemerkenswert war zum Beispiel die Haltung und die Reaktion der Parteiführung auf die Gründung des Kurt-Schumacher-Kreises als einer Gemeinschaft innerhalb der SPD durch ehemalige politische Häftlinge und einige politische Flüchtlinge aus Mitteldeutschland im Frühjahr 1968. Ich gehörte zu den Mitbegründern dieses Kreises. Der Parteiführung berichtete ich, daß sich der Kurt-Schumacher-Kreis die Aufgabe gestellt hatte, im Sinne des Namensgebers aktiv an der kämpferischen Auseinandersetzung zwischen Sozialdemokratie und Kommunismus und an der Abwehr und Bekämpfung kommunistischer Bündnispolitik und linksextremer Tendenzen sowie Infiltration in der SPD mitzuwirken. Diese Gruppierung war bereit, eine konstruktive offensive Deutschlandpolitik mit dem Ziel der Wiedervereinigung Deutschlands in Freiheit im Sinne der Präambel des Grundgesetzes zu unterstützen. Außerdem stellte sich der Kurt-Schumacher-Kreis die Aufgabe, für die Belange ehemaliger politischer Häftlinge aus dem kommunistischen Machtbereich einzutreten. Die Reaktion der Parteiführung war äußerst zurückhaltend. Von einem Vorstandsmitglied wurde ich gar gefragt, was für einen Sinn denn eigentlich die Gründung des Kurt-Schumacher-Kreises habe. Da sollte doch wohl mal wieder ein „Sondergrüppchen" innerhalb der Partei gebildet werden. Nur zwei Jahre nach Gründung des Kurt-Schumacher-Kreises, 1970, begann das Verhältnis zwischen der Parteiführung und diesem Kreis immer problematischer zu werden. Ende desselben Jahres erklärte einer der Mitbegründer des Kreises, der 1901 geborene alte Sozialdemokrat Paul Kreutzer, nach fünfzigjähriger Mitgliedschaft seinen Austritt aus der SPD. Der Direktor des Präsidiumsbüros Heinz Castrup brachte mir das an den SPD-Vorsitzenden Willy Brandt gerichtete Schreiben zur Stellungnahme mit der unverschämten Bemerkung: „Was ist denn das für eine Spinnerei?!" Diese Frechheit, gewiß nicht nur „auf dem Mist" des Präsidiumsdirektors gewachsen, war erschütternd und entlarvend: Loyale und zugleich konstruktiv kritische Sozialdemokraten, die sich vor allem auch in der offensiven Auseinandersetzung mit dem Kommunismus, dem Geist und dem politischen Erbe Kurt Schumachers verpflichtet fühlten, die Opfer kommunistischen Terrors geworden waren, wurden als Spinner oder Querulanten abgetan. Meine

Versuche, den Genossen Präsidiumsdirektor zurechtzuweisen, liefen ins Leere. Wieder einmal hatte ich ein Zeugnis dafür erhalten, daß sich die SPD vom Wege Kurt Schumachers entfernt hatte.

Dafür, daß die SPD drauf und dran war, nicht nur alte Prinzipien preiszugeben, sondern auch prinzipientreue Sozialdemokraten abzusondern, zu isolieren und zu verraten, erhielt ich nach der Bundestagswahl 1969 und nach Beginn der offenen Durchsetzung der „neuen" Ost- und Deutschlandpolitik der SPD, immer mehr Bestätigungen.

Am 13. Oktober 1970 erschien in der Tageszeitung DIE WELT zum 75. Geburtstag Kurt Schumachers ein von mir geschriebener Aufsatz unter dem Titel „Ein unbestechlicher Kämpfer gegen den Sowjetimperialismus". Am selben Tag sendete der Deutschlandfunk ein von mir verfaßtes Feature über Kurt Schumacher. Für beide Publikationen erhielt ich zwar im In- und Ausland eine breite Zustimmung, auch von zahlreichen Sozialdemokraten, erntete jedoch in der SPD-„Baracke" mehr oder minder versteckte Kritik, teilweise in solche törichte Bemerkungen verpackt wie „Na, da hast Du ja mal wieder was fabriziert". Ähnliche Reaktionen erlebte ich, als ich demonstrativ ein großes Foto Kurt Schumachers in meinem Arbeitszimmer aufhing. Demonstrativ gemeint und vom Direktor des Präsidiums als provokativ empfunden und kritisiert.

Die SPD-Führung hatte bereits Mitte der sechziger Jahre begonnen, zum Beispiel Informationen darüber zu verschweigen, zu verdrängen oder in vage Bruchstücke zu zerfleddern, wie, unter welchen Umständen und mit welchen Zielen der Kampf unzähliger Demokraten um die Wiedervereinigung Deutschlands in Freiheit begann, wie dieser Kampf geführt wurde, und welche Opfer in Mitteldeutschland er gekostet hat.

Im Februar 1970 rief mich aus dem Bundeskanzleramt ein enger Mitarbeiter Willy Brandts an und bat darum, für den Kanzler einen Vermerk über das ehemalige Konzentrationslager Buchenwald bei Weimar zu schreiben. Brandt wollte das Zusammentreffen mit dem Vorsitzenden des „DDR"-Ministerrates Willi Stoph im März 1970 in Erfurt nutzen, die Gedenkstätte dieses ehemaligen Konzentrationslagers zu besuchen. Sowohl dem Anrufer als auch Brandt waren die „Benutzung" des früheren Konzentrationslagers der Nationalsozialisten durch die Kommunisten nach Kriegsende bis Frühjahr 1950 und vor allem die Tatsache bekannt, daß ab 1945 auch zahlreiche Sozialdemokraten im KZ Buchenwald eingekerkert wurden. Trotzdem wies ich in meinem schriftlichen Vermerk ausführlich auf diese Tatsachen hin.

Als Brandt die KZ-Gedenkstätte besuchte, verlor er − wider besseres Wissen − kein einziges Wort des Gedenkens wenigstens an die sozialdemokratischen Opfer kommunistischen Terrors in Mitteldeutschland.

1970 kamen die Dummschwätzer, die Naivlinge, die Kollaborateure und auch die „Einflußagenten" in der SPD immer mehr ans Licht. Sie faselten von einem „menschlichen" oder „weißen" Kommunismus. Sie praktizierten stetig unverfrorener die „Aktionseinheit der Arbeiterklasse" und volksfrontartige Bündnisse mit Kommunisten. Sie verstärkten und festigten die „Agitationseinheit" und Kollaboration mit hohen und höchsten Repräsentanten des totalitären SED-Staates. All diese SPD-Mitglieder handelten und redeten im Gegensatz zu formal noch geltenden Unvereinbarkeits- und Abgrenzungsbeschlüssen der SPD und unter Mißachtung der von Kurt Schumacher überlieferten Prinzipien der kämpferischen Auseinandersetzung zwischen Sozialdemokratie und Kommunismus wie für die offensive Abwehr kommunistischer politischer Aggression, Subversion und Unterwanderung.

Regelmäßig unterrichtete ich aufgrund zuverlässiger Informationen das SPD-Präsidium von derartigen Entwicklungen. Immer mehr stieß ich mit derartigen Berichten ins Leere. Zum Beispiel wies ich im August und September 1970 das SPD-Präsidium ausführlich auf die Vorbereitungen einer von der DKP, mit Unterstützung der SED, ausgerichteten „Konferenz über Fragen der europäischen Sicherheit" im Oktober desselben Jahres in Frankfurt/Main sowie auf die Tatsache hin, daß mehrere Bundestagsabgeordnete der SPD und andere exponierte SPD-Mitglieder aktiv an dieser „Konferenz" teilzunehmen gedenken. Zunächst blieb jede Reaktion des SPD-Präsidiums aus. Erst nachdem es mir mit Hilfe eines Präsidiumsmitglieds gelungen war, nachzustoßen, bequemte sich der SPD-Vorsitzende Willy Brandt, die „Aktionseinheitler" zu bitten (!), an der Frankfurter „Konferenz" nicht teilzunehmen. Die meisten der Angesprochenen beteiligten sich doch aktiv an dieser eindeutig von Kommunisten ausgerichteten und beeinflußten Veranstaltung, ohne daß für sie daraus irgendwelche Konsequenzen, zum Beispiel in Form von Parteiordnungsverfahren, entstanden.

Als ich am Rande einer Referentenbesprechung Herbert Wehner auf die stetig wachsenden Kontakte von Jungsozialisten mit Kommunisten hüben in der Bundesrepublik Deutschland wie drüben im SED-Staat aufmerksam machte und auf die Notwendigkeit vermehrter Anwendung organisatorisch-administrativer Maßnahmen, zum Beispiel Parteiordnungsverfahren, hinwies, wurde ich mit den Worten abgekanzelt: „Das ist eine Verleumdung junger Genossen!" Das war's dann auch schon ...

Kennzeichnend für diesen Prozeß der Aufweichung, der Veränderung des Verhältnisses vieler SPD-Mitglieder, auch von Spitzenfunktionären, zu Kommunisten − und auch typisch für die Situation, in der ich mich am Ende der sechziger und zu Beginn der siebziger Jahre befand − war ein mich damals unmittelbar berührender Vorfall „am Rande" des SPD-Bundesparteitages im Mai 1970 in Saarbrücken:

Als „Sicherheitsbeauftragter" beim SPD-Parteivorstand war ich auch auf diesem Parteitag in enger Zusammenarbeit mit staatlichen Sicherheitsorganen für die „innere und äußere Sicherheit" verantwortlich. Nach Gesprächen mit dem Direktor des Präsidiumsbüros und des Leiters der Abteilung Organisation des Parteivorstandes war ich mir, trotz einer nicht unerheblichen Skepsis, sicher, in Übereinstimmung mit den Führungsgremien der Partei und mit dem Präsidum des Parteitages zu handeln, wenn ich Kommunisten und deren „Bündnispartnern" − wenn ich erkannten Abgesandten der im September 1968 „neukonstituierten" DKP, der SED oder der zahlreichen kommunistischen Hilfs- und Tarnorganisationen − den Zutritt zu Tagungsräumen des SPD-Parteitages verweigerte.

Dieses Verdikt sprach ich zum Beispiel im Beisein zweier Zeugen gegenüber zwei „offiziellen" Abgesandten der DKP, dem Landesvorsitzenden der DKP Saar, Heinz Merkel, und dem Referenten des DKP-Parteivorstandes Hans Adamo aus. Ich verweigerte außerdem die Entgegennahme einer schriftlichen Grußadresse des DKP-Parteivorstandes an die Delegierten des SPD-Bundesparteitages, die für das „Zusammenwirken aller demokratischen Kräfte" und für das „gemeinsame Handeln von Sozialdemokraten und Kommunisten" gewonnen werden sollten. Die abgewiesenen Kommunisten reagierten prompt: Kurze Zeit später verteilten DKP-Mitglieder außerhalb des Tagungsgebäudes die Grußadresse zusammen mit einem Brief an die Delegierten und Gäste des SPD-Parteitages. Darin empörte sich die DKP darüber, daß „von Verantwortlichen des Tagungsbüros unseren Genossen mitgeteilt (wurde), daß das Präsidium Ihres Parteitages die Entgegennahme unserer Grußadresse abgelehnt habe". Wenige Stunden darauf wurde mir von einem Mitglied des Parteitag-Präsidiums unter eindringlicher Berufung auf den stellvertretenden SPD-Vorsitzenden Herbert Wehner bedeutet, daß ich die beiden von mir zurückgewiesenen DKP-Abgesandten als „Zuhörer" einzulassen hätte. Noch am selben Tag erschienen die DKP-Funktionäre Merkel und Adamo wieder und marschierten mit einem herablassend hämischen Siegergrinsen an mir vorbei.

Wieder einmal war mir der Beweis dafür geliefert worden, daß auch immer mehr Mitglieder der Parteiführung drauf und dran waren, von Kurt Schumacher überkommene Prinzipien in der Auseinandersetzung mit Kommunisten jedweder Couleur zu verraten – oder, wenn sie sie schon lange vorher verraten, vielleicht nie vertreten hatten, dieses nun offenkundig machten.

Nach der Bundestagswahl 1969 begann in der SPD die Suche nach Kandidaten für die Position des Vizepräsidenten des Bundesnachrichtendienstes (BND). Einer der ins Gespräch Gebrachten war ich, wesentlich unterstützt durch den SPD-Bundestagsabgeordneten Dr. Hermann Schmitt-Vockenhausen, damals einer der Vizepräsidenten des Deutschen Bundestages und Vorsitzender des Arbeitskreises „Inneres" der SPD-Bundestagsfraktion. Irgendwann im Jahre 1970 ließ mich Heinz Castrup mit einem mokanten Lächeln wissen, daß ich keinerlei Chancen hätte, in die engere Wahl zu kommen: „So ein kalter Krieger wie Du, und dann noch mit diesem Königsmacher." Über diese „Begründung" war ich genausowenig überrascht wie über eine Äußerung des zum BND-Vizepräsidenten bestellten ehemaligen Geschäftsführers der SPD-Landesorganisation Hamburg, Dieter Blötz. Dieser hatte mir gegenüber in einem Gespräch nach Antritt seines Dienstes beim BND zugegeben, von „diesem Job in Pullach" nicht viel zu verstehen. Auf meine Frage, warum er diesen Posten trotzdem angenommen habe, antwortete er: „Das war ein Parteibefehl"...

Anfang 1970, nur wenige Wochen nach Übernahme der Bundesregierung durch die SPD/FDP-Koalition, berichtete ein damaliger Mitarbeiter eines „Westarbeits"-Apparates des SED-Staates Freunden in der Bundesrepublik Deutschland über die von der SED-Führung angestellte Lagebeurteilung und über modifizierte Taktiken im politisch-psychologischen Krieg gegen die Bundesrepublik Deutschland. Die SED-Analytiker und „Westarbeits"-Strategen gingen damals davon aus, daß der SPD die echte Chance gegeben sei, über längere Zeit Regierungspartei zu bleiben und verantwortlich die Richtlinien der Bonner Politik festzulegen. „Diese Tatsache bestimmt unsere Taktik und Strategie im Blick auf die Einflußnahme auf Mitgliedschaft und Funktionäre der SPD", sagte der „Westarbeits"-Experte aus dem SED-Staat.

Über zwei Jahrzehnte später berichten zwei ehemalige Stasi-Offiziere aus der Abteilung „Aktive Maßnahmen" der MfS-Hauptverwaltung Aufklärung (HVA), daß zu Beginn des Jahres 1970 der Vorgang „Klärung" eröffnet wurde, der das Ziel gehabt habe, mittels geeigneter Maßnahmen und Materialien die innerparteilichen Positionen in der SPD zu „klären", das heißt, „linke Personen und Programme zu fördern und rechten zu schaden". Dabei arbeitete die genannte Abteilung eng mit der Abteilung II der HVA zusammen, „weil diese operative Stützpunkte im ‚linken Drittel' der Sozialdemokratie führte". Bei Wahlkämpfen oder Parteitagen in Bund und Ländern hätten die Vertreter dieser politischen Richtung einen hohen Bedarf an Materialien, Expertisen, Forderungskatalogen, Argumenten, Personendossiers gehabt; „alles, was benötigt wurde, ging von Ost nach West". (G. Bohnsack/H. Brehmer, Auftrag: Irreführung – Wie die Stasi Politik im Westen machte, Hamburg 1992.)

Zum Jahreswechsel 1970/71 wurde das Ostbüro, gewiß auch nach einer sowjetischen Intervention, aufgelöst. Ich sollte ein Referat „Andere Parteien" aufbauen, das vor allem die

CDU/CSU und den Koalitionspartner der SPD, die FDP, „beobachten" sollte. Am 18. Januar 1971 übergab ich dem SPD-Präsidium meine Kündigung. Kein Präsidiumsmitglied wollte danach mit mir reden. Man ließ mich ziehen, wenige Tage später erhielt ich „Hausverbot". Am 29. März 1971 beschloß der SPD-Parteivorstand einstimmig, gegen mich ein „Feststellungsverfahren nach § 34 des Organisationsstatuts" einzuleiten. Für die Kommission wurden die Parteivorstandsmitglieder Heinz Ruhnau (damals Innensenator von Hamburg), Holger Börner (damals Parlamentarischer Staatssekretär im Bundesverkehrsministerium) und Dr. Diether Posser (damals Justizminister in Nordrhein-Westfalen) nominiert. Vorgeladen wurde ich nie. Ich habe auch nie erfahren, zu welchem Ergebnis die Kommission gekommen ist. Im September 1971 trat ich nach 24jähriger Mitgliedschaft aus der SPD aus.

Für die SPD bin ich auch zwei Jahrzehnte später Persona non grata geblieben. Dafür zwei Beispiele: Die SPD-nahe Friedrich-Ebert-Stiftung verweigert mir in Übereinstimmung mit dem SPD-Parteivorstand beharrlich den Zugang zum Ostbüro-Archiv. Auch für Forschungsarbeiten bleibt mir dieses Archiv verschlossen (warum eigentlich?). Das liegt, wie ein der SPD angehörender Doktorand, der selbstverständlich sowohl das Ostbüro-Archiv als auch andere Archive der SPD nutzen konnte, an die Redaktion einer großen Wochenzeitung schrieb, „einzig und allein in der Person Bärwalds begründet", der „über Jahre hinweg führende Personen angeschossen hat". Woher der Briefschreiber seine „Informationen" wohl haben mag?

Das SPD-Mitglied Dr. Werner Müller, lange Zeit an dem von Prof. Hermann Weber geleiteten Mannheimer Institut zur Erforschung der DDR-Geschichte tätig und Ende 1992 Gastprofessor an der Universität Halle/Saale, nennt mich in einer Rezension meines Buches „Das Ostbüro der SPD 1946−1971: Kampf und Niedergang" (Krefeld, 1991) in der Annotierten

Bibliographie für die politische Bildung (Bundeszentrale für politische Bildung, Bonn, 2/92) einen „leidenschaftlichen Kämpfer gegen die Entspannungspolitik", unterschlägt jedoch auch den geringsten Hinweis darauf, gegen welche Art von „Entspannungspolitik" ich gehandelt, geredet und geschrieben habe.

FRITZ SCHENK

Heimat verloren –
Freiheit gewonnen

Fritz Schenk,

wurde am 10. März 1930 in der Lutherstadt Eisleben-Helbra geboren. Nach der Oberschule bis 1949 Lehre als Schriftsetzer und Buchdrucker, danach Hochschule für Ökonomie.

Erste Berufskarriere in der graphischen Industrie der DDR. Bis 1951 Betriebsassistent, anschließend Betriebsleiter des Meißener Druckhauses. 1952 Sekretär im Büro von Bruno Leuschner, dem damaligen Vorsitzenden der Staatlichen Plankommission der DDR. Bis 1957 leitete er dessen Büro.

Als unter Ulbricht Oppositionelle und Reformwillige rigoros ausgeschaltet wurden, setzte er sich 1957 mit seiner Familie in den Westen ab und war in der Folge als freischaffender Publizist und Fernsehautor tätig. Von 1969 bis 1971 arbeitete er als Regierungsdirektor und Abteilungsleiter am Gesamtdeutschen Institut in Bonn. Ab September 1971 war er stellvertretender Leiter und Co-Moderator der Fernsehsendung „ZDF-Magazin". Ende 1987 übernahm er die Leitung der Sendung, die er bis Ende März 1988 weiterführte. Zum 1. April 1988 übernahm er in der ZDF-Chefredaktion die Funktion des Chefs vom Dienst. Seit April 1993 ist er im Ruhestand.

Veröffentlichungen: „Magie der Planwirtschaft" (1960), „Im Vorzimmer der Diktatur" (1962), „Das rote Wirtschaftswunder" (1969), „Anerkennung – ja oder nein?" (1969) und „Kommunistische Grundsatzerklärungen" (1972). In einem Erinnerungsband „Mein doppeltes Vaterland" (1982) setzte er sich unter anderem kritisch mit der deutschen Ostpolitik auseinander. Auszeichnung: Jakob-Kaiser-Preis (1968), Goldene Rosine (1987). Von 1960 bis 1972 Mitglied der SPD.

Nachdem die Flucht von Ost- nach Westberlin im September 1957 geglückt war, ergab sich der Weg zum Berliner Ostbüro der SPD wie von selbst. Von Kindheit an hatte ich eigentlich nichts anderes gehört als politische Gespräche. Daß Hitlers Politik in Krieg und Katastrophe führen würde, stand in meiner Familie von Anfang an außer Zweifel. Und weil das nur in den eigenen vier Wänden geflüstert werden durfte, bin ich gewissermaßen doppelzüngig aufgewachsen. Zu Hause wurde unverblümt Fraktur geredet, dann wurde ich auf das vorbereitet, was ich anderntags in Schule oder Öffentlichkeit sagen durfte. Warum das so sein mußte, leuchtete mir ein: Verhaftungen, Hausdurchsuchungen, Verhöre, Angst hatten die Sinne geschärft. Aber das verlogene Verhalten empfand ich schon als Kind abstoßend, unnormal, belastend. So entstand wohl die Grundvorstellung von Freiheit vor allem als die, sagen zu können, was man wollte und dachte. Nicht mehr jedes Wort auf die Goldwaage legen zu müssen, sich unbefangen austauschen zu können, war zum Inbegriff der politischen Wünsche geworden.

So empfanden wir den Einmarsch der Amerikaner im April 1945 als Befreiung. Wie schlimm die Niederlage und das Kriegschaos auch waren – wir hatten überlebt, der braune Totalitarismus war zu Ende –, jetzt konnte es nur besser werden. Die kurze Besatzungszeit der Amerikaner (die sich im Juni schon nach Westen zurückzogen) rechtfertigte die Hoffnungen. Wir hatten mit unserer Einquartierung Glück, weil unter den amerikanischen Offizieren ein gut deutsch sprechender war. Mit ihm gab es die freiesten Debatten, die ich bis dahin erlebt hatte.

Dann kamen die Sowjets – und mit ihrem Erscheinen verstummte wieder die freie Sprache. Noch etwas trat ein: die Spaltung der alten politischen Freundeskreise. Anders als die Amerikaner begannen die Sowjets nämlich zielstrebig mit dem Aufbau der Verwaltungen, hatten Posten zu vergeben, und diese waren von Anfang an auch mit Privilegien gekoppelt – Lebensmittelpakete, Treibstoff, Fahrzeuge, Genußmittel, Kleidung –, und mit dem Beginn von Bodenreform, Enteignungen und der Verhaftung oder Vertreibung Mißliebiger oder NS-Belasteter gab es auch Wohnungen und Hausrat und manch anderes zu erlangen. Und dem konnten viele in unserer Umgebung, von denen wir es nicht erwartet, weil sie ja den NS-Verlockungen getrotzt hatten, nicht widerstehen.

Aus dieser Zeit erinnere ich mich nur an zwei Namen, die Eindruck auf uns gemacht hatten: Kurt Schumacher und Ernst Reuter. Sie sprachen aus, was sie (und erst recht auch wir) dachten. Wir konnten sie nur hören, denn in den von den Sowjets lizenzierten und vor allem zensierten Zeitungen wurden sie nicht gedruckt, nur diffamiert. So wurde der Meinungs- und Gesinnungsterror erneut zum Synonym für Unfreiheit. So war der Eintritt in die SPD nicht nur durch die Familientradition vorgezeichnet, sondern angesichts des mutigen Auftretens dieser beiden Vorbilder im Kampf um Freiheitsrechte ein Akt bewußten Engagements.

Diese wiedergegründete SPD war für mich aber auch personale Heimat. Uns wenigen Jüngeren, die sich in dieser Zeit der Partei anschlossen, imponierte die zunächst unideologische Sachbezogenheit der alten Parteihasen. Es herrschte ein Geist aufrichtiger Solidarität und redlichen Gemeinsinns.

Über ein Parteiprogramm oder große gesellschaftspolitische oder gar „grundsätzliche" hehre Ziele wurde überhaupt nicht gesprochen. Es wurde angepackt, Versorgung geregelt, mit Besatzungsoffizieren über die Wiederaufnahme der Arbeit verhandelt, der öffentliche Nahverkehr wieder in Gang gebracht, Flüchtlingen und bald auch den vielen zuströmenden Vertriebenen Wohnraum und dringendster Hausrat beschafft. Partei und Freundeskreis waren praktisch identisch, man traf sich fast täglich, saß abends bei einem undefinierbaren Dünnbier beisammen und tauschte neben Meinungen Eigenbautabak oder selbstgebrannten Rübenschnaps aus.

Die ideologische Beeinflussung kam bald. Sie kam von außen, richtiger „von oben". Die Russen steckten dahinter, sie drängten auf die Verschmelzung von SPD und KPD. Das mag in Berlin und den größeren Städten etwas anders gewesen sein. Aber in meiner Heimat, dem Mansfelder Land, der Umgebung um die Lutherstadt Eisleben, da spielte der sich anbahnende Kalte Krieg zunächst so gut wie keine Rolle. Die Kommunisten waren eine Minderheit. Und als schließlich das Frühjahr 1946 als Termin für die Gründung einer Einheitspartei genannt wurde, nahm man auch das noch gelassen hin. „Laßt die paar Kommunisten doch zu uns kommen", hieß es allgemein. Was sollten die schon ausrichten gegen die erdrückende Mehrheit ganz „normaler" Sozialdemokraten – und dieses „ganz normal" sollte vor allem ausdrücken, daß sie für den überzogenen ideologischen Prinzipenstreit, mit dem die Kommunisten und linken Splittergruppen mehr sich selbst als die Gesellschaft in Bewegung gehalten hatten, nicht das geringste Verständnis aufbrachten.

So gesehen habe ich die Vereinigung von SPD und KPD in der Provinz nicht als Zwangsmaßnahme erlebt. Die ersten Monate der neuen Partei waren durchaus harmonisch. Die Kommunisten fühlten sich „bei uns" wohl. Ähnliches schildern ja auch Wolfgang Leonhard und Erich W. Gniffke in ihren Autobiographien über die ersten Wochen in der Berliner Parteizentrale. Die Scharfmacher um Ulbricht hatten offenbar etliches zurückgesteckt, doch daß auch dies mit den Sowjets abgesprochen und daher eben nur vorübergehende Taktik war, bekamen wir erst später – dann aber um so massiver – zu spüren.

Die Umformung der SED zur „Partei neuen Typus" nach leninistisch/stalinistischem Muster 1947/48 ließ nichts von der

SPD übrig. Diese neue SED war nicht mehr die Synthese aus dem Zusammenschluß zweier Parteien, die wohl eine gemeinsame Herkunft, dann die Trennung, schließlich schlimme Jahre gemeinsamer Verfolgung durchlebt hatten und sich nun wieder auf das gemeinsame Ziel besannen – sie war vielmehr eine Neukonstruktion nach dem Muster der KPdSU. Selbst viele Altkommunisten machten keinen Hehl daraus, daß sie solchen „Druck von oben" auch nicht in der KPD vor 1933 erlebt hatten. Es folgte die Dezimierung der Partei durch Verhaftung, Flucht, Austritte – ihre Öffnung auch für ehemalige Hitlerjugendführer und in sowjetischer Gefangenschaft umerzogene Offiziere, so daß sich die aktive Mitgliedschaft ab 1950 aus ganz anderen Charakteren zusammensetzte als bei den Wiedergründungen 1945.

Das war die Zeit, in der ich und wenige gleichgesinnte Freunde wieder die Verbindung zur SPD suchten. Neben Namen wie Schumacher und Reuter hatten längst auch die von Ollenhauer, Carlo Schmid, Luise Schröder, Franz Neumann für uns anziehende Kraft. Und da der Weg nach Westberlin noch frei war, wurden die dortigen Adressen des SPD-Ostbüros zum Geheimtip und -trip. Das war gefährlich. Denn als „Schumacher-Agent" in die Mühlen der „Organe" zu geraten, verhieß schlimmste Repressalien. Aber die Sucht nach freier Information, der Hunger nach offenem Meinungsaustausch und der überwältigende Drang, seinen Frust über die kommunistische Diktatur loszuwerden, verdrängte die Angst. Die Devise der Mitarbeiter des Ostbüros an uns hieß damals ausharren, bleiben, Stellung halten, nicht resignieren. Noch verhandelten ja die Siegermächte miteinander und bestand (wenn auch schwächer werdend) die Hoffnung, es könnte vielleicht doch zu Einvernehmen über die Wiedervereinigung kommen.

Eines aber war absolut: die Ablehnung der SED-Diktatur, die Unvorstellbarkeit, die tragenden politischen Kräfte Bonns würden die Pankower Quislinge jemals als Verhandlungspartner akzeptieren und das SED-Regime anerkennen, waren ungeteilt. Und geblieben war vor allem das Gefühl der Solidarität, Hilfsbereitschaft und pragmatischen Sicht der Ereignisse. Das war der Hintergrund nach der Flucht für den selbstverständlichen Gang zum Ostbüro der SPD.

Meine Ankunft in Bonn Ende September 1957 fiel zusammen mit einer ersten Irritationsphase der Nachkriegs-SPD. Der Sieg Adenauers bei der Bundestagswahl, welcher der Union zum ersten und bisher einzigen Mal die absolute Mehrheit gebracht hatte und die schwere Schlappe der SPD mit mageren 31,8 Prozent, hatte die SPD in eine Identitätskrise gestürzt. Vordergründig wurde das Dilemma mit der Biederkeit und mangelnden Ausstrahlungskraft ihres Vorsitzenden und Spitzenkandidaten Erich Ollenhauer begründet.

Für mich war es mehr, saßen die Ursachen tiefer und waren Grund dafür, daß ich zunächst nicht wieder Parteimitglied geworden war. Obwohl ich beim „Vorwärts" arbeitete, in der „Baracke" ein und aus ging und weiter mit dem „Ostbüro" zusammenarbeitete, wurde meine Ablehnung einer Wiederaufnahme der Mitgliedschaft akzeptiert: Ich hatte mir geschworen, nie wieder einer Partei beizutreten, deren programmatisches Ziel der „Sozialismus" ist. Das aber galt für die SPD. Sie hatte zwar auf ihren Nachkriegsparteitagen und in Wahlprogrammen für mich durchaus akzeptable Gegenwartsziele verkündet, das im Grundsatz sozialistische Heidelberger Programm von 1925 aber noch nicht durch ein neues ersetzt. Das war in Vorbereitung, die Arbeiten daran wurden durch das Debakel bei der Bundestagswahl auch forciert und das neue schließlich auf dem Godesberger Sonderparteitag im November 1959 beschlossen.

Es vermochte meine Zweifel und politischen Skrupel nicht auszuräumen, und trotzdem trat ich mit Beginn des Jahres

1960 wieder der SPD bei. Die Zweifel und Skrupel ergaben sich daraus, daß das Programm nach wie vor den „demokratischen Sozialismus" als Kernziel proklamierte. Durchaus identifizieren konnte ich mich mit dem Einleitungskapitel, das die „Grundwerte des Sozialismus" postulierte:

„Die Sozialisten erstreben eine Gesellschaft, in der jeder Mensch seine Persönlichkeit in Freiheit entfalten und als dienendes Glied der Gemeinschaft verantwortlich am politischen, wirtschaftlichen und kulturellen Leben der Menschheit mitwirken kann.

Freiheit und Gerechtigkeit bedingen einander. Denn die Würde des Menschen liegt im Anspruch auf Selbstverantwortung ebenso wie in der Anerkennung des Rechtes seiner Mitmenschen, ihre Persönlichkeit zu entwickeln und an der Gestaltung der Gesellschaft gleichberechtigt mitzuwirken.

Freiheit, Gerechtigkeit und Solidarität, die aus der gemeinsamen Verbundenheit folgende gegenseitige Verpflichtung, sind die Grundwerte des sozialistischen Wollens.

Der demokratische Sozialismus, der in Europa in christlicher Ethik, im Humanismus und in der klassischen Philosophie verwurzelt ist, will keine letzten Wahrheiten verkünden – nicht aus Verständnislosigkeit und nicht aus Gleichgültigkeit gegenüber den Weltanschauungen oder religiösen Wahrheiten, sondern aus der Achtung vor den Glaubensentscheidungen des Menschen, über deren Inhalt weder eine politische Partei noch der Staat zu bestimmen haben.

Die Sozialdemokratische Partei Deutschlands ist die Partei der Freiheit des Geistes. Sie ist eine Gemeinschaft von Menschen, die aus verschiedenen Glaubens- und Denkrichtungen kommen. Ihre Übereinstimmung beruht auf gemeinsamen sittlichen Grundwerten und gleichen politischen

Zielen. Die Sozialdemokratische Partei erstrebt eine Lebensordnung im Geiste dieser Grundwerte. Der Sozialismus ist
eine dauernde Aufgabe — Freiheit und Gerechtigkeit zu er-
kämpfen, sie zu bewahren und sich in ihnen zu bewähren."

Die wesentlichsten Passagen des Kapitels „Grundforderungen
für eine menschenwürdige Gesellschaft" entsprachen ebenfalls meinen eigenen Vorstellungen:

„Alle Völker müssen sich einer internationalen Rechtsord-
nung unterwerfen, die über eine ausreichende Exekutive
verfügt. Der Krieg darf kein Mittel der Politik sein.

Alle Völker müssen die gleiche Chance haben, am Wohlstand
der Welt teilzunehmen. Entwicklungsländer haben Anspruch
auf die Solidarität der anderen Völker.

Wir streiten für die Demokratie. Sie muß die allgemeine
Staats- und Lebensordnung werden, weil sie allein Ausdruck
der Achtung vor der Würde des Menschen und seiner Eigen-
verantwortung ist.

Wir widerstehen jeder Diktatur, jeder Art totalitärer und
autoritärer Herrschaft; denn diese mißachten die Würde des
Menschen, vernichten seine Freiheit und zerstören das Recht
. . .

Zu Unrecht berufen sich die Kommunisten auf sozialistische
Traditionen. In Wirklichkeit haben sie das sozialistische
Gedankengut verfälscht. Die Sozialisten wollen Freiheit und
Gerechtigkeit verwirklichen, während die Kommunisten die
Zerrissenheit der Gesellschaft ausnutzen, um die Diktatur zu
errichten.

Im demokratischen Staat muß sich jede Macht öffentlicher
Kontrolle fügen. Das Interesse der Gesamtheit muß über dem
Einzelinteresse stehen."

Ähnliches war zu zahlreichen Passagen in den Kapiteln „Die staatliche Ordnung" oder „Wirtschafts- und Sozialordnung" und anderen zu sagen. Sie könnten (und sind es dem Inhalt nach sogar) genauso Bestandteil der Programme anderer demokratischer Parteien sein. Meine Skepsis richtete sich gegen jene Aussagen, die das SPD-Programm von den anderen abheben und eben nicht den besonderen sozialen, sondern den sozialistischen Charakter dieser Partei herausstellten. Wie:

„Sozialismus wird nur durch die Demokratie verwirklicht, die Demokratie durch den Sozialismus erfüllt.

. . . In der vom Gewinn- und Machtstreben bestimmten Wirtschaft und Gesellschaft sind Demokratie, soziale Sicherheit und freie Persönlichkeit gefährdet. Der demokratische Sozialismus erstrebt darum eine neue Wirtschafts- und Sozialordnung . . ." Oder:

„ . . . Wettbewerb durch öffentliche Unternehmen ist ein entscheidendes Mittel zur Verhütung privater Marktbeherrschung. Durch solche Unternehmen soll den Interessen der Allgemeinheit Geltung verschafft werden. Sie werden dort zur Notwendigkeit, wo aus natürlichen oder technischen Gründen unerläßliche Leistungen für die Allgemeinheit nur unter Ausschluß eines Wettbewerbs wirtschaftlich vernünftig erbracht werden können.

Die Unternehmen der freien Gemeinwirtschaft, die sich am Bedarf und nicht am privaten Erwerbsstreben orientieren, wirken preisregulierend und helfen dem Verbraucher. Sie erfüllen eine wertvolle Funktion in der demokratischen Gesellschaft und haben Anspruch auf Förderung.

Eine weitgehende Publizität muß der Öffentlichkeit Einblick in die Machtstruktur der Wirtschaft und in die Wirtschaftsgebarung der Unternehmen verschaffen, damit die öffentliche Meinung gegen Machtmißbrauch mobilisiert werden kann.

Wirksame öffentliche Kontrolle muß Machtmißbrauch der Wirtschaft verhindern. Ihre wichtigsten Mittel sind Investitionskontrolle und Kontrolle marktbeherrschender Kräfte ..." Und:

„ . . . Totalitäre Zwangswirtschaft zerstört die Freiheit. Deshalb bejaht die Sozialdemokratische Partei den freien Markt, wo immer wirklich Wettbewerb herrscht. Wo aber Märkte unter die Vorherrschaft von einzelnen oder von Gruppen geraten, bedarf es vielfältiger Maßnahmen, um die Freiheit in der Wirtschaft zu erhalten. Wettbewerb soweit wie möglich – Planung soweit wie nötig!"

Über diese und andere Formulierungen, wie über den Grundbegriff „Sozialismus" gab es mit Willi Eichler (dem Vorsitzenden der Programmkommission) und den damals die SPD repräsentierenden Vorstands- und Fraktionspersönlichkeiten Carlo Schmid, Ollenhauer, von Knoeringen, Mommer, Wehner, Erler, Deist und anderen intensive Gespräche. Vor allem die aus praktischer leidvoller Erfahrung im Kommunismus Gebrannten wiesen darauf hin, daß es ja gerade der schillernde Begriff „Sozialismus" gewesen war, der fanatische Sozialisten aus der SPD der Sowjetzone zum Überlaufen zu den Kommunisten bewogen hatte. Ich wies auf den sogenannten kleinen Parteitag der SED vom Frühjahr 1948 hin, auf dem Grotewohl und Buchwitz zum totalen Einschwenken auf Sowjetkurs mit dem Argument aufforderten, daß „sozialistisch" nur Gesellschaften genannt werden könnten, in denen es weit überwiegend nur noch „Gemeineigentum" bzw. „gesellschaftliches" Eigentum an Produktionsmitteln gebe. Alles andere seien „gewöhnliche" bürgerliche Republiken – und das könne doch nicht das Ziel von Sozialisten sein. Das hatte überzeugt. Die „gewöhnliche" bürgerliche Republik, der parlamentarisch-pluralistische Rechtsstaat, war Marxisten und erst recht Leninisten zu wenig, sie wollten das ganz Andere, Neue – eben die sozialistische Endzeitgesellschaft. Und die

Grundfrage für die SPD – das war das Argument der Skeptiker – sei doch, ob das auf den „demokratischen Sozialismus" angelegte Programm nicht von ideologisierten Gruppen unterlaufen werden und dann die SPD wieder von einer Volks- in eine Klassenkampfpartei zurückfallen könne.

Das war Minderheitenmeinung, die auf dem Programmparteitag hauptsächlich von Wehner (in der für ihn typischen taktischen Formulierungskunst) gestreift wurde. Die Masse der Mitglieder und Delegierten beharrte (und besteht bis heute) auf dem Festhalten am Zielbegriff des „demokratischen Sozialismus". Sie sieht darin das wesentlichste Unterscheidungsmerkmal der SPD vor allem zu den Unionsparteien. Schließlich hat die Entwicklung der Wählerbewegung in den letzten dreißig Jahren diese Taktik auch durchaus bestätigt: als „demokratischen Sozialismus" versteht ein beachtlich großer Teil der Bevölkerung – und gewiß die Mehrheit sozialdemokratischer Wähler – einfach nur größeres soziales Engagement, sozialeres Verhalten und Streben – und weniger den grundsätzlich anderen gesellschaftspolitischen Gesichtskreis der SPD gegenüber den Ordnungsprinzipien der modernen Sozialen Marktwirtschaft.

Vier einschneidende Ereignisse veränderten Charakter und Kurs der SPD, wie er durch „Godesberg" von den Wiederbegründern und tragenden Kräften dieser Partei nach 1945/49 bestimmt worden war:

– Der Übertritt Gustav Heinemanns und der Mehrheit seiner „Gesamtdeutschen Volkspartei" zur SPD 1957/58. Mit ihm und Helene Wessel, Johannes Rau, Jürgen Schmude, Erhard Eppler und ähnlich geprägten Politikern – die allerdings noch keinen Einfluß auf den Godesberger Parteitag und das neue Programm nehmen konnten – verstärkte sich das pazifistische und christlich-sozialistische Element in der Partei. Die ideologisch-dogmatische Komponente erhielt stärkeres Gewicht zum Nachteil der pragmatischen.

– Die Nominierung Willy Brandts zum Kanzlerkandidaten der SPD für die Bundestagswahl 1961 und der Berliner Mauerbau im gleichen Jahr. Damit verlagerte sich das Schwergewicht aus der Bonner Parteizentrale mehr und mehr nach Berlin. Das bedeutete auch einen inhaltlichen Sprung. In Bonn arbeitete vor allem der konsequent antikommunistische Funktionärsstab aus der Schumacher-Ära, unter ihnen eine große Zahl von Verfolgten aus der Sowjetzone/DDR.

In Berlin versammelten sich um Brandt mit Egon Bahr, Klaus Schütz und Heinrich Albertz Politiker jener Richtung, die durch neuen außen- und deutschlandpolitischen Pragmatismus („Wandel durch Annäherung") und Öffnung der SPD für mit dem Marxismus/Leninismus sympathisierende Gruppen den Boden für eine „neue Ost- und Deutschlandpolitik" bereiteten.

– Der Eintritt der SPD in die Große Koalition mit der CDU/CSU 1966. Er gab der Partei zwar das Selbstvertrauen, insbesondere durch „Godesberg" ihre Regierungsfähigkeit nun endlich unter Beweis stellen zu können, ließ jedoch den nach wie vor latent vorhandenen Konflikt zwischen Linken und Rechten, zwischen Dogmatikern und Pragmatikern erneut aufbrechen. Äußeres Zeichen dafür war der Disput mit den Jungsozialisten, das Aufkommen einer „Außerparlamentarischen Opposition" (APO) und deren Konzentration auf den radikal-ideologischen Flügel einiger DGB-Gewerkschaften (insbesondere Metall, Erziehung und Wissenschaft und ÖTV).

– Die Integration der „APO" in die SPD ab 1970, als es der SPD gelungen war, nach der Bundestagswahl von 1969, gemeinsam mit der FDP eine Koalition zu bilden und die

169

Union nach zwanzig Regierungsjahren erstmals in die parlamentarische Opposition zu drängen. Dabei fiel ins Gewicht, daß sich die FDP unter Walter Scheel gleichfalls jenen modernistisch-sozialrevolutionären Kräften geöffnet hatte, die auch in der SPD zunehmend in den Vordergrund drängten.

Dieser Regierungswechsel von 1969 wurde nicht nur ganz offen als „Machtwechsel" gefeiert und propagiert, er ist auch tatsächlich ein solcher gewesen. Das bekamen besonders jene Mitglieder in der SPD zu spüren, die nach wie vor die Hauptbedrohung für die demokratisch-pluralistischen Grundlagen des Westens von links her sahen. Das argumentative Schwergewicht dieser neuen Politik lag nicht mehr auf dem Begriff „Freiheit", sondern wurde auf „Frieden" gesetzt. Mehr noch: die verfassungsrechtlichen Grundfreiheiten der Bundesrepublik Deutschland wurden relativiert, „grundsätzlicher" Kritik preisgegeben und in Zweifel gezogen. Charakteristisch dafür war eine Rede von Walter Jens auf dem SPD-Parteitag am 6. Dezember 1979 in Berlin, auf dem er in vielfacher Wiederholung die freiheitlich-demokratische Grundordnung Deutschlands sarkastisch abwertend grundsätzlich nur abgekürzt „f.d.G.O." aussprach und dafür permanenten Sonderapplaus erhielt.

Das aber gehörte vor allem zu dem agitatorisch-argumentativen Begleitkanon für die Schwergewichtsverlagerung in der Ost- und Deutschlandpolitik vom Ziel der Wiedervereinigung Deutschlands zu dem der vermeintlichen Friedenssicherung auf der Basis des Status quo. Dies bedeutete jedoch auch eine Abkehr vom Godesberger Programm. Denn darin hieß es unmißverständlich:

„Die Spaltung Deutschlands bedroht den Frieden. Ihre Überwindung ist lebensnotwendig für das deutsche Volk.

Erst in einem wiedervereinigten Deutschland wird das ganze Volk in freier Selbstbestimmung Inhalt und Form von Staat und Gesellschaft gestalten können."

Für mich und viele Gleichgesinnte bedeutete dieser Kurswechsel zunächst das Abgleiten in die innerparteiliche Isolation. Dabei registrierte ich erschreckende Ähnlichkeiten mit den Vorgängen in der SED auf ihrem Weg zur „Partei neuen Typus" zwischen Ende 1946 und Frühjahr 1948. Vorherrschendes Kennzeichen war die personale Ausgrenzung und Verweigerung sachlicher Auseinandersetzung mit Argumenten. Zwei Vokabeln genügten, einen matt zu setzen: „Kalter Krieger" und „undifferenzierter Antikommunist". Wer diesen Stempel aufgedrückt bekam, war gezeichnet, wie „Nichtarier" und „Miesmacher" oder „Systempolitiker" in der Anfangszeit des NS-Regimes.

Herbert Wehner hatte mich und andere Genossen in seiner Eigenschaft als Minister für gesamtdeutsche Fragen nach Bonn geholt, wo ich unter Leitung von Ludwig Rehlinger am Aufbau des Gesamtdeutschen Instituts beteiligt war. Dieser (als Oberste Bundesbehörde dem Ministerium unterstellten) Einrichtung oblagen vor allem Aufgaben der DDR-Forschung wie der Publizierung dieser Ergebnisse. Dafür wurden in der Großen Koalition erhebliche Freiräume geschaffen und beträchtliche Mittel aufgewandt. Hintergrund dafür waren sowohl der innerdeutsche wie internationale Meinungsdruck in Richtung Aufgabe der deutschen Verweigerungshaltung gegenüber dem SED-Regime bis hin zu Forderungen nach völkerrechtlicher Anerkennung des Status quo.

Bis zu den Bundestagswahlen 1969 hatte sich Wehner öffentlich wie intern gegen diese Tendenzen gewandt. Für den Wahlkampf 1969 hatte ich sogar in seinem Auftrag eine Streitschrift mit dem Titel „Anerkennung – ja oder nein?" verfaßt, die sich gegen den von der F.D.P. in den Wahlkampf

171

gebrachten Vorschlag eines „Generalvertrags" mit der DDR richtete und die den Gliederungen von SPD und Union gleichermaßen zugestellt worden war. Wehner ging nach meinem damaligen Eindruck mit uns Flüchtlingen aus dem Osten konform, daß dem allgemeinen Druck in Richtung „Anerkennung" nur mit weiteren vier Jahren großer Koalition widerstanden werden könne. Noch in der Wahlnacht der Bundestagswahlen wollte er, der sich in der SPD-Zentrale den Journalisten stellte, die Nachricht aus dem Bundeshaus nicht glauben, daß sich Brandt und Scheel auf eine sozial-liberale Koalition geeinigt hätten. Es wird wohl ein Geheimnis bleiben, ob er sich letztlich der Parteiraison gefügt hat (wovon nur ganz wenige seiner früheren engsten Mitarbeiter ausgehen) – oder ob er sich doch eher seiner alten sozialistischen Ideale wiederbesonnen und den Anpassungskurs der SPD auf den Neosozialismus mitgetragen hat –, ob er eher Opportunist war oder gar weitergehende Ziele im Langzeitauftrag als früherer hoher KP-Funktionär verfolgt hat (worüber einschlägiges Gemunkel nie verstummt ist).

In der Janusköpfigkeit Herbert Wehners spiegelte sich jedenfalls die SPD während ihrer Regierungszeit unter den Stichworten Entspannungs- und Friedenspolitik. Sie führte für mich und viele Gleichgesinnte zum Bruch mit der SPD. Auslöser waren die Ostverträge und der Grundlagenvertrag mit dem SED-Regime. In einem Offenen Brief vom 10. November 1972 an Willy Brandt präzisierte ich meine Gründe:

Sehr geehrter Herr Bundeskanzler!
Zum ersten Mal in meiner 27jährigen Mitgliedschaft in der SPD sehe ich mich gezwungen, gegen meine eigene Partei zu wählen . . . Ich weiß, daß ich mit meiner Ansicht in der SPD nicht allein stehe, auch wenn viele Schweigen vorziehen. Weil ich mir jedoch seit den Erfahrungen, die meine Familie und ich in den Diktaturen von rechts und links sammeln mußten, geschworen habe, meine Meinung auch dann zu sagen, wenn

dies persönliche Nachteile bringen könnte, muß ich öffentlich Stellung nehmen. Ich muß dies nicht zuletzt auch deshalb, weil seit einigen Jahren die Lebensfragen unserer Nation nicht mehr im Vordergrund der innerparteilichen Diskussionen stehen, sondern das Theoretisieren über die „sozialistische Umgestaltung der BRD", über „systemsprengende oder systemverändernde Reformen". So bleibt nur noch die Flucht in die Öffentlichkeit. Den Ausschlag für diesen Brief und mein Votum gegen die SPD gaben der Dortmunder Sonderparteitag, vor allem aber der jetzt vorgelegte Grundvertrag. Im einzelnen:

1. *Das Verhalten des linken Flügels auf dem Dortmunder Sonderparteitag und Ihre Reaktion, Herr Bundeskanzler, gaben mir die Gewißheit, daß der Geist des Godesberger Programms zugunsten einer linken Klassenkampfposition aufgegeben worden ist.*

Ich halte es für unverantwortlich, einer so großen Partei wie der SPD die Verantwortung für Volk und Staat wiederzugeben, bevor sie mit sich selbst ins reine gekommen ist. Ein Großteil der in den letzten Jahren in unsere Partei eingeströmten Revolutionäre muß entweder mit uns in der Opposition lernen, was Demokratie ist, oder er muß die Partei verlassen. Die dritte Möglichkeit, daß nämlich der Linkskurs anhielte, schließe ich aus, denn dies wäre das Ende unserer Partei und eine Katastrophe für Deutschland.

2. *Meine Empörung über die Prozedur bei der Vorlage des Grundvertrages hat sich noch nicht gelegt, obwohl ich diesen Brief mehrere Tage liegenließ. Ich habe lange geprüft und bin dabei in den westlichen Demokratien auf keinen vergleichbaren Fall gekommen, in dem eine regierende demokratische Partei zehn Tage vor einer Wahl ein so entscheidendes Dokument (wie in unserem Fall der Grundvertrag) in den Wahlkampf geworfen hätte. Wer so han-*

delt, *disqualifiziert sich selbst und verwirkt nach meinem Demokratieverständnis die Befähigung zum Regieren.*

3. *Diese Meinung müßte ich auch dann vertreten, wenn das vorgelegte Vertragswerk als Verhandlungsergebnis mit einer befreundeten Nation in den Wahlkampf geworfen worden wäre. Meine Empörung erwächst jedoch vor allem aus der Tatsache, daß durch das Vorgehen Ihrer Regierung der Verdacht eines abgekarteten Spiels mit der SED auch nur entstehen konnte.*

4. *Gleich schwer wie der Mangel in der Verhandlungsführung wiegt in meinen Augen das Verhandlungsergebnis. Seit 15 Jahren fordert die kommunistische Seite die völkerrechtliche Festschreibung der durch ihre Machtpolitik geschaffenen Realitäten in Europa. Dies wurde ihr bisher von allen demokratischen Kräften dieses Landes mit dem Hinweis auf die Unmenschlichkeit des Kommunismus verweigert. Jetzt hat eine demokratisch gewählte deutsche Regierung die Forderung des Kommunismus in völkerrechtlich verbindlichen Verträgen für alle Zeiten akzeptiert, während sie sich damit begnügt, daß unsere Wünsche nach mehr Menschlichkeit in einseitigen, widerrufbaren, oft nur angedeuteten Absichtserklärungen genannt werden. Wäre uns dieser Vertrag von den Siegermächten aufgezwungen worden, hätten wir alle dies als einen nationalen Schicksalsschlag zu beklagen. Eine frei gewählte Regierung jedoch, die dies aus freien Stücken, ohne Not und ohne internationalen Druck selbst aushandelt und auch noch mit besonderem Stolz in einen Wahlkampf wirft, disqualifiziert sich selbst und verwirkt nach meinem Demokratieverständnis die Befähigung zum Regieren.*

5. *Ist Ihnen, Herr Bundeskanzler, wirklich nicht bewußt, daß dieser Vertrag unser Volk noch tiefer spalten und die Zerrissenheit auch noch in die Familien hier und drüben tragen müßte? Da es auf die menschlichen Erleichterungen,*

die die Kommunisten angekündigt haben, keine einklagbaren Rechtsansprüche gibt, würde die Westreise eines Bürgers von drüben davon abhängen, wie er sich mit seinem Parteisekretär versteht, wie er seine Norm erfüllt hat, wie er sich an den Schulungen und Seminaren der SED beteiligt, ja sogar, ob er oder seine Frau sich darin noch übertreffen (denn es darf ja ohnehin nur ein Ehegattenteil reisen). Und natürlich würde dann auch eine Rolle spielen, wie die Verwandten in der Bundesrepublik zum SED-Regime stehen — denn zu Gegnern dieses Systems kann die SED doch niemanden reisen lassen! Kurz: Zur Peitsche kommunistischer Praktiken sollen wir das Zuckerbrot der Westreise liefern und uns damit zu Komplizen für die Erhaltung des kommunistischen Totalitarismus machen! Auch wer das nicht sieht, disqualifiziert sich nach meinem Demokratieverständnis selbst und verwirkt die Befähigung zum Regieren.

Herr Bundeskanzler, es ist in den vergangenen Monaten oft vom Gewissen die Rede gewesen. Ich habe mit Erschütterung festgestellt, wie schnell man heute dabei ist, für sich selbst den Druck des Gewissens in Anspruch zu nehmen, anderen aber Gewissenlosigkeit vorzuwerfen. Ich darf hiermit versichern, daß ich nie daran gezweifelt habe, daß Sie im Bewußtsein Ihrer gewissenhaften Verantwortung handelten. Nehmen jedoch auch Sie mir bitte ab, daß mich zu diesem Brief nur meine Gewissensnot getrieben hat . . ."

Dieser Brief, der von etlichen Zeitungen in den wesentlichsten Passagen veröffentlicht wurde, löste Reaktionen aus, die mich in vielem an meine Situation vor der Flucht aus der DDR erinnerten. Eine Antwort von Willy Brandt oder einem seiner Büros erhielt ich nicht. Statt dessen kam die Aufforderung vom Vorsitzenden meines Frankfurter SPD-Ortsvereins, mich einem Partei-Ordnungsverfahren mit dem Ziel des Ausschlusses zu stellen. Ich kannte die Stimmung dort und war nicht gewillt, mich in Freiheit einer Prozedur zu unterwerfen, derentwegen ich unter Lebensgefahr und Zurücklassung allen Eigentums den Osten verlassen hatte. So trat ich aus der SPD aus. Das geschah ohne psychologische Friktionen. Die ideelle Trennung war längst vollzogen.

Bedrückender waren die Folgen im privaten und beruflichen Umfeld. Meine Familie und ich waren praktisch über Nacht isoliert. Nicht nur aus dem Bereich langjähriger guter Bekannter in der SPD traten Brüche ein – auch CDU-Mitglieder und -Abgeordnete gingen auf Distanz zu mir. Ihr Argument fast unisono: Was denn aus der SPD werden sollte, wenn immer mehr Leute wie ich diese Partei verließen – während mein stereotyper Konter darauf, daß man ja auch vor sich selber bestehen und sich nicht zum Mitläufer für eine als falsch erkannte Politik machen lassen möchte, kaum fruchtete.

Im beruflichen Umfeld kam es zu fast absurden Szenen: In der ZDF-Kantine verließen Kollegen, zu denen ich über Jahre ein gutes Verhältnis gehabt zu haben glaubte, demonstrativ meinen Tisch, wenn ich mich zu ihnen gesetzt hatte. Andere blieben zwar sitzen, gaben mir aber unmißverständlich zu verstehen, daß sie deshalb in ihrer Redaktion eine Menge Ärger bekämen, weil sie mit mir zusammengesessen und geredet hätten.

Noch abstruser war das Verhältnis zu Fernsehratsmitgliedern der SPD, mit denen ich sogar befreundet gewesen war: Sie sprachen oder riefen mich vertraulich an, bereiteten mich darauf vor, daß sie mich wegen meiner Sendungen oder Moderationen zu kritisieren hätten, was ich aber nicht persönlich nehmen solle, weil sie im Grunde durchaus meiner Meinung seien. Auch darauf meine Konter unisono: Alles schon dagewesen, im Elternhaus erlebt bei und mit Anpassern an die Nazis, dann bei solchen gegenüber den Kommunisten – und nun für einen politischen Kurs, von dem man im Innern nicht überzeugt ist, ihn wohl sogar für schädlich oder gefährlich hält.

Zur Gegnerschaft entwickelte sich der Bruch nach 1975. Ich hatte die Schlußakte von Helsinki begrüßt und die Chance erkannt, die sich daraus für die sich im Osten entwickelnden Bürgerrechtsbewegungen ergaben. Die Verweigerungshaltung der offiziellen SPD ihnen gegenüber, das Beschwören des Status quo bis hin zum gemeinsamen Papier zwischen SPD und SED über eine gemeinsame „Streitkultur" bedeutete für mich Verrat an den Grundidealen meiner einstigen politischen Heimat. Diese hatte ich endgültig verloren – dafür aber die letzte innere Freiheit gewonnen.

DIETER BORKOWSKI

„Brüder, in eins nun die Hände …"

Erinnerungen an die deutschen Sozialdemokraten

Dieter Borkowski,

Jahrgang 1928, geboren und aufgewachsen in Berlin. 1944 als Schüler Luftwaffenhelfer der Flakbatterie Friedrichshain in Berlin. Sowjetische Kriegsgefangenschaft. Nach Rückkehr Studium der Geschichte und Zeitungswissenschaften. Journalistische Ausbildung am Berliner Rundfunk und im Deutschen Institut für Zeitgeschichte, Berlin. Als Dokumentarist Arbeit über Themen der NS-Herrschaft. Unter anderem Fernsehspiel und Dokumentarbericht „Affaire Zind" (1958), Hörspiele, Publizistik. Buch „Und morgen die ganze Welt?" Untersuchungen und Erwägungen zum Warschauer Prozeß gegen Hitlers Gauleiter für Ostpreußen und Reichskommissar der Ukraine, Erich Koch. Filmdrehbuch über Ferdinand von Schill und Fernsehszenario „Mord in Polzin" (Thema Reichskristallnacht); beide auf SED-Parteibefehl verboten.

Bereits 1953 Parteiausschluß aus der SED wegen Teilnahme am Arbeiteraufstand vom 17. Juni 1953 und parteiinterner Kritik an der Politik Stalins und Ulbrichts. Berufsverbot als Redakteur. Unter erheblichen Schwierigkeiten freiberufliches Wirken als Publizist in der DDR bis 1960. Im Juni 1960 Inhaftierung durch den Staatssicherheitsdienst und Verurteilung zu zwei Jahren Haft wegen Verbindung zu oppositionellen Gruppen in der SED. Anschließend erneutes und verschärftes Berufsverbot. Von 1966 bis 1971 illegaler Korrespondent der Hamburger Wochenzeitung DIE ZEIT in der DDR unter dem Pseudonym „Arno Hahnert". Deswegen erneute Verhaftung durch das Ministerium für Staatssicherheit. Geheimprozeß und Verurteilung zu sieben Jahren Zuchthaus als „Agent der kapitalistischen Brandt-Scheel-Clique". Im Herbst 1972 Austausch gegen DDR-Spione in Bonner Ministerien.

1973 in der Evangelischen Akademie Loccum wirkend, später als freier Publizist in Presse, Rundfunk, Fernsehen und in der

Erwachsenenbildung tätig. Seit 1979 erschienen im S. Fischer-Verlag, Frankfurt a. M. die Bücher „Wer weiß, ob wir uns wiedersehen – Erinnerungen an eine Jugend in Berlin"; 1981 „Für jeden kommt der Tag – Stationen einer Jugend in der DDR"; 1982 „In der Heimat, da gibt's ein Wiedersehen – Erlebtes und Erfahrenes 1955 bis 1972". 1984 „Lily Braun – Rebellin gegen Preußen"; 1987, bei Bertelsmann, „Erich Honecker – Statthalter Moskaus oder deutscher Patriot?" Eine Biographie. Neuauflage der Erinnerungsbücher 1990 im Verlag DAS NEUE BERLIN.

Stalins Generäle und ihre Stabsoffiziere saßen in der ersten Reihe. Der Redner hatte sie angelockt. Es sprach Kurt Schumacher, der Vorsitzende der deutschen Sozialdemokraten. Berlin, 18. Oktober 1946, achtundvierzig Stunden vor den ersten Nachkriegswahlen in der deutschen Hauptstadt, damals eine riesige Ruinenlandschaft. Der „Saal", eine ungewöhnliche Versammlungsstätte für eine Wahlveranstaltung. Die leere Werkhalle des im Norden Berlins gelegenen Betriebes Bergmann-Borsig konnte mehrere Tausend Besucher aufnehmen, denn die Demontage-Kommandos der Roten Armee hatten ganze Arbeit geleistet. Alle Werksanlagen, soweit sie die Bombenangriffe der Alliierten überstanden hatten, waren nach Osten abtransportiert worden. Menschenmassen füllten die Werkhalle. Man sah Fahnen der Sozialdemokratie, Bilder von August Bebel und Losungen, wie „Freiheit und Recht!" Mein Pappschild verkündete schlicht: „Die Jugend der Ostzone grüßt Dr. Schumacher!"

Ich wußte noch nichts von der Theorie des Sozialismus, ich hatte keine Ahnung, wer August Bebel, Ferdinand Lassalle oder Karl Marx waren, keine ihrer Schriften hatte ich gelesen. Doch Kurt Schumacher wollte ich sehen und hören. Siebzehnjährig, gerade aus der russischen Kriegsgefangenschaft heimgekehrt, in die ich als panzerknackender Luftwaffenhelfer vom Berliner Flakgeschützturm Friedrichshain im Mai 1945 geraten war, als nach Hitlers Selbstmord die Berliner Garnison kapitulierte, suchte ich Orientierung. Von Kurt Schumacher berichteten die Berliner Zeitungen und der Rundfunk. Er sei ein großer Redner und mutiger Politiker, der sich für Freiheit und Sozialismus, für Recht und Demokratie einsetze.

Das stand im „Telegraf", einem Massenblatt, das die höchste Auflage hatte. Die Zeitungen im Osten, die mit russischer Lizenz erschienen, wetterten gegen Schumacher. „Provokateur, Demagoge und Arbeiterverräter" lauteten die Beschimpfungen. Ich konnte mit diesen Begriffen wenig anfangen.

Bekannt war mir jedoch, daß der Vorsitzende der SPD vor allem für die freiheitliche Demokratie eintrat. Und er wagte es, gegen die Diktatur einer Partei aufzutreten, der Sozialistischen Einheitspartei Deutschlands, SED, die mir damals von der russischen Besatzungsmacht allzusehr gestützt und gefördert erschien. Ihre seltsamen Vorstellungen von „Volksdemokratie" erlebte ich täglich während meiner Ausbildung im Bezirksamt Reinickendorf, in dem ich als Verwaltungslehrling tätig war. Weil ich mich gegen die Vorgesetzten, die zumeist der SED angehörten, gegen die Bevormundungen und Weisungen („Du *mußt* zur Demonstration am 1. Mai mitmarschieren. Ihr *sollt* alle bei den Gewerkschaftswahlen den Kandidaten der SED wählen!") wehrte, hatten mich die vierzig „Dienstanwärter" − so hießen wir als Verwaltungslehrlinge des Magistrates − zum Jugendvertreter bestimmt.

Ich hatte Glück, denn in dieser Tätigkeit lernte ich den zweiten Bürgermeister des Stadtbezirkes Reinickendorf kennen. Franz Neumann war gelernter Metallarbeiter, jetzt wirkte er als Vorsitzender der Sozialdemokraten in Berlin. Vor einem halben Jahr hatte er der Unterwerfung der SPD unter Walter Ulbrichts Hammer-und-Sichel-Partei einen Riegel vorgeschoben. Mittels einer Urabstimmung in den westlichen Sektoren bekundete er den Freiheitswillen demokratischer Sozialisten gegenüber Moskaus Druck. Jetzt eröffnete Franz Neumann die Kundgebung mit dem Parteivorsitzenden. Er machte Schumacher auf das eine oder andere Transparent aufmerksam, lächelte auch einmal zu mir herüber. Eine Sekunde lang sah ich den interessierten Blick des Gastes aus der „Baracke" in Hannover auf „meine" Parole gerichtet: „Die Jugend der Ostzone grüßt Kurt Schumacher ..." Danach sprach der SPD-Vorsitzende, die Arbeiter aus allen Stadtteilen Berlins, aus den alten Proletarierbezirken Wedding, Prenzlauer Berg und Friedrichshain hörten aufmerksam zu. „Wo die Rote Armee einmarschierte, gab es keinen Sozialismus ..." Und „Kommunisten sind rotlackierte Nazis". Diese beiden Sätze habe ich nie vergessen. Über Jahrzehnte hinweg dachte ich an diese einfachen Feststellungen, die die Erfahrungen der Nachkriegszeit in Berlin und fast aller Menschen im Machtbereich der Sowjettruppen zutreffend charakterisierten. Niemals vergesse ich die versteinerten Gesichter der hohen Generalität Stalins. Da stand ein Hitler-Gegner auf der Bühne, ein von Mißhandlungen im Konzentrationslager Gezeichneter. Die Kundgebung endete mit dem alten Arbeiterlied: „Brüder zur Sonne, zur Freiheit, Brüder im Lichte empor! Hell aus dem dunklen Vergangenen leuchtet die Zukunft hervor ... Brüder in eins nun die Hände, Brüder das Sterben verlacht! Ewig der Sklaverei ein Ende, heilig die letzte Schlacht!"

Zwei Tage später, am Sonntag, dem 20. Oktober 1946, erlebte Berlin die erste freie Wahl seit 1933. Kaum einer ahnte, daß es für die Millionen Bewohner der russischen Zone für mehr als 40 Jahre die letzte demokratische Wahl sein sollte. Die Sozialdemokraten erhielten nahezu die Hälfte aller Stimmen, die siegessichere SED, geführt von Wilhelm Pieck und Walter Ulbricht, bekam nicht einmal 20 Prozent. In jener Nacht, als das Wahlergebnis bekannt wurde, entschied der mächtigste Mann der SED, Walter Ulbricht, daß sich die rote Einheitspartei niemals mehr an freien Wahlen beteiligen sollte.

1947, ein Jahr später – ich war 19 Jahre alt –, lernte ich in einem Sommerferienlager, das der Jugendausschuß des Magistrates von Berlin veranstaltete, mehrere Agitatoren einer neuen Jugendorganisation kennen. Sie sprachen vornehmlich vom „Antifaschismus", vom Aufbau eines demokratischen friedliebenden Deutschland. Dem Erbe der Hitler-Opfer Hans und Sophie Scholl fühlten sie sich angeblich genauso verpflichtet wie vielen ermordeten Widerstandskämpfern aus verschiedenen politischen Lagern. Erich Honecker hieß einer aus der Gruppe, ein anderer Heinz Keßler, ein dritter Hermann Axen. Sie sprachen damals nicht von Stalin und vom Kommunismus. Von den katholischen Studenten des Scholl-

Kreises in München schlugen sie die Brücke zu jungen Arbeitern, wie Katja Niederkirchner oder dem Olympiasportler Werner Seelenbinder, die von Hitlers Henkern ebenfalls hingerichtet worden waren. Christentum und Sozialismus wollen eigentlich das gleiche auf unterschiedlichem Wege erreichen: Gerechtigkeit und Frieden hieß es unter anderem. Das sprach mich als Sohn aus christlichem Elternhaus direkt an. Honekker und besonders Heinz Keßler imponierten vielen mit ihren versöhnlichen hoffnungsvoll stimmenden Zielen. Die „Freie Deutsche Jugend" wolle Menschen jedweden geistigen Bekenntnisses in ihren Reihen vereinigen. Katholiken, Lutheraner, Liberale und natürlich auch junge Sozialisten. „Überparteilich" sei dieser Jugendverband, sein schönes Symbol sei die aufgehende Sonne am blauen Himmel. Viele junge Berliner traten damals in die FDJ ein, auch ich. Die Jugendgruppe im Berliner Norden wurde mir zu einer „zweiten Heimat". Wir sangen, wanderten an den Wochenenden, saßen an Lagerfeuern in der schönen Mark Brandenburg. Ich begann viel zu lesen. Theaterregisseure und Schauspieler, Schriftsteller und Künstler vermittelten uns die Bekanntschaft mit ihrem Metier. Ich ging häufig ins Theater, besuchte Kulturveranstaltungen und las Autoren, von denen es hieß, daß sie in der Nazizeit verboten gewesen seien: Heine, Büchner, Kästner, Tucholsky, Anna Seghers, Heinrich Mann, Friedrich Wolf, Bertolt Brecht und Arnold Zweig. Es war folgerichtig, daß ich in den „Kulturbund zur demokratischen Erneuerung Deutschlands" eintrat, in dessen Clubräumen ich antifaschistische Dichter wie Becher, Brecht, Arnold Zweig und Anna Seghers bei Lesungen und Diskussionen persönlich erlebte.

Zwei Kulturbund-Initiatoren, Ilse und Karl Steiner, die mich einluden, sie in ihrem Haus zu besuchen, das unweit meiner Wohnung lag, wurden für mich zu Mentoren, sie boten mir ihre Freundschaft an. Mit ihrer Tochter Rose war ich in der FDJ-Wohngruppe schon bekannt geworden. Dr. Karl Steiner und seine Frau genossen Ansehen und Sympathie in Berlin-

Hermsdorf, sie galten als hilfsbereit. Als Gegner Hitlers hatten sie in ihrem Haus Widerstandskämpfer beherbergt und waren dafür und wegen ihrer eigenen Aktivitäten gegen das Naziregime ins Zuchthaus gekommen. 1933 versteckten die einstigen Sozialdemokraten den Kommunisten Walter Ulbricht und zwei andere Genossen der KDP-Führung in ihrem Haus. Kein Wunder, daß Ilse und Karl Steiner nun in der Sozialistischen Einheitspartei Deutschlands hohe Funktionen bekleideten. Der Wirtschaftswissenschaftler Karl Steiner war Vizepräsident der Zentralverwaltung für Finanzen, seine Frau betätigte sich führend im Hauptausschuß der Opfer des Faschismus. Beide mir vorbildlich erscheinenden Sozialisten berichteten oft über den „Bruderkampf" der beiden Arbeiterparteien, der 1933 wesentlich die „Machtergreifung" der Hitlerpartei ermöglichte. In der Haft und während des Terrors der Nazis seien sich Kommunisten und Sozialdemokraten nähergekommen, erzählten sie mir. Der Schwur, nie wieder gegeneinander, sondern fortan miteinander ein sozialistisches Deutschland nach dem Krieg aufzubauen, die Forderung des prominenten Sozialdemokraten Wilhelm Leuschner, der noch unter dem Fallbeil wünschte: „Schafft die Einheit!", sei ihnen zum verpflichtenden Vermächtnis geworden.

Es gab in jenen ersten Nachkriegsjahren keine Literatur darüber, wer verantwortlich dafür war, daß vor 1933 KPD und SPD keine gemeinsame Konzeption zur Aktionseinheit gegen die drohende Machtübernahme der NSDAP entwickelt hatten. Jetzt sei die neue „Sozialistische Einheitspartei" die stärkste politische Kraft in der Sowjetischen Besatzungszone. Auch die Arbeiterschaft Westdeutschlands würde diese historisch notwendige Vereinigung bald vollziehen. Sie sei dann fähig, die bürgerliche Reaktion in den drei westlichen Besatzungszonen parlamentarisch (und ohne blutige Revolution) zu besiegen. Wie demokratisch die SED sei, sehe man daran, daß von der Führung bis zur kleinsten Grundeinheit alle Funktionen paritätisch besetzt würden. Je einem kommunistischen Funktionär stehe ein Sozialdemokrat gleichberechtigt gegenüber. An der Spitze, im Parteivorstand ließe sich das beweisen. Dem früheren Kommunisten Wilhelm Pieck stehe als Mitvorsitzender der einstige Sozialdemokrat Otto Grotewohl zur Seite, dem stellvertretenden Vorsitzenden Walter Ulbricht mit dem gleichen Titel der Sozialdemokrat Max Fechner.

Einem politisch Unerfahrenen, wie ich es damals war, schienen das überzeugende Argumente zu sein. Bei den Steiners war ich jahrelang wie zu Hause. Ich lernte nicht wenige prominente Genossen der Parteiführung kennen, die dort freundschaftlich verkehrten. Unter ihnen Karl Schirdewan, ein enger Mitarbeiter Walter Ulbrichts, der später, von 1953 bis 1958, als Politbüromitglied und Zweiter Sekretär des Zentralkomitees zum Stellvertreter des Generalsekretärs aufrückte. Dann Karl Raddatz, er war Generalsekretär der „Vereinigung der Verfolgten des Naziregimes" (VVN), und Ernst Wollweber, den späteren Minister für Staatssicherheit. Sie waren seit ihren Jugendjahren Kommunisten, hatten viele Jahre in den Zuchthäusern oder Konzentrationslagern des „Dritten Reiches" gesessen, und ich brachte ihnen zu Anfang Hochachtung entgegen. Allmählich jedoch fiel mir ihre menschliche Kälte auf. Wenn sich bei den feuchtfröhlichen Feiern im Hause Steiner nach gutem Essen und reichlich Alkohol die Zungen lösten, wurden Intrigen innerhalb des Parteiapparates besprochen, böse Urteile über Spitzengenossen gefällt und Ansprüche auf den zukünftigen Aufstieg angemeldet.

Ich war zunehmend enttäuscht, hatte ich doch von diesen Genossen, die eine neue, gerechte Welt aufbauen wollten, ganz andere moralische Qualitäten erwartet. Nicht nur, daß die Angehörigen der Nomenklatura allwöchentlich russische Lebensmittelpakete empfingen, während die Masse der arbeitenden Bevölkerung mit Hungerrationen auskommen mußte.

Sie verurteilten meine Kritik am „Bonzenleben" als törichte „kleinbürgerliche Gleichmacherei", die schon die Genossen Lenin und Stalin konsequent abgelehnt hätten.

Während meines Studiums und später als journalistischer Volontär des Berliner Rundfunks erlebte ich die Ausrichtung der SED auf die von Stalin geforderte Linie als einer „bolschewistischen Partei neuen Typus". Aus dem Parteivorstand, seit 1949 nach sowjetischem Vorbild „Politbüro" genannt, entfernte man die führenden Sozialdemokraten. Die paritätische Besetzung der Leitungen hörte auf. Bereits seit dem dritten Parteitag der SED (Juli 1950) gehörten dem obersten Gremium der Partei 12 frühere Kommunisten und lediglich noch drei ehemalige Sozialdemokraten an: Otto Grotewohl, der als Ministerpräsident der DDR bis 1954 neben dem Staatspräsidenten Wilhelm Pieck den Titel eines Parteivorsitzenden führte, Friedrich Ebert (ein Sohn des Reichspräsidenten Ebert) und Erich Mückenberger, ein farbloser Typ, der häufig seine untergeordneten Funktionen wechseln mußte und es schaffte, als letzter Renommier-Sozialdemokrat unter Erich Honeckers Kommando bis zum Ende des SED-Regimes im Politbüro zu bleiben.

Mit der Stalinisierung der Kader, die 1948 einsetzte, steigerte sich die Hetze gegen die angeblichen Parteifeinde. Reaktionäre, Saboteure, Konterrevolutionäre, Klassenfeinde, Opportunisten, Revisionisten und Schumacher-Agenten saßen angeblich überall. Mit den letzten drei Bezeichnungen beschimpften die Kommunisten ihre „Feinde" aus der Sozialdemokratie.

Als junger Reporter des Berliner Rundfunks nahm ich seit Oktober 1949 an den Tagungen des Schein-Parlaments „Volkskammer" teil, die im ehemaligen Reichsluftfahrtministerium in der Berliner Wilhelmstraße stattfanden. Am 8. Februar 1950 kündigte ein Tagesordnungspunkt die „Beratung und Beschlußfassung eines Gesetzes über die Bildung des Ministeriums für Staatssicherheit" an. Ich war in der Journalistenloge dabei. Der frühere Sozialdemokrat Karl Steinhoff begründete das Gesetz. Er trat als Innenminister der DDR vor die Abgeordneten. Ich hatte bei der Interviewvorbereitung den Eindruck, daß in Gesprächen vor der Tagung, während der Pausen in der Wandelhalle des früheren Amtssitzes von Hitlers Luftwaffenmarschall Hermann Göring die Stimmung gedrückt schien. Steinhoff (seit 1923 SPD-Mitglied, 1933 Vizepräsident der Regierung der Provinz Ostpreußen, 1946 als SED-Spitzenfunktionär Ministerpräsident des Landes Brandenburg) begründete als Innenminister der DDR und Mitglied des Zentralkomitees der SED die Schaffung des Terrorministeriums mit den Worten: „Die hauptsächlichsten Aufgaben dieses Ministeriums werden sein, die volkseigenen Betriebe und Werke, das Verkehrswesen und die volkseigenen Güter vor Anschlägen verbrecherischer Elemente sowie gegen alle Angriffe zu schützen und einen entschiedenen Kampf gegen die Tätigkeit feindlicher Agenturen, Diversanten, Saboteure und Spione zu führen." Dieser hervorragend ausgebildete Jurist (Studium während der Weimarer Republik in Freiburg, München, Königsberg, Berlin und Münster, vor 1933 Landrat und Regierungspräsident), seit 1945 ein führender Sozialdemokrat in der Provinz Brandenburg, gab sich als SED-Spitzenpolitiker dazu her, im „Namen der vaterländischen Interessen aller deutschen Patrioten und der Verantwortung nicht nur für das Wohl und Wehe der Bürger der DDR, sondern gemäß ihrem Auftrag für ganz Deutschland" (so der Originaltext des Innenministers) zu handeln.

Eine neue Geheime Staatspolizei war durch einstimmigen Beschluß des Marionetten-Parlaments geschaffen worden. Auf die Beratung hatte man verzichtet. Der Staatssicherheitsminister hieß Wilhelm Zaisser. Als KPD-Emigrant war er russischer Bürger und hoher Sowjetoffizier geworden. Sein Staatssekretär hieß Erich Mielke, der sich durch die beiden Morde an den Polizeioffizieren Anlauf und Lenk im Jahr 1931 in Berlin qualifiziert hatte.

Es geschah nur wenige Wochen nach der Gründung dieses Ministeriums im gleichen Saal während einer Volkskammertagung. Die westlichen Medien hatten in den Morgenstunden gemeldet, der evangelische Pfarrer Aurel von Jüchen sei in Schwerin verhaftet worden. Von Jüchen war einst als religiöser Sozialist Mitglied der SPD gewesen und strebte nach einer Synthese zwischen Christentum und Sozialismus. Während des Dritten Reiches war er zur Bekennenden Kirche gestoßen und mußte Verfolgungen erdulden. Nach dem Krieg trat er, wie manch anderer evangelischer Geistlicher, in die SPD ein und übernahm das Pfarramt an der barocken Schelfkirche in der mecklenburgischen Landeshauptstadt Schwerin. In einer Kulturgruppe der Freien Deutschen Jugend hatte ich seine Tochter kennengelernt und einiges vom Leben dieses aufrichtigen Christen erfahren. Ich hielt die Nachricht von der Verhaftung für eine „westliche Hetzmeldung". An der Sitzung der DDR-Abgeordnetenkammer nahm ich wieder als Rundfunk-Reporter teil und entschloß mich, dieser vermeintlichen Lüge des Senders RIAS nachzugehen. In der Sitzungspause sprach ich den gleichfalls der SED angehörenden früheren religiösen Sozialisten Karl Kleinschmidt, Dompastor in Schwerin, an. Dieser Geistliche war Vizepräsident des Kulturbundes und saß für dessen Fraktion, die als überparteilich gelten sollte (und in Wahrheit eine Agentur der Staatspartei SED war), im Abgeordnetenhaus. Als ich ihn nach seinem Amtskollegen Aurel von Jüchen befragte, schoß ihm das Blut ins Gesicht. Unsicher und nervös meinte er, von meiner Frage sichtlich unangenehm berührt: „Ja, Pastor von Jüchen wurde verhaftet. Ich weiß nicht von wem und warum. Fragen wir doch den mecklenburgischen Landtagspräsidenten Moltmann, der steht ja da drüben!" Gemeinsam gingen wir zu Carl Moltmann, der vierzig Jahre aktiver Sozialdemokrat gewesen war, bevor er 1946 im Land Mecklenburg „seine" SPD mit der

KPD fusionierte. Ich blickte in ein vom Alkohol gezeichnetes Gesicht. Das war von der politischen Bedeutung her der zweite Mann Mecklenburgs. Meine Frage, warum der in der Landeshauptstadt Schwerin bekannte Geistliche und SED-Genosse von Jüchen verhaftet worden sei, konnte er nicht beantworten. „Ja, mein Junge, Jüchen ist verhaftet worden. Die ,Freunde' haben ihn abgeholt. Näheres über die Gründe ist mir nicht bekannt." Der Funktionär, dem man den reichlichen Genuß der „Pajoks" (sowjetischer Lebensmittelpakete) ansah, die vielen Abgeordneten zu jenem Übergewicht verhalfen, das den hungernden Menschen Abscheu vor den Regierenden einflößte, schien, wie Dompastor Kleinschmidt, begierig auf weitere Informationen. Jetzt gingen wir zu dritt zum Ministerpräsidenten von Mecklenburg. Wilhelm Höcker, ebenfalls ein früherer Sozialdemokrat, war die Frage nach dem Verschwinden des stadtbekannten evangelischen Pfarrers peinlich. „Ich weiß gar nichts. Ein Ministerpräsident erfährt heutzutage immer alles Wichtige zuletzt. Fragen wir doch den Staatssicherheitsminister Zaisser, der liest ja gerade die Zeitung . . ."

Vermutlich war es ein groteskes Bild, wie der junge Reporter (übrigens im blauen Hemd der Freien Deutschen Jugend) mit den drei beleibten Abgeordneten zur Regierungstribüne strebte. Minister Wilhelm Zaisser (Altkommunist, Mitglied des Politbüros der SED) hörte sich meine Frage an, während er die Zeitung zusammenfaltete. „Ja, Jüchen ist von den ,Freunden' verhaftet worden. Sie mußten zugreifen! Er soll unter seinen Konfirmanden gegen die Sowjetunion gehetzt haben. Aber ein genauer Tatbericht liegt mir noch nicht vor . . ." Zum zweitenmal hörte ich in den letzten fünf Minuten die Bestätigung der westlichen Meldung. Zwei führende Genossen der SED wußten von der Einkerkerung eines Pastors, der als religiöser Sozialist, früherer Sozialdemokrat und jetziges SED-Mitglied vom sowjetischen NKWD verhaftet worden war. Denn das angenehm klingende Wort „die Freunde" galt in

Führungskreisen als Synonym für die sowjetische Besatzungs-macht. Dem Journalisten, der zu dieser Zeit noch an den So-zialismus als eine Heilslehre glaubte, kamen erneut Zweifel an der moralischen Qualität dieser hohen Funktionäre. Minister-präsident, Landtagspräsident, Staatssicherheitsminister, sprachen ungerührt von der Verhaftung des Genossen und ließen nicht das geringste Mitempfinden (von Mitleid zu schweigen) spüren, ja bezeichneten die Schergen des fremden Geheimdienstes NKWD als „Freunde".

Es vergingen Jahre, bis ich erfuhr, daß der evangelische Pa-stor von Jüchen von einem Tribunal der Sowjets zu fünfzehn Jahren Zwangsarbeit verurteilt worden war, die er im sibiri-schen Gulag-Lager Workuta verbüßte. Als Grund dafür hat-ten SED-Spitzel einige kritische Gespräche Jüchens mit seinen Konfirmanden über die stalinistische Ausrichtung der „Freien Deutschen Jugend" denunziert.

Es verging nicht mehr viel Zeit und Stalins kalter Krieg gegen seine ehemaligen westlichen Verbündeten verschärfte sich auf bedrohliche Weise. Die „DDR"-Oberen jubelten seit dem Juni 1950, als der nordkoreanische kommunistische Diktator Kim Il Sung Südkorea überfiel. Die SED steigerte ihre Haß-kampagne gegen Bundeskanzler Konrad Adenauer und die Westmächte ungeheuerlich. Es begann trotz des niedrigen Le-bensstandards in der Ostzone eine hektische Aufrüstung. Noch vermied man es, von einer „Volksarmee" zu reden, da-für entstand eine „Kasernierte Volkspolizei", die von einsti-gen Hitler-Generälen ausgebildet wurde. Der Druck auf die Jugendlichen, sich „freiwillig" zum „Ehrendienst bei den be-waffneten Organen" zu melden, wurde unerträglich. Wer stu-dieren wollte oder von einer beruflichen Karriere träumte, mußte die Uniform anziehen. Erich Honecker hatte längst die Maske der „Überparteilichkeit" von der ihm unterstellten „FDJ" abgestreift. Er ließ die Jugend uniformieren, dem blauen Hemd folgte eine dunkelblaue Uniformhose, ein Koppelschloß zum Lederriemen und eine olivgrüne Uniformjacke in der Farbe der Sowjetarmee. Zu Pfingsten 1952 verteilte Honecker persönlich die ersten Gewehre und forderte zum „Sturz der reaktionären Adenauer-Clique an Rhein und Ruhr" auf, „damit Deutschland lebe". Der Jugendführer (inzwischen vierzigjährig) stieg ins Politbüro auf. Jeder sah, daß sein Protektor der SED-Generalsekretär Walter Ulbricht war, der immer aggressivere Bürgerkriegsparolen im Zusammenhang mit Stalins Erwartungen von „revolutionären Veränderungen" im Westen Europas ausgab.

Während die SED alle Formen und Varianten der „bürgerlichen Ideologie" verfluchte und Erich Honecker in der Jugendorganisation einen haßerfüllten Terrorfeldzug gegen die jungen Christen entfesselte, war innerhalb der Staatspartei SED vor allem der „Sozialdemokratismus" zum Hauptfeind erklärt worden. Neben dem Ministerpräsidenten der „DDR" Otto Grotewohl gab es noch zwei prominente Sozialdemokraten in führenden Ämtern. Friedrich Ebert betätigte sich neben seiner Mitwirkung im Politbüro als Oberbürgermeister des infolge kommunistischer Provokationen abgespaltenen östlichen Stadtteils von Berlin. Max Fechner, führender Sozialdemokrat bis 1946, war seit der Bildung der roten Einheitspartei als „Partner" Walter Ulbrichts in die Parteiführung mit dem Titel eines stellvertretenden Vorsitzenden aufgestiegen. Seit 1949 war er Justizminister der „DDR". Als Ulbricht auf dem Dritten Parteitag der SED die entscheidende Führungsposition eines Generalsekretärs des Zentralkomitees der SED übernahm, gab es die Stellvertreterposten der Vorsitzenden Pieck und Grotewohl nicht mehr. Fechner war aus der Führung verdrängt. Als Rundfunkjournalist erlebte ich mehrfach, daß Max Fechner seinem Ministeramt nicht gewachsen war. Er hatte während der Weimarer Republik in der SPD als Fachmann für Kommunalpolitik gegolten, war bis 1933 Mitglied des Preußischen Landtags und wirkte hauptamtlich als Redakteur des kommunalpolitischen SPD-Organs „Die Gemeinde". Bei der Eröffnung eines Volksrichter-Lehrganges an der „Walter-Ulbricht-Akademie für Staat und Recht" erlebte ich Fechner in angetrunkenem Zustand. In unbeschwerter Heiterkeit bekannte er den angehenden Juristen, daß er nie Jura studiert habe. „Ihr seht also, Genossen, wenn ich in unserer Republik Justizminister werden konnte, sind für euch ungeahnte Aufstiegsmöglichkeiten gegeben . . ." Der ehemalige Sozialdemokrat trug indes formal die Verantwortung für zahlreiche Unrechtsprozesse der von der SED gelenkten Justiz. Er ließ die berüchtigten Prozesse gegen Kritiker und „klassenfremde Elemente" zu, die sich in den fünfziger Jahren vor allem mit dem Namen der linientreuen Altkommunistin Hilde Benjamin, Vizepräsidentin des Obersten Gerichtes der DDR, verbanden, die nach seinem Sturz Nachfolgerin im Amt des Justizministers wurde.

Der ehemalige Sozialdemokrat Fechner hatte viele Prozesse gegen seine früheren SPD-Genossen gebilligt und der gnadenlosen stalinistischen Justiz Vorschub geleistet. Als Minister erließ Max Fechner am 5. September 1951 die Rundverfügung Nr. 125 an die ihm unterstehenden Justizverwaltungen, in der er die Bolschewisierung des Rechtswesens unterschrieb. Da heißt es: „Heute wird niemand seiner Gesinnung wegen inhaftiert. Wer unsere antifaschistisch-demokratische Ordnung angreift, begeht eine strafbare Handlung und wird seiner verbrecherischen Taten wegen bestraft. Strafgefangene dieser Art sind keine ‚politischen Gefangenen', sondern kriminelle Verbrecher. Die Bezeichnung dieser Strafgefangenen als politische Häftlinge wird daher untersagt. gez. Fechner."

Als es nach dem Volksaufstand vom 17. Juni 1953 für den Generalsekretär der kommunistischen Einheitspartei Walter Ulbricht buchstäblich ums politische Überleben ging, nachdem Hunderttausende streikende Arbeiter in 272 Städten und Gemeinden freie Wahlen und die Entfernung von Ulbricht und Grotewohl aus der Regierung gefordert hatten, benutzte er die Gelegenheit, seinem einst fusionsbegeisterten Partner in der Parteiführung den Haß des Kommunisten gegen den Sozialdemokraten spüren zu lassen. Um nach der Niederschlagung des Aufstandes durch die Rote Armee die verbitterten und erregten Arbeitermassen zu beruhigen, hatte Max Fechner für das größte Blatt des Landes, dem SED-Zentralorgan, einen Text geschrieben, der in Form eines Interviews den Streikenden mitteilte, sie hätten keine Strafverfolgung zu befürchten. Wörtlich verlautbarte der Justizminister: „Es dürfen nur solche Personen bestraft werden, die sich eines schweren Verbrechens schuldig machten. Andere Personen werden nicht bestraft. Dies trifft auch für die Angehörigen der Streikleitung zu. Das Streikrecht ist verfassungsmäßig garantiert. Die Angehörigen der Streikleitung werden für ihre Tätigkeit als Mitglieder der Streikleitung nicht bestraft. Dabei weise ich auf folgendes hin: Selbst Rädelsführer dürfen nicht auf bloßen Verdacht oder schweren Verdacht hin bestraft werden. Kann ihnen ein Verbrechen nicht nachgewiesen werden, sind keine Beweise vorhanden, erfolgt keine Bestrafung ... Es wird also nicht etwa gegenüber denen, die gestreikt oder demonstriert haben, eine Rachepolitik betrieben."

Nach der Arbeitsstruktur des Politbüros der SED kann ausschließlich der Parteivorsitzende und Ministerpräsident Otto Grotewohl, selbst neben Fechner der führende Sozialdemokrat der Ostzone, die Weisung der Veröffentlichung des Textes gegeben haben. Als Ulbricht, dem Machterhaltung vor Recht ging, Fechner ins Politbüro vorlud, rührte Grotewohl für seinen alten Genossen und Freund keinen Finger. Die Affäre, die an ein Szenarium aus George Orwells „1984" erinnert, wurde Jahre später von Rudolf Herrnstadt dokumentiert. Im Juli 1953 wurde Herrnstadt als Politbüromitglied und Chefredakteur des Parteiblattes „Neues Deutschland" des „Sozialdemokratismus" bezichtigt und als „Parteifeind" aus dem obersten Führungsgremium der SED und dem Zentralkomitee ausgeschlossen. Später erinnerte er sich: „Fechner erschien. Es entwickelte sich eine groteske Diskussion. Fechner verteidigte das Interview im Ton des Erstaunens. Walter Ulbricht, hinter dessen Stuhl Fechner stand, wurde so unruhig, daß er, um Fechner vor Augen zu haben, um den Sitzungstisch herumging und sich hinter meinen Stuhl stellte. Auf die Frage des Genossen Grotewohl, ob er nicht begreife, daß nach diesem Interview auch die faschistischen Verbrecher freigelassen werden müßten, antwortete Fechner bejahend. Walter Ulbricht sagte hinter mir: ‚Ist der Kerl verrückt?‘ Auf die Frage, ob er, Fechner, als er nach dem 17. Juni in einem Thüringer Betrieb auftrat, vielleicht auch dort die Verhafteten freigelassen habe, antwortete Fechner: Wenn er in einen Betrieb fahre, müsse er doch etwas mitbringen. Walter Ulbricht sagte: ‚Der Kerl ist besoffen.‘ Nachdem Fechner das Zimmer verlassen hatte, herrschte allgemeine Empörung. Genosse Judin (Stellvertreter des sowjetischen Hochkommissars Semjonow, D.B.) sprang auf und sagte zitternd vor Erregung: ‚Bei uns in der Sowjetunion gibt man für eine solche Sache zwölf Jahre Zuchthaus.‘ Walter Ulbricht sagte leise etwas zu Zaisser (Minister für Staatssicherheit, D.B.). Zaisser erhob sich und ging hinaus. Ich hatte den Eindruck, daß er den Befehl zur Verhaftung Fechners erteilte.“

Tatsächlich wurde der Justizminister Max Fechner am 15. Juli 1953 durch das Staatssicherheitsministerium verhaftet. Im Tiefbunker zu Berlin-Hohenschönhausen verhörte man Fechner monatelang, vorwiegend in den Nachtstunden. Nach fünfzehn Monaten Kellerhaft war Fechner gebrochen und gestand seine „Verbrechen“ in Formulierungen, die dem Politjargon des kommunistischen Selbstherrschers Ulbricht entsprachen. Das erzwungene Geständnis könnte dem Wörterbuch des Unmenschen entnommen sein. Hier der Originalton Fechners aus den Prozeßakten: „Durch dieses Interview wurden die Richter in der Rechtsprechung verwirrt und kamen zu falschen Urteilen gegenüber den faschistischen Provokateuren ... Durch eine falsche Einschätzung der faschistischen Provokation am 16. und 17. Juni 1953, die einer opportunistischen Einstellung von mir entspringt, kam es zu dieser unverantwortlichen Gewissenlosigkeit und Sorglosigkeit."

Bis zum Prozeß, der nach einem Drehbuch Ulbrichts programmgemäß im Mai 1955 verlief, mußte der ehemalige Justizminister noch zwei Jahre in „Untersuchungshaft" sitzen, durfte seine Frau weder sehen noch mit ihr korrespondieren. Lange vor dem Urteil, vier Wochen nach seiner Verhaftung, redete seine Nachfolgerin, Hilde Benjamin, vor Juristen der „DDR" haßerfüllt und diffamierend über den einstigen Gehilfen Ulbrichts bei der Formung einer bolschewistischen Justiz: „Aus dem Sumpf des Sozialdemokratismus wuchs Fechners berüchtigtes Interview, das den Provokateuren einen Freibrief geben sollte. Solche staatsfeindlichen Elemente wie Fechner konnten ihre Tätigkeit in der Justiz entfalten, weil hier noch opportunistische, versöhnlerische Tendenzen bestanden. Es hat sich anläßlich der faschistischen Provokation deutlich gezeigt, wie gefährlich der Sozialdemokratismus in der Justiz werden kann ..." Der frühere Werkzeugmacher, Sozialdemokrat und lautstarke Befürworter der Sozialistischen Einheitspartei von Stalins und Ulbrichts Gnaden hatte den bitteren Kelch noch nicht bis zur Neige geleert. Im Mai 1955 wurde er zu acht Jahren Zuchthaus verurteilt. Zur fadenscheinigen Begründung der Vernichtung eines einst hochgestellten Sozialisten mußten aberwitzige Argumente dienen. Danach hätte Fechner während der Haft unter den Nazis 1934 im Konzentrationslager Oranienburg mit der Geheimen Staatspolizei Hitlers zusammengearbeitet. Zu den erfundenen Anklagepunkten gehörte auch, daß ihm die SED-Genossen „widernatürliche Unzucht und homosexuelle Delikte" mit Abhängigen vorwarfen.

Als sich die Sowjetunion von einigen mörderischen stalinistischen Praktiken zu lösen begann, mußte Ulbricht seinen Feind vorzeitig aus dem Zuchthaus Brandenburg, wo er in der

Isolier-Zelle saß, entlassen. Seine beiden früheren SED-Genossen Grotewohl und Ebert hatten ihn auf Weisung Ulbrichts zu besuchen und ihm eine hohe Rente in Aussicht zu stellen. Fünf Jahre nach seiner Verhaftung wurde er wieder in die SED aufgenommen. 1966 umarmte ihn Walter Ulbricht öffentlich und vom Fernsehen gefilmt. Der Staatschef tauschte mit ihm gewissermaßen zur Erinnerung an den zwanzigsten Jahrestag des ruhmlosen Endes der mitteldeutschen Sozialdemokratie und der Unterwerfung der Bebel-Partei unter das blutrote Banner Stalins nochmals den „historischen" Händedruck aus, der seit 1946 als Wappensymbol der SED diente. Rehabilitieren ließ der SED-Chef den von ihm gedemütigten Partner jener betrügerischen Fusion von einst nicht. Max Fechner fand seine „Wirkungsstätte" seit dem Verlassen des Zuchthauses vorwiegend im Dorfkrug des Villenvorortes Schöneiche, östlich von Berlin, wo er das politische Ende des spitzbärtigen Tyrannen 1972 noch erlebte. Nach Ulbrichts Entmachtung 1972 durfte Ulbricht im „Neuen Deutschland" lesen, daß sein aufmüpfiger Nachfolger Erich Honecker dem ehemaligen Parteifeind Fechner zum achtzigsten Geburtstag die höchste Auszeichnung der „DDR", den Karl-Marx-Orden, verlieh. Fechner überlebte Ulbricht um ein Jahr, und sein bedeutungsloser Kopf zierte sogar noch eine Briefmarke des „Arbeiter-und-Bauern-Staates" – im Wert von zehn Pfennigen.

Im Zuge seiner moralischen Ausmerzung des Sozialdemokratismus fand Walter Ulbricht nach dem Aufstand vom 17. Juni 1953 auch die Unterstützung des einst prominentesten Sozialdemokraten der SED. Otto Grotewohl war auf der 15. Tagung des Zentralkomitees der Einheitspartei über seinen Justizminister hergefallen und geißelte die Verbindungen seiner Genossen aus der alten SPD zur westdeutschen SPD. Wörtlich forderte er eine „Aktivierung des prinzipiellen Kampfes gegen den Sozialdemokratismus". Die gleichen Töne fanden sich in der „Entschließung" zum Abschluß der Plenartagung des Zentralkomitees wieder, die Haß, Feindschaft und Kampfansage gegen die Sozialdemokraten proklamierte. Vom „reaktionären, arbeiterfeindlichen Charakter des Sozialdemokratismus" war die Rede, den die SED „entlarven" müsse als „imperialistische Agentur der Arbeiterbewegung, der wilde Feindschaft gegen die Sowjetunion predige, den Chauvinismus nähre und die nationalen Interessen mit Füßen trete und eine wichtige Rolle in der Kriegsvorbereitung der amerikanischen Imperialisten spiele ..."

Alle Kritiker der 1953 gescheiterten Ulbricht-Politik seien aus der SED zu entfernen, war die Forderung des Zentralkomitees. Weil ich mich am 17. Juni 1953 mit den rebellierenden Arbeitern auf der Berliner Straße Unter den Linden solidarisch erklärte, wurde ich − noch im Sommer 1953 − aus der SED ausgeschlossen und erhielt Berufsverbot als Redakteur.

Wenige Zeit später erfuhr ich von der Verhaftung meines väterlichen Freundes Karl Steiner und seiner Frau Ilse. Während er als einer der Stellvertreter des Finanzministers wegen der Vergabe von Möbeln aus dem Nazibesitz an ehemalige KZ-Häftlinge vor Ulbrichts Staatsgericht kam, bezichtigte man Ilse Steiner „faschistischer Propaganda". Im zentralen Ausschuß für die Anerkennung der Opfer des Faschismus hatte sie gegen Willi Stoph gestimmt. Der damalige Innenminister, spätere Verteidigungsminister und Ministerpräsident der „DDR" (diese Funktion übte er bis zum November 1989 aus), hatte 1939 als Wehrmachtsangehöriger einen begeisterten Artikel zum Ruhm Adolf Hitlers geschrieben. Ilse und Karl Steiner hatten Ulbricht und seine Führungsgruppe kritisiert, weil viele ehemalige Hitler-Generäle und NSDAP-Mitglieder in der roten Staatspartei zu immer höheren Ehren kamen. So lag zum Beispiel die Ausbildung der Kader für die „DDR"-Armee in den Händen von Hitlers einstigen Generälen Vincenz Müller, Arno von Lenski, Martin Lattmann und Otto Korfes.

Das Ehepaar Ilse und Karl Steiner, die 1933 nach Hitlers Machtergreifung Walter Ulbricht und anderen führenden KPD-Funktionären eine illegale Unterkunft in ihrem Haus gewährt hatten und dafür ins Zuchthaus kamen, erhielten durch Ulbrichts Justiz 1955 wegen angeblicher „neofaschistischer Hetze" wiederum Zuchthausstrafen. Dr. Karl Steiner wurde zu sechs Jahren und sechs Monaten Zuchthaus verurteilt, Ilse Steiner erhielt vier Jahre Haft zudiktiert. Nach ihrer Freilassung sah ich die Eheleute in seelisch gebrochenem Zustand wieder. Das Maß der menschlichen Erniedrigung dieser alten Sozialdemokraten war noch nicht ausgeschöpft. Am 65. Geburtstag von Dr. Karl Steiner erschien der inzwischen zum Staatschef aufgestiegene SED-Führer Ulbricht und verlieh dem von ihm ins Zuchthaus Verbannten nun den „Vaterländischen Verdienstorden". In Wahrheit wurden die Eheleute vom Staatssicherheitsministerium weiter bespitzelt. Als Ulbricht und Honeckers Sbirren mich 1960 verhafteten und ich im Stasi-Tiefbunker von Hohenschönhausen den üblichen Nachtverhören unterworfen wurde, galten die Fragen der Vernehmungsoffiziere immer wieder dem Freundeskreis der Steiners. Wegen der Kritik mancher in früherer Zeit prominenter alter Sozialisten ermittelte der Terrorapparat des Staatssicherheitsdienstes (dessen „Ehrentitel" lautete: „Schild und Schwert der Partei") erneut gegen Ilse und Karl Steiner sowie ihre Freunde. Doch ich hatte dieser höchst dramatischen Lektion zum Erkennen der brutalen Diktatur des Kommunismus nicht mehr bedurft.

Nach meiner Zuchthaushaft verhinderte der Bau der Mauer meine Flucht in den Westen. Ich wollte innerhalb der Diktatur für die freiheitliche Demokratie, für eine menschlich gerechte Ordnung eintreten. Und ich erkannte meine Verantwortung, als Zeitzeuge mit den Mitteln der Publizistik dafür zu sorgen, die geschichtliche Wahrheit zu verbreiten. Angesichts der naiven oder korrumpierten Fellow-traveller-Mentalität vieler westdeutscher Intellektueller entschloß ich mich, als illegaler

Korrespondent der liberalen Hamburger Wochenzeitung „DIE ZEIT" über die Deformationen der sozialistischen Gesellschaft zu berichten. Nach diesem Wirken über fünf Jahre hinweg waren die Spitzel des Ministeriums für Staatssicherheit auf meine Spur gekommen. Ich wurde erneut verhaftet und zu sieben Jahren Zuchthaus verurteilt. Von Minister Mielkes Stasi-Zellen bis zur Zuchthausstation Brandenburg war mein Weg vorgezeichnet, bis ich 1972 gegen Bonner Stasi-Agenten des Stasi-Generals Markus Wolf ausgetauscht wurde, um endlich in der Freiheit für meine Ziele tätig zu werden.

Doch auch nach dem dornenvollen Weg in die Freiheit blieben Enttäuschungen nicht aus. An einem Herbsttag des Jahres 1972 übermittelte mir der Regierende Bürgermeister von Berlin, Klaus Schütz, durch eine verantwortliche Mitarbeiterin seiner Senatskanzlei (die mich als ehemaligen Zuchthäusler beraten und betreuen sollte) eine Botschaft. Seines Erachtens sei es sinnvoller, ich würde meine Zukunft nicht in Berlin, sondern in der Bundesrepublik beginnen. „In Berlin beginnt jetzt die Entspannungspolitik ihre Früchte zu tragen", lautete diese mich überraschende Botschaft. „Sie haben in der ‚DDR' Schwerstes erlebt. Da ist es verständlich, daß Sie in Berlin vermutlich mit vielen Ressentiments beladen, als Journalist dieser neuen Politik nicht dienlich sein könnten." Der prominente Sozialdemokrat, ein enger Freund des Bundeskanzlers Willy Brandt, äußerte zwar Verständnis für meinen Wunsch, vom freien Teil Berlins aus publizistisch zu wirken. Seine guten Wünsche für meine Zukunft würden mich begleiten – aber eben möglichst weit weg von meiner Heimatstadt Berlin, in der ich als Kenner der kommunistischen Diktatur wohl im Sinne hätte, über die SED, ihre Verbrechen und ihre Führer vom Schlage Ulbrichts, Honeckers, Stophs und Mielkes aufklärerisch zu wirken. Im Rundfunk, dem Sender Freies Berlin oder dem Rias und den verschiedensten Zeitungsredaktionen Berlins führten die Apologeten jener Parole, die der frühere Pressesprecher Willy Brandts, der als Staatssekretär der SPD-FDP-Koalition tätige Egon Bahr, schon 1963 formuliert hatte: „Wandel durch Annäherung", das große Wort. Ich selbst bemühte mich dennoch um eine Wirkungsstätte in Berlin. Hanns-Werner Schwarze, Leiter des ZDF-Studios in Berlin, ließ mich abblitzen. Sein Stellvertreter, Hans-Dieter Jaene, sagte mir freundlich: „Sie passen leider nicht zu unserer politischen Konzeption. Gerade jetzt werden wir in unserem Magazin ‚Kennzeichen D‘ für Verständigung und Entspannung gegenüber der ‚DDR‘ und den Ländern des Warschauer Paktes eintreten. Das müssen Sie doch verstehen ..."

H. W. Schwarze, mit dem ich verabredet gewesen war, hatte sich verleugnen lassen. Ihm hatte ich mich am Telefon als langjährigen illegalen DDR-Korrespondenten der Wochenzeitschrift DIE ZEIT vorgestellt und ihm als ersten Beitrag einen Text über die schrecklichen Zustände im DDR-Zuchthaus Brandenburg angeboten, wo ich auf der „Lebenslänglichen Station" mit zwei Mördern in eine Zelle eingesperrt war.

In der Evangelischen Akademie Loccum, die mich als Pressereferenten berufen hatte, war ein politischer Konsens ebenfalls schwer zu erreichen. Die Mehrzahl der Studienleiter stand „links". Meine kritische Haltung zur Bonner Politik der Brandt-Scheel-Regierung, die den Forderungen des DDR-Regimes mehr und mehr nachgab, fand wenig Verständnis. Einer Stasi-Provokation denunziatorischen Charakters (die bezeichnenderweise anonym blieb) gaben die Akademieleitung und die Evangelische Landeskirche Hannover nach und verweigerten mir die Anstellung.

Neben meiner freiberuflichen publizistischen Tätigkeit arbeitete ich von nun an als Dozent in der Erwachsenenbildung zur Thematik der Zeitgeschichte. Immer öfter geschah es, daß mich Bildungseinrichtungen der SPD nach Vorträgen im Rahmen politisch-historischer Seminare als „kalten Krieger",

„Entspannungsgegner" und ähnliches diffamierten. Die geschichtliche Abrechnung mit dem Marxismus-Leninismus war in den siebziger und achtziger Jahren unter dem Dach der SPD nicht erwünscht. Mehr und mehr galten die SED-Genossen bei vielen Sozialdemokraten als sympathische Klassengenossen, gelegentlich auch als Verbündete im „Kampf um den Fortschritt gegen das reaktionäre Bürgertum". Die Forderungen Erich Honeckers nach Anerkennung der Staatsbürgerschaft der DDR oder die Neuregelung der Elbgrenze und die Schließung der Erfassungsstelle von DDR-Gewalttaten in Salzgitter zugunsten der SED-Bedingungen wurden von vielen maßgebenden Sozialdemokraten in wachsendem Maße gebilligt.

Nach der Veröffentlichung einer Rezension des Buches „Über alles in der Welt" von Julika Oldenburg, die nach ihrer Entführung durch die Stasi aus dem westlichen Berlin eine lange Freiheitsstrafe in der DDR verbüßte, steigerten sich Ablehnung und Verleumdung bis hin zur Lüge. Das SPD-Blatt „VORWÄRTS" beschimpfte mich als einen Autor, der „faschistisches" Gedankengut verbreite. Kein schriftlicher Protest an die Redaktion, deren Leiter Verheugen ein von der FDP zur SPD übergetretener Bundestagsabgeordneter war, wurde veröffentlicht. Der „VORWÄRTS" reagierte nicht einmal mit einer Antwort, geschweige einer Entschuldigung. Als ich mich mit dem KURATORIUM UNTEILBARES DEUTSCHLAND in Verbindung setzte, um in dieser angeblich überparteilichen Institution mit meinen Kenntnissen und Erfahrungen einen bescheidenen Beitrag für die Vorbereitung der Wiedervereinigung zu leisten, lehnte der Sozialdemokrat Wilhelm Wolfgang Schütz meine Initiative ab. Auch dieses Gremium sparte unter dem Einfluß hoher SED-Funktionäre nicht mit Annäherungen an die DDR-Positionen. Einen Tiefpunkt der Entwicklung der geradezu grotesken Aufwertung des SED-Machtstaates erlebte ich 1987. Erich Honecker kam in die Bundesrepublik. Im Bertelsmann-Verlag hatte ich in

diesem Jahr die Biographie des DDR-Staatschefs veröffentlicht. Es erschien mir sinnvoll, da ich Honecker aus meiner
Jugendzeit persönlich kannte, ihm meine sachlich-zeitkriti-
sche Studie persönlich zu überreichen. Aber mir erging es
nicht anders als vielen ehemaligen politischen Häftlingen aus
der „DDR". Wir seien nicht erwünscht, hieß es aus der Staats-
kanzlei des Ministerpräsidenten Oskar Lafontaine. Tatsächlich verhinderte die Polizei des Rechtsstaates, daß wir, die
Opfer der kommunistischen Diktatur, ihrem menschenverachtenden, menschenverfolgenden und menschenverkaufen-
den Repräsentanten auf dem Boden der Bundesrepublik
Deutschland ein paar offene und kritische Worte sagen durften.

Abends sah ich dann während der beschämenden Staatsgala
für den Obersten Kommandeur der Mauerschützen im Fernsehen einen euphorisch-begeisterten Journalisten – Hanns-
Werner Schwarze, der einst meine authentischen Impressio-
nen aus Honeckers Kerkern abgelehnt hatte. Dieser ZDF-
Studioleiter aus Berlin durfte nun erstmals sein politisches
Magazin „Kennzeichen D" aus Honeckers Residenz in Ost-
berlin senden. Sozialdemokrat Schwarze sonnte sich in der
Gunst prominenter SED-Kader. Hermann Kant, der als Stasi-
Spitzel seine Schriftsteller-Kollegen jahrelang beschattet
hatte, war sein wichtigster Gesprächspartner. In meinen
Stasi-Akten las ich 1993 Kants denunzierenden Bericht sogar
unter dem eigenen Namen. Neben ihm brillierten SED-Spit-
zenfunktionäre und lobten die Entspannungspolitik, die angeblich den „Frieden sicherer" machte.

Ich ahnte es längst, doch konkrete Beweise hatte ich noch
nicht. 1993 tauchte der Name Hanns-Werner Schwarze in eindeutiger Weise in den Stasi-Akten auf. Nicht mit den Verfolgten, Gedemütigten und von der SED Eingekerkerten hatte
sich H.W. Schwarze solidarisiert. Mit den Schergen und
Schindern hatte sich der ZDF-Studioleiter gemein gemacht,

wenn man den Akten trauen darf. Stasi-Major Jaeckel, von der Hauptabteilung XX/5 des Ministerium für Staatssicherheit, protokollierte schon geraume Zeit vor dem Besuch des SED-Diktators am Rhein: „... als flankierende Maßnahme zum Arbeitstreffen des BRD-Kanzlers mit Genossen Honekker vorgesehen ist, eine Sendung auszustrahlen, die die SPD-Politik der ‚menschlichen Erleichterungen' im Rahmen der Deutschlandpolitik unterstützt. Diese Maßnahmen sind koordiniert und abgesprochen mit der Westberliner Redaktion des ZDF, speziell mit dessen Leiter Schwarze, Hanns-Werner ..."

So hatte sich auf eine absonderliche und von Millionen Sozialdemokraten zweifellos nie geahnte und gewollte Art und Weise die romantisch-idealistische Lösung des alten Liedes realisiert, das verkündet hatte: „Brüder, in eins nun die Hände ..."

HERMANN VON BERG

Positionen der Linken zur nationalen Problematik in Deutschland

Hermann von Berg,

Professor, Dr. sc. oec. et Dr. phil., Jahrgang 1933, Historiker und Wirtschaftswissenschaftler; er lehrte von 1970 bis 1985 an der Berliner Humboldt-Universität. Nach der Untersuchungshaft 1978 wurde sein Wirkungskreis stetig eingeengt; 1985 erhielt er Lehr- und Publikationsverbot; 1986 wurde er entlassen und aus der DDR ausgebürgert.

Von 1987 bis 1990 lehrte er an der Universität Würzburg. Seine ehemaligen Studenten erzwangen im März 1990 seine Rückkehr an die Humboldt-Universität. Seine Lehre legte er dort 1992 aus Protest gegen die alten Kader nieder. Gegenwärtig leitet er Forschungsarbeiten zur DDR-Geschichte und bereitet eine Publikation zum Verhältnis von Politik und Ökonomie vor.

1. Einleitung: Das Spiegel-Manifest von 1978

1977 diktierte ich dem Korrespondenten des Hamburger Nachrichten-Magazins „Der Spiegel", Ulrich Schwarz, meine aus vorher zur Diskussion verbreitet gewesenen Papieren vorgenommene Zusammenfassung einer „Erklärung des Bundes demokratischer Kommunisten Deutschlands" ins Stenogramm. Papiere und Notizen gingen, kaum daß der Redakteur das Haus verlassen hatte, mit: Als Rauch aus dem Schornstein. Die Stasi wunderte sich, daß sie, bei zwei gesetzwidrigen und einer korrekt durchgeführten Haussuchung nichts, aber auch nicht den geringsten Anhaltspunkt eines Beweises fand. Wo ist der Rauch vom vergangenen Tag?

Der Text erschien am 2. und 9. Januar 1978, ohne unser Wissen als „Manifest" bezeichnet, und löste, wie Spiegel-Herausgeber Rudolf Augstein schrieb, „in Ost und West heftige Reaktionen aus".[1]

Ursache dafür war vor allem, daß darin „mit Verve die nationale Frage" wieder aufgeworfen worden war. Die SPD, die für die Mitglieder meiner Widerstandsgruppe die Hoffnung auf Freiheit durch Einheit verkörperte, verhielt sich, als hätten wir nicht die SED, sondern die SPD gebrandmarkt. Die Haltung der SPD war nicht, wie Augstein schrieb, „zwiespältig", sondern eindeutig: Verrat an Sozialdemokraten in der SED. Unmißverständlich zum Ausdruck gebracht wurde dies nicht von drittklassigen Deutschlandpolitikern der Partei, sondern von Herbert Wehner und Egon Bahr gegenüber der Presse und im Deutschen Bundestag. Der Weg der SPD zur prinzipienlosen Kumpanei mit der Sekretärssekte des ZK der SED und deren aktiven Unterstützung bis zur Mitfinanzierung von Mauer, Minen und Stacheldraht am Bundestag vorbei durch Verträge, die Günter Gaus, „Vertreter der DDR bei der Bundesregierung", schloß,[2] kann heute von den Bundes-

tagsdebatten über das „Manifest", das Dialogpapier bis zu
den letzten Versuchen zur Verhinderung der deutschen Einheit durch Lafontaine, Momper und andere verfolgt werden.

Am 22. Dezember 1977, als Gaus mit dem Segen des Kanzlers
Helmut Schmidt mit dem DDR-Unterhändler R. Illgen Briefe
zur Grenzfinanzierung und zur Austricksung der CDU-
Opposition im Bundestag tauschte, diktierte ich den zweiten
Teil unserer Papiere. Illgen und Berg: Konspiration in
Deutschland in zwei sehr schweren Fällen.

Der SPD-Funktionär Kurt Mattick und sein Pressedienst
PPP hatten, neben Franz Josef Strauß, auch noch „Geheim-
dienst und konspirative Kreise" für das „Manifest" verantwortlich gemacht, schließlich „röche es förmlich danach". Ob
die SPD-SED-Desinformanten, Geheimdienstler und Konspi-
rateure ihren eigenen Dreck rochen?

Hellsichtig hielt Augstein vier Wochen nach den geheimen
Finanzierungsabmachungen der SED-SPD fest, daß die SPD,
„nach ihrem Verständnis die gesamtdeutsche Partei", sich auf
dem historischen Holzweg befand und den Gang der inneren
Entwicklung in Deutschlands doppeltem, nationalen wie physischen Überlebensproblem grundfalsch beurteilte: „Eine Politik, die im Namen der Entspannung erwarten würde, daß
unterdrückte Untertanen die Unterdrückung weiterhin
schweigend hinnehmen müßten . . . würde der Selbsttäuschung erliegen, die Rückkehr zu Metternichscher Machtpolitik sei immer noch möglich."

„Fürst Metternich" Bahr scheiterte wie auch die Deutschland-
Politik der FDP: „Beide Regierungsparteien scheinen auf eine
DDR, die von innen her aus eigenen Kräften in Bewegung ge-
rät, nicht vorbereitet." Ein Jahrzehnt nach dieser Diagnose
eines großen deutschen Publizisten begriffen das die realen
und irrealen Sozialisten Deutschlands, die Honfontaines und

die Lafoneckers, noch immer nicht. Dafür begriff es Bundeskanzler Helmut Kohl, der als Oppositionsführer schon 1978 in den „Manifest"-Debatten der SED-SPD-Deutschlandpolitik das Fiasko prophezeit hatte. Er beherrschte schon damals souverän „das deutschlandpolitische Feld", urteilte Augstein seinerzeit bedauernd.

Aus den unverrückbaren Wertvorstellungen des Adenauer-Erben und seinen politischen Prinzipien wuchsen jene in staatsmännischer Weitsicht getroffenen Entscheidungen, die den Historiker Dr. Helmut Kohl zum Kanzler der deutschen Einheit werden ließen. Die Weitsicht Kohls in der Deutschlandpolitik wurde 1978 verhöhnt. Wir sind heute 15 Jahre fortgeschritten. In spätestens wieder 15 Jahren werden selbst die dank marxistisch-sozialistischer Ideologie reaktionär und rückschrittlich Denkenden von der nächsten Generation erfahren, wie zurückgeblieben sie heute sind – falls sich an sie, die Geschichtslosen, überhaupt noch jemand erinnert.

2. Studenten und Staatsfunktionäre im gespaltenen Vaterland

Zwei Jahre nach dem blutig niedergeschlagenen Volksaufstand des 17. Juni 1953 in der DDR, als sich – erstmals im Ostblock – vor allem deutsche Arbeiter gegen die von Stalin oktroyierte „Arbeiter- und Bauernmacht" erhoben und Einheit und Freiheit für ganz Deutschland gefordert hatten, beratschlagten in der Türmerwohnung des Göttinger Johannis-Kirchturms die Jusos Werner Gessler und Hermann von Berg, Hannover und Leipzig, als Vertreter ihrer Universitäten in den gesamtdeutschen Arbeitskreisen darüber, wie sie den Graben zwischen dem Verband Deutscher Studentenschaften im Westen und der Freien Deutschen Jugend (FDJ) im Osten beseitigen und der siegergemäßen Spaltung ihres Vaterlandes mit studentischen Möglichkeiten entgegenwirken könnten.

Sie verabredeten gemeinsame Seminare zur National- und Zeitgeschichte, wechselseitige Besuchsreisen mit Betriebsbesichtigungen, öffentliche Diskussionsabende in Leipzig und Göttingen. Am Ende dieser Initiative stand das erste offizielle Abkommen zwischen der FDJ und dem AStA der Göttinger Universität. Aus dieser Zeit resultieren Bekanntschaften, kameradschaftliche Übereinstimmung und freundschaftliche Verbundenheit zwischen west- und mitteldeutschen Kommilitonen, die sich später oftmals gegen die vier einheitsfeindlichen Siegermächte und die noch gefährlicheren gesamtdeutschen Ersatzrussen bis zur konspirativen Verschwörung zu gemeinsamen Handlungen für unser Land zusammenfanden.

Wir hatten auf beiden Seiten unter den deutschen Intellektuellen zwar nicht zu viele, aber doch genügend patriotisch Denkende und Handelnde aus allen politischen Lagern und allen sozialen Schichten. Ohne sie, die zäh und unnachgiebig das Ihre für ihr Volk taten, hätten die Feinde der Einheit und Freiheit von gestern, die Feinde der inneren Vereinigung von heute, die ANTI-DEUTSCHEN, noch mehr Schaden angerichtet. Bei der studentengemäß nicht ganz trocken abgelaufenen Debatte beschlossen wir als „humanistische Marxisten" die Bekämpfung der „Christlichsozialistischprotestantischspezialdemokratischantifaschistisch deutschen Volksfeindpartei". Den Sarkasmus des etwas knapp geratenen Parteititels hätten wir uns sparen können, nur: Er hat nicht wegen seiner Länge seine Berechtigung, noch heute. Anschließend sangen wir vom Turm zur Ergriffenheit des Göttinger Publikums „Suliko", das Lieblingslied des weisen Führers der Weltfriedensbewegung, des genialen Banditen J. W. Stalin, und ich rezitierte aus dessen Lieblingspoem, dem „Recken im Tigerfell": „Wer nicht handelt, höhnt die Weisheit, sei sein Kopf auch noch so helle . . ."

Meine politischen Erfahrungen als Erstsemestler im Umgang mit dem VDS waren durch das Kriegsende und die Nachkriegszeit geprägt. Der Nationalsozialismus, verkörpert durch die NSDAP, war abgelöst worden vom Internationalsozialismus der KPdSU. Der Führer Hitler wurde durch den Führer Stalin ersetzt. Widerstand und Opposition gegen den braunen Totalitarismus erfuhren beim Widerstand gegen den roten Totalitarismus den Wandel vom national begrenzten KZ in das international unbegrenzte KZ; sie kamen heim in das Reich des Archipel GULAG: Welch ein historischer Fortschritt, welch ein Tag der Befreiung am 8. Mai 1945: Die Wärter wechselten. Die KZ blieben.

Wir Kinder genossen ab sofort die ungeheuerlichen geistigen Fortschritte der Befreiung unseres Volkes in der östlichen Hälfte Deutschlands: Die Prioritäten wurden geändert, der WAHN-SINN gewendet: Die Klasse rangierte ab sofort vor der Rasse. Der Jude war jetzt zunächst einmal ein unproduktiver, schmarotzender Ausbeuter des zinstragenden Kapitals, ein Wucherer, ein Parasit, Blutsauger und deshalb als klassenfeindliches Element zu liquidieren und nicht nur deshalb, weil er multikultiviert, also bastardisiert und deshalb rassisch unrein, folglich elementar verhunzt, demnach ein Volksfeind und Untermensch war.

Der Graf von Gobineau galt als „out", Blanqui als „in", und der plagiatorische Vereiniger beider war Marx, der Geistesheld neben dem durch syphilitischen Schrumpfhirn geschädigten Lenin − überstrahlt vom vierten Klassiker Stalin, der Marx lupenrein praktizierte: Durch die rechtlose, willkürliche Gewalt der Diktatur des Proletariats mittels mörderischen Klassenkampfes hin zum Sozialismus und dessen zweiter, vollkommener Stufe, dem Kommunismus, dem Himmelreich auf Erden. Der Kampf um die Herrschaft des nationalen Sozialismus war abgelöst durch den Kampf um die Weltrevolution des Internationalsozialismus, aber die Bewertung der Nation als tragender Kategorie blieb durch das Pochen auf das Selbstbestimmungsrecht selbst der kleinsten Nation, eingeschlossen des Rechts auf staatliche Lostrennung aus dem sowjetischen Verband, bestehen. Die antideutschen Ersatzrussen nannten ihre Partei schließlich nicht KPDDR, sondern SED und ihr Zentral-Organ „Neues Deutschland".

In diese Einheitspartei waren die Sozialisten aus der alten deutschen SPD willig drängend gestoßen, deren soziale Demokraten hingegen gestoßen worden: Erst höflich, dann brutal. Sie waren jetzt alle zu Internationalsozialisten zwangsqualifiziert, zu „rotlackierten Nazis", wie der Chef der westdeutschen SPD, Kurt Schumacher, sagte, gemacht worden, und der „Sozialdemokratismus" wurde mit geistiger und physischer Gewalt in der SED, der bolschewistischen Partei neuen Typus, ausgerottet: Schließlich ist Sozialdemokratismus im jahrhundertelangen Kampf der Völker erstrittene Geschichts- und Lebenskultur, Gewaltenteilung, Rechtsstaat, Geistespluralismus, kurz: Westideologie und somit alles andere als das, was der reaktionäre, konterrevolutionäre Oktoberputsch der Bolschewisten von 1917 zugunsten einer wiedererrichteten Goldenen Horde, der asiatischen Despotie im Markenzeichen marxistischen Schwachsinns, als historische Sackgasse der Weltgeschichte installiert hatte, indem die Ergebnisse der sozialdemokratischen Februarrevolution von 1917, mit denen Rußland endlich Anschluß an die politische Kultur des Westens gefunden hatte, vernichtet wurden.

Lenin ließ seine führenden Sozis, im Glücksfall bewußtlos gefoltert, auf die Steinbrechmaschinen im Hof seiner Stasi-Zentrale werfen. Sie flossen als Blutschlamm in die Gosse. Für die übrigen, die mit den sonstigen Partei-, Staats- und Friedensfeinden die alten Gefängnisse aus zaristischen Zeiten übervölkerten, ließ er, um der Wohnungsnot der Häftlinge abzuhelfen, KZ installieren zum Zweck der physischen Vernichtung durch kostenlose sibirische Kälte: Kennzeichen des Marxismus ist ökonomisches Denken im Sinne des „Kapital".

Der Bedarf an Lagern war groß. Das sah die Führungsboheme der internationalsozialistischen Arbeiterpartei im Gegensatz zu ihren sonstigen futurologischen Anwandlungen ausnahmsweise sehr richtig. Meine Generation wußte nichts von diesen Tatsachen. Die Lügenzentrale vermittelte uns ihre stalinistische Zentrallüge vom antifaschistischen Widerstandskampf. Ihre Ableger tun das bis heute und, wie man auf den Flachschirmen des deutschen Fernsehens bei allen Flachköpfen sehen kann, mit Erfolg.

„Antifaschismus" hieß für uns nach den niederschmetternden Erfahrungen des verlorenen Krieges zuerst: Nie wieder Krieg, und zwar durch Ausschaltung des kapitalistischen Profitsystems, der angeblich alleinigen materiellen Quelle des Krieges. Und: Der Kapitalismus hatte das Reich zertrümmert, ein Drittel des deutschen Territoriums verspielt, Weltkrieg, Bürgerkrieg, Inflation, Arbeitslosigkeit, Weltwirtschaftskrise, ungeheures physisches und psychisches Elend über unser fleißiges, gutmütiges, politisch leider leicht naives Volk gebracht; also: Weg mit dem Kapitalismus, her mit dem Sozialismus!

Waren nicht sogar die christlichen Sozialisten der Westzone im Ahlener Programm für die sozialistische Planwirtschaft, gegen die kapitalistische Anarchie der Märkte eingetreten?

Bezeichneten nicht bekannte Literaten den Antikommunismus als Grundtorheit unserer Epoche, die multikulturelle Verbrechergesellschaft der UdSSR als höchste Errungenschaft historischen Fortschritts?

Es galt daher: Freiheit, Gleichheit, Brüderlichkeit durch Abschaffung der Marktwirtschaft, Herstellung des wahren, wissenschaftlichen, marxistischen Sozialismus; Gleichheit für den Faulen wie den Fleißigen, den Arbeitsamen wie den sozialen Schmarotzer, für den Klugen wie den Idioten, und die Mafiosi in Politik und Wirtschaft mutieren zu protestantischen Friedensengeln, von der wahren Nächstenliebe, dem Ursozialismus des Christentums und dem atheistischen Marxismus erweicht und geführt.

Wer sollte uns vor diesem Schwachsinn bewahren? Die Sozialdemokraten saßen mit den Renegaten, Revisionisten, Verrätern, Faschisten, Spionen, Agenten, Saboteuren, kurz, allen PROVOKATEUREN und Werwölfen, darunter unsere Altersgruppe der Zwölfjährigen, da, wo sie hingehörten, um zu verhungern, zu erfrieren, bei lebendigem Leibe eiternd zu verfaulen im deutschen GULAG, in den KZ von Buchenwald und Sachsenhausen, im „Gelben Elend" von Bautzen und dem roten Elend außerhalb der Zuchthäuser und Gefängnisse. Doppelt lebe der 8. Mai, der Tag der Befreiung, die Lebenslüge aller deutschen ANTIDEUTSCHEN!

Wir waren als heranwachsende Jugendliche überhaupt nicht in der Lage, Schein und Sein zu trennen, unfähig zur Kritik am geistigen Unrat der „größten Söhne" des deutschen Volkes, Marx und Engels. Wir wußten noch nicht einmal, daß Marx ein stümpernder ökonomischer Autodidakt war, theoretisch schon verrissen von den Nationalökonomen der italienischen Sozialisten. Vor allem aber: Gab die Praxis, das entscheidende Kriterium jeder Theorie, dem himmlischen Generalsekretär und dessen Ersatzreligion nicht recht? Siegte der Sozialismus nicht weltweit in allen alten und neuen Kulturen? Zerbrach nicht der westliche Kolonialismus am Rassenkampf der Dritten Welt? Hatte der Sozialismus nicht die mehrfachen Wachstumsraten des Bruttosozialproduktes des Kapitalismus? Konnte das alles so sein, wenn nicht die Völker hinter dem Marxismus-Leninismus stünden? Hatte der Sozialismus nicht Arbeitslosigkeit, Ausbeutung an Mensch und Natur, Obdachlosigkeit, Unkultur, Prostitution etc. abgeschafft, das Massenelend beseitigt, sein Bildungs- und Gesundheitssystem auf das Wohlergehen der Ärmsten der Armen mustergültig ausgerichtet? Hatte er nicht in der großen,

heiligen, heimatlich vaterländischen sowjetsozialistischen Gesellschaft eben erst- und einmalig die „soziale und nationale"
Frage vorbildlich gelöst; Rassen, Klassen, ethnische Minder-
heiten, Steinzeit und Moderne, multikulturell „auf ewig ver-
bündet", wie es in der Nationalhymne hieß?

Als Jugendliche sahen wir: Der Sozialismus war ein Paradies
mit seiner einheitlichen Ideologie und Sozialstruktur, seiner
logisch geordneten Politik gegenüber der vom inneren
Rassen- und Klassenkampf zerfetzten, von barbarischer Unkultur, von krimineller Geldgier, Menschenverachtung und
Pornographie beherrschten Westgesellschaft. Als deren Muster galten der SED die zionistisch beherrschten USA, die
deutsche Tradition, deutsche Kultur und deutschen Lebens-
stil, vor allem deutschen Leistungswillen untergruben, um aus
Konkurrenzgründen Deutschland auf das Niveau der Dritten
Welt zu deklassieren und letztlich im Kampf gegen die Russen
verbluten zu lassen: Die Multikulturellen West waren sich
einig mit den Multikulturellen Ost, jeder dachte fürsorglich
an „seine Deutschen", denn die marxistischen Sozialisten der
UdSSR wollten stets die „deutsche Frage" so lösen.

Meine geistige Heimat war nach dem kindlich gläubig aufge-
nommenen Nationalsozialismus der jugendlich schwärme-
risch aufgenommene Internationalsozialismus. Weder von
der Form noch vom Inhalt her war die ideelle Umstellung
schwer. Die Sozialdemokraten waren meine politischen
Freunde. Die SED hatte sie integriert. Mein Weltbild war in
Ordnung, meine Generation brannte darauf, aus unserem
zerstörten Land wieder etwas zu machen, und so mischte ich
mich auch politisch ein: Als FDJ-Sekretär organisierte ich die
gesamtdeutschen Wartburgtreffen der Schüler und Studenten
in meiner thüringischen Heimat. Wir trafen uns mit Jusos,
Falken, jungen Christen und Liberalen mit lodernden Fak-
keln nachts am Burschenschaftsdenkmal in Eisenach, sangen
Lützows wilde, verwegene Jagd und rezitierten: Der Gott, der

Eisen wachsen ließ, der wollte keine Knechte. Wir fuhren zu der Reihe von Deutschlandtreffen in Deutschlands Hauptstadt, nach Berlin, und begegneten dort auch zu den Weltfestspielen der Jugend und Studenten Kameraden, Freunden, Genossen aus dem Westen Deutschlands in einer Woge von Enthusiasmus und Idealismus.

Im nationalen Studentenkomitee war ich als Vertreter meiner Universität tätig, und die Studententage und Tagungen des VDS brachten mich immer wieder mit meinen Freunden aus der Bundesrepublik zusammen.

Es war die Zeit der jungen, hoffnungsvollen DDR und ihrer ersten Verfassung, deren Artikel 1 für ganz Deutschland gelten sollte: „Deutschland ist eine unteilbare Republik. Es gibt nur eine deutsche Staatsangehörigkeit." Am Beginn dieser fünfziger Jahre hatte Stalin einen Friedensvertrag, die Neutralisierung Deutschlands und demagogisch „freie" gesamtdeutsche Wahlen vorgeschlagen. Ulbricht zog vereinbarungsgemäß nach und plädierte für einen Gesamtdeutschen Rat und eine Konföderation.

Die auf dem VII. Weltkongreß der Komintern Mitte der dreißiger Jahre für Europa beschlossene Strategie der Einheitsund Volksfront galt außenpolitisch (Potsdamer Abkommen), innerhalb der DDR (Antifa-Block) und innerdeutsch: Die Macht des Kapitals sollte durch Aktionen von unten, in der Einheitsfront von Sozialisten und Sozialdemokraten und durch die Volksfront, in deren breitester Form, der Friedensbewegung, mit verständigungsbereiten bürgerlichen Politikern, Friedensgenerälen und sonstigen „nützlichen Idioten" (SED-Jargon) gebrochen werden, denn: Die Lösung der nationalen Frage setzte die Lösung der sozialen Frage, die Änderung der Gesellschaftsordnung, die Entmachtung des Bürgertums in ganz Deutschland voraus: Einheit ja, aber unter „antifaschistisch-demokratischen" Vorzeichen wie in der

DDR, denn die höchste Form der Demokratie war selbstverständlich die Diktatur des Proletariats.

In den sechziger Jahren bekräftigte die SED in ihrem Parteiprogramm, „unverrückbar an ihrem Ziel, der Wiederherstellung der nationalen Einheit Deutschlands, an der Überwindung der von den imperialistischen Westmächten im Komplott mit dem westdeutschen Monopolkapital vollzogenen Spaltung" festzuhalten. In diesem Sinne schrieb die zweite DDR-Verfassung von 1968 ein Vereinigungsgebot fest. Ulbricht brachte, bis zu seinem erzwungenen Rücktritt 1971, das Wort von den „zwei deutschen Nationen" nicht über die Lippen. Dieses blieb einem gewissen Saarländer vorbehalten, der die DDR ruinierte: Ruhm und Ehre seiner verdienstvollen Leistung!

Meine Arbeit als Abteilungsleiter für internationale Verbindungen im Regierungspresseamt der DDR in der ersten Hälfte der sechziger Jahre schloß sich an meine Studentenjahre nahtlos an wie die spätere Expertenarbeit in der Außenwirtschaft und dem innerdeutschen Handel, seit 1972 als Lehrstuhlleiter an der Sektion Wirtschaftswissenschaften der Humboldt-Universität.

Die Geheimdiplomatie des DDR-Ministerpräsidenten mit den Beauftragten der Erhard-Regierung, der SPD-Führung, dem Senat von Berlin-West, der Regierung der Großen Koalition, der EG machte mir Freude. Passierscheinprobleme, Redneraustausch SPD-SED, Erfurt, Kassel, Grundlagenvertrag, Ost-West-Kooperation waren hochinteressant, eine Vermischung von Theorie und Praxis, für die der anstrengendste Einsatz lohnte. Vollzog sich die EG-Einigung nicht nach dem Modell Deutschlands, nach Theorie und Praxis unseres Ökonomen List? Warum funktionierte sein Modell im Westen, aber nicht im Rat für Gegenseitige Wirtschaftshilfe (RGW)? Warum waren alle Reformen des marxistischen Systems weltweit seit der Neuen Ökonomischen Politik (NÖP) Lenins bis zum Neuen Ökonomischen System (NÖS) Ulbrichts gescheitert? Zufall? Ein halbes Jahrhundert beherrscht vom Zufall? Notwendigkeit? Warum hatten sich verzweifelte deutsche Patrioten, Ziller wie Apel, verantwortlich als Sekretäre im ZK der SED für die DDR-Ökonomie, erschossen aus Protest gegen die Russenmafia? Sollten wir uns auch erschießen oder sollten wir den Widerstand geistig und politisch organisieren?

Meine Studien zu Theorie und Praxis der nationalökonomischen deutschen Schulen, der Entwicklung des ökonomischen Einigungsprozesses über Zollverein, Wirtschafts- und Währungsverbindungen im Deutschland des 19. Jahrhunderts betrieb ich, um herauszufinden, ob die Freiburger Schule der Nationalökonomie unseres Jahrhunderts, ob das von Ludwig Erhard und seinen Mitstreitern gegenüber der DDR so erfolgreich praktizierte Konzept der Sozialen Marktwirtschaft aus den Wurzeln gesicherter Wissenschaft gewachsen war und dieses ihren Erfolg erklärte oder ob es sich lediglich um eine kurzfristig erfolgreiche Wirtschaftspolitik unter spezifischen Nachkriegsbedingungen handelte.

Wachsende Lebenserfahrung stieß mich immer wieder auf die tiefer werdende Kluft zwischen Theorie und Praxis des realen Sozialismus. Bei der Suche nach den politischen Wurzeln der Gegenwart in der Geschichte der sozialistischen, kommunistischen und sozialdemokratischen Bewegung des 19. und 20. Jahrhunderts kam ich – wie in der ökonomischen Theorie und Praxis – zum sarkastischen Schluß: Marx ist „Murx". Folglich: Die Potemkinschen Dörfer mußten abgerissen werden!

Hatten nun aber die Sozialdemokraten eine Lösung konzeptionell und realpolitisch oder war Erhards Position eben doch entscheidend mehr als eine sozial verbrämte effektive Wirtschaftskonzeption, die Umverteilung karitativer Art möglich machte? Entsprach die deutsche Tradition in Ökonomie und Politik, die Verschmelzung der katholischen Soziallehre, der protestantischen Sozialethik mit dem Ideengut der Kathedersozialisten und auch der demokratischen Kommunisten den Anforderungen künftiger politischer und ökonomischer Gesamtentwicklungen Deutschlands?

Waren nicht die SPD und die Gewerkschaften erbitterte Feinde des Konzepts von Ludwig Erhards Sozialer Marktwirtschaft nach dem Zweiten Weltkrieg? Hätten sie nicht ganz Deutschland ökonomisch und politisch so ruiniert wie ihre planwirtschaftlichen Brüder im Osten? War die Sozialdemokratie überhaupt soziale Demokratie oder war sie ein marxistischer Haufen geistig verquaster Wirrwusel, die zwar wußten, wie man Geld verschleudert und funktionstüchtige Volkswirtschaften ruiniert, aber nicht, wie wirtschaftliche Aufbauarbeit geleistet wird?

Probleme über Probleme: Ich organisierte deshalb ab 1972 in der Weiterbildung für Führungskader konspirativ kleine Zirkel, um theoretisch wie politisch zu Lösungen zu kommen: Wer nicht Partei nimmt, verdient nirgends zu wirken. Honecker hatte zu Beginn der siebziger Jahre die Macht übernommen. Er zertrat die nationale Komponente der marxistischen Weltanschauung und die nationale Komponente der SED-Politik, die bis dahin unter Ulbricht modifiziert gegolten hatte, völlig. Die Bereitschaft der Genossen wuchs, politisch gegen den „Abweichler" Honecker zurückzuschlagen, der selbst das Hotel „Deutschland" in Leipzig umbenennen ließ: Er war der personifizierte ANTI-DEUTSCHE Ost geworden.

Aus den kleinen Zirkeln wuchs mit dieser Entwicklung langsam der Bund demokratischer Kommunisten Deutschlands, aus unseren Diskussionspapieren jene von mir zusammengefaßte „Erklärung", die dann als „Spiegel-Manifest" weltweit Furore machte. Sämtliche berufskriminellen Desinformanten der Hauptverwaltung Aufklärung des Ministeriums für Staatssicherheit die geldgierig beim „Spiegel" und anderswo herumwieselten, konnten sagen, wer das „Manifest" endredigiert und „übergeben" hatte − obwohl sich einer von ihnen nicht entblödet, zu behaupten, das MfS habe hier geschrieben. Richtig: Aufgabe des MfS war, was ich in der ersten politischen Aussage des Manifests formuliert hatte: „Weg mit der SED-Diktatur!"

Honeckers Verrat an Deutschland, sein Staatsstreich gegen die Verfassung, vom ZK getragen, bestand darin, daß Deutsche auf Deutsche zu schießen hatten, falls es zum Konflikt der Supermächte käme. Deutschlands Spaltung war die Weltspaltung, war permanente Atomkriegsgefahr, und Honecker hatte die geplanten Atomschläge gegen die Bundesrepublik Deutschland als Vorsitzender des Verteidigungsrates gebilligt. Schon deshalb war es folgerichtig, 1992 unter sozialdemokratischer Justizverwaltung urplötzlich ein Berliner Verfassungsgericht zu schaffen, welches prompt beschloß, ihn laufen zu lassen. Unser Rechtsstaat ist zu einem Rechtsmittelstaat verkommen, in welchem Linksanwälte den Ton angeben.

Taktisch hatten wir in unserer Koordinierungsgruppe festgelegt, gegen Honecker mit den Mitteln des Pamphlets zu operieren, kritische Tatsachen stetig an die Westpresse und Publizistik zu geben und die Übermittlung ausschließlich bei mir zu lassen, in einer Hand, weil ich geeignete Persönlichkeiten der anderen Seite am besten kannte.

So gab ich die Hintergründe und die Wahrheit über Ulbrichts Sturz an das Deutschland-Archiv, die Warnung vor den Killer-Kommandos der Stasi an die Bundesregierung, verteidigte in einem Spiegel-Beitrag Bahro wegen seines persönlichen Mutes, ohne ihn wegen seiner theoretischen Grundschwächen

zu schonen, und so ging es auch nach meiner Untersuchungshaft weiter: Wir gaben nicht auf.

Ich trennte mich dann vom „Bund", weil ich unter andauern-
der, zuletzt offener Überwachung stand und niemanden zusätzlich gefährden wollte. Außerdem konnte ich inzwischen
die sozialdemokratischen Positionen meiner politischen
Freunde nicht mehr teilen, weder theoretisch noch politisch.

Als sie 1982/83 meinten, wir sollten unter Bezugnahme auf
die kritischen Entwicklungen in der sowjetischen Intelligenz
– das Nowosibirsker Manifest enthielt konzeptionell Gorbatschows Reformabsichten – uns gleichfalls nochmals konspirativ zu Wort melden, sagte ich ihnen: „Nein. Ich schreibe
ein grundsätzliches Buch zum ökonomischen Versagen des
Marxismus-Leninismus, konkret am Untersuchungsergebnis
des RGW, der EG und des Marxschen „Kapital" und eine
grundsätzliche politische Abrechnung am Beispiel der Marxschen Hauptthesen und Lenins Scheitern in der Praxis. Dann
hoffe ich, nach fünf Jahren Knast freigekauft zu werden."

Der Grund für meine Haltung lag letztlich begründet in den
Erfahrungen, die wir alle mit der Veröffentlichung des Spie-
gel-Manifests gemacht hatten.

Ich halte die damaligen Vorgänge, rekonstruiert nach drei
großen Debatten im Deutschen Bundestag und dem Echo der
Weltpresse in der aktuellen Auseinandersetzung um die Rolle
der SPD in der Entspannungs- und Deutschlandpolitik für
entscheidend wichtig, weil SED-PDS und SPD heute wieder
Geschichtsverfälschung betreiben. Man muß keine Stasi-
Akten wälzen, um zu wissen, wer wann wo was wie gesagt,
begründet und getan hat.

3. Bundestagsdiskussionen über die sozialdemokratische Opposition in der SED

Es ist falsch, der SPD vorzuwerfen, sie habe mit der Entspannungspolitik, die sie von Kennedy übernommen hat, überhaupt falsche Politik gemacht, nein: Vorwerfen muß man der SPD, daß sie ihr übernommenes Konzept des Wandels durch Annäherung verraten hat, mitten im Fluß die Pferde wechselte und nicht mehr die echte Opposition, die Dissidenten, ja nicht einmal die sozialistische Scheinopposition oder Schattierungen dazwischen, sondern ausschließlich die SS, die Sekretärssekte der KP des Ostens, kooperierend stützte, jene SS, die auf allen Ebenen, unten, mitte, oben, absolutistisch herrschte. Die SPD trieb Metternichsche Status-quo-Politik statt des angekündigten Wandels und gab der SED in ihrer gemeinsamen Kumpanei mit dieser schließlich eine Bestandsgarantie des rotenTotalitarismus. Wann werden die vollständigen Protokolle der Beratungen Eppler-Reinhold veröffentlicht?

Die Diskussionen 1978 im Bundestag machten für uns die politische Wende bestimmter Genossen in der SPD-Führung unübersehbar deutlich. Zwischen der SPD Kurt Schumachers und der SPD Willy Brandts klafften Welten: SED und KPdSU waren in Deutschlands Schicksalsfragen einig mit der SPD.

Zu unserm Pamphlet im „Spiegel" bezogen die Unionsparteien in schärfster Form konträre Positionen gegenüber der SPD[3]. Die CSU und CDU hatten zu Beginn des Jahres 1978 unter mehrfacher Bezugnahme auf das „Manifest" neue Grundsatzpapiere zur Deutschlandpolitik vorgelegt. Die Situation war absurd: Die Mehrzahl von uns war politisch auf Positionen der SPD, man lese den Text des „Manifests". Offen hatten wir eine Volksfront-Politik unter sozial-demokratischer Führung verlangt, zur Herstellung der Einheit Deutschlands, für uns identisch mit der Friedenssicherung.

Kanzler Schmidt nannte uns nun aber – und wir vernahmen es entsetzt – in seiner Regierungserklärung am 19. Januar 1978 „Scharfmacher", und Fraktionschef Wehner und Egon Bahr lieferten Honecker, dem „ND" und der „Prawda" sowie der sonstigen sozialistischen Presse einschließlich des sozialdemokratischen „Vorwärts" das Stichwort gleich dutzendfach: Wir waren PROVOKATEURE.

Wehner wußte aus seiner Moskauer Zeit: Dies war ein Todesurteil. Egon Bahr wußte das auch.

Natürlich wurden sofort alle in Ost und West, die im Verdacht standen, mit dem „Manifest" etwas zu tun zu haben, reihum als Agenten diffamiert – wieder in trauter SPD- und SED-Übereinstimmung. Die SPD betrieb wie die SED im Falle des „Manifests" Desinformation: Das SPD-geführte Bundesministerium für innerdeutsche Beziehungen gab 1979 Reihe II, Band 6 seiner „Texte zur Deutschlandpolitik" heraus. Das „Manifest" wurde darin nicht einmal in einer Fußnote vorgestellt, geschweige denn gedruckt.

Die Antwort des Oppositionsführers Helmut Kohl auf die angeführte Rede des Kanzlers Schmidt wurde schlicht weggelassen, die schärfsten Formulierungen Richard von Weizsäckers aus dessen Rede herausgesäubert, ganz SED-Stil.

Folgerichtig wird auch die entlarvende Provokation Wehners und Bahrs verschwiegen. So wie bei den Desinformanten der Stasi üblich, wird auch kein Verantwortlicher für die Auswahl der Texte aus den Reden im Bundestag genannt, kurz: gesamtdeutsch-sozialistischer Arbeitsstil. Waren es MfS-Mitarbeiter? In den Reihen der Bonner SPD soll daran kein Mangel gewesen sein.

Was unter anderem unterschlug die SPD? Helmut Kohl führte aus: „ . . . Herr Wehner und Herr Bahr bescheinigen den Autoren des Manifests ‚gezielte Provokation' und den Kritikern der SED-Politik ‚Hysterie und Borniertheit' . . ., weil sie den Mund aufmachen, weil sie sich zur Wehr setzen, und weil sie das Ohr der Welt suchen." „Herr Wehner, damit das klar ist: Wenn dies eine Provokation ist, bekenne ich mich zu dieser Provokation. . . . Dies zeigt, Herr Wehner, die ganze Ungeheuerlichkeit Ihres Vorwurfs . . . Es bleibt vor allem − . . . die Sprengkraft der nationalen Frage, es bleibt die wichtige Grundfrage nach der Einheit der deutschen Nation. . . . Das Manifest hat eine ganz wichtige deutsche Realität wieder in das Bewußtsein der Öffentlichkeit gerückt. Das ist die Realität des Fortbestehens der einen deutschen Nation."[4]

Werner Marx erklärte an die Adresse der SPD gewandt: „Sie werden hier mit Tatsachen, mit Wahrnehmungen und Urteilen konfrontiert, die ein von ihnen fabriziertes Bild stören. . . . Ich glaube, daß . . . dieses Manifest wichtige Wahrheiten enthält. Deshalb nenne ich es ein Dokument der Zeitgeschichte. Es wird als solches in der Geschichte seinen Platz behalten."[5]

Bei dem Bericht zur Lage der Nation, den Kanzler Schmidt am 9. März 1978 gab, wurden die totale Fehleinschätzung der SPD über die Entwicklung in der DDR und die nationale Problematik noch deutlicher. Helmut Kohl verwies auf den Autoritätsverfall der SED, den Gärungsprozeß in der DDR-Gesellschaft, die zunehmende innere Destabilisierung des Systems und nannte die SPD-Politik der DDR-Stabilisierung eine „reaktionäre Politik ohne jede Zukunftsperspektive". Er forderte, das „Manifest" als Anlaß zu nehmen, der Deutschlandpolitik wieder „ihren historischen und angemessenen Rang zu geben".[6]

Egon Bahr antwortete Helmut Kohl am 9. März 1978 als Hauptredner seiner Partei: „Soll der Nationalstaat zum unmittelbaren Ziel der deutschen Politik gemacht werden, so jedenfalls will es die CSU ... Der Frieden rangiert vor der Nation." (!)[7]

Die SPD war also eindeutig auf der Linie der kommunistischen Weltfriedenspropaganda: Wer den Sozialismus destabilisiert oder von innen heraus beseitigen will, ist ein Reaktionär, ein Partei-, Staats- und Friedensfeind, denn Sozialismus und Frieden sind identisch. „Sollen die Herstellung der deutschen Einheit und praktische Schritte dazu zum eigentlichen Kriterium der deutschen Außenpolitik werden? ... Herr Kollege Kohl, ich wünsche, daß Sie zu all diesen Fragen ein klares Nein sagen,"[8] so Bahr wörtlich.

Er griff auch den Moderator Fritz Schenk im ZDF-Fernsehrat hart an: Es gehe entschieden zu weit, den Sender zur Unterstützung einer staatsfeindlichen Gruppierung in der DDR zu mißbrauchen, schließlich gebe es keine Einmischung in die inneren Angelegenheiten des anderen deutschen Staates: Die DDR war für die SPD-Gruppe des nationalen Verrates Ausland im Sinne der rechtsfeindlichen, sowjetischen Doktrin!

Man sehe sich an, was die Vertreter der SPD-Politik von damals heute über ihre nach Bundestagsprotokollen, nicht nach Stasi-Akten, zu analysierende Politik zusammenlügen!

Die SPD ist, das ist die historische Wahrheit, mit der SED und der KPdSU gescheitert, denn: Bevor die Kumpanei zur Aufgabe westlicher Freiheitswerte mit der SED begann, blühte die Kumpanei der SPD mit der KPdSU, besonders mit den ärgsten Feinden Deutschlands im Moskauer ZK-Apparat, Falin und Portugalow. Deshalb wollte Prorektor Reinisch Falin 1992 als Professor an der Humboldt-Universität einstellen – die Mafia lebt und wirkt.

Seit 1978 kämpfte diese SPD mit der SED gegen uns, gegen die systemfeindliche Opposition, darunter echte Dissidenten, die theoretisch wie ideologisch mit dem Marxismus und jeder Spielart des Sozialismus gebrochen hatten.

4. Schlußbemerkungen: Gesamtdeutsche Tschekisten

Als die Informationen des MfS der SED-Führung über die Vorgänge zum „Manifest" zusammengefaßt vorlagen und diese sah, daß die Aussprache über den Bericht zur Lage der Nation am 9. März 1978 die dritte Welle der weltweiten Debatte über die nationale Problematik der Deutschen seit Januar 1978 auslösen würde, berieten am Morgen des 8. März 1979 Honecker, Mielke, Hager und Herrmann darüber, wie sie die Position der SPD im Bundestag stärken und der Union entgegenwirken könnten.

Am Morgen dieses 8. März war mir mit allem scheinjuristischen Brimborium in der Stasi-Haftzentrale Hohenschönhausen eröffnet worden: „Sie haben als BND-Agent lebenslänglich erhalten, wir behalten Sie gleich hier."

Am Nachmittag dieses Tages hieß es dann in größter Aufregung: „Die Führung hat anders entschieden. Sie verlesen noch heute abend eine Nachricht von zu Hause aus an einen zuverlässigen Journalisten in West-Berlin, und dann lassen wir Sie im Westfernsehen vorführen. Sie haben jeweils nur zu sagen, was wir Ihnen aufgeschrieben haben." Ich tat ihnen den Gefallen, denn ich wollte die DDR nicht verlassen und auch herausfinden, wieso ich so prompt, nachdem der zweite Teil unserer Papiere im „Spiegel" veröffentlicht worden war, in das Betonloch des Stasi gekommen war.

Alles in allem: Wundersame Wende. Da hatten die Bonzen wie üblich vorab referiert bekommen, was Kohl, Zimmermann, Abelein im Bundestag und der „Spiegel" als nächste Story von sich zu geben gedachten, und schon parierten sie die Angriffe vorab.

Einer der Häuptlinge sah trotzdem schwarz: Der Minister gegen die Sicherheit der DDR, Mielke, der nach volkskämmerlicher Selbstversicherung uns nun wirklich alle liebte, hatte das Ende seiner Karriere und das der SED kommen sehen. Ein halbes Jahr nach den öffentlichen und intern heftig weitergeführten Debatten über das Spiegel-Manifest schickte er am 17. Oktober 1978 an die Leiter seiner Diensteinheiten eine VVS 008 Nr. 71/78[9], in welcher er, ohne das Manifest einmal zu nennen, wie Honecker zuvor in seiner traditionellen Februar-Rede vor den Ersten Kreissekretären der SED, einen Rundumschlag gegen das Manifest führte.

Zuallererst am ausdrucksstärksten und wiederholt beklagte Mielke, daß die ideologischen Angriffe des Feindes konkreter als bisher auf „konspirative Untergrundarbeit" und die Organisierung „innerer Opposition" gerichtet seien.

Der hat wirklich fast alles gemerkt, jawohl: Ich hatte in meiner Zusammenfassung der Diskussionsergebnisse im „Bund" eine wirksame Anleitung zur „Politisch-ideologischen Diversion" gegeben: Unter dem Vorwand, den Feind zu bekämpfen, legal erst einmal Tatsachen vorstellen, ist das etwa mehr als ein harmloses didaktisches Prinzip der Wissensvermittlung?

Wir hatten im zweiten Teil unserer Erklärung die Wandlitzer neben der politischen an ihrer wunden moralischen Stelle getroffen: „Unterprivilegierung der Arbeiterklasse", „Intershop-Sozialismus" etc., kurz, die spießbürgerliche Verkommenheit der marxistischen Moralapostel bloßgestellt, somit öffentlich gemacht, was schon nicht öffentlich als Gift zersetzend, als veröffentlichte Wahrheit nahezu tödlich wirken mußte, und Mielke jammerte nun darüber, aber er dementierte kein Wort! Dafür drohte er, das verstand die Firma: „Solche Elemente müssen die volle Härte unserer Macht zu spüren bekommen – und damit meine ich nicht nur unsere rechtlichen Möglichkeiten."[10]

Ich verspürte einiges von damals bis heute. Inzwischen habe ich im „Operativplan zur moralischen, politischen und wissenschaftlichen Vernichtung des Tal" – infam, hätten sie mich nicht wenigstens Hügel nennen können? – allerhand nachgelesen. Ich habe das zum Teil schon vor Jahren beschrieben, wie etwa das theoretische Organ der SPD die Desinformation des MfS gegen mich publizierte, mir die Stellungnahme dazu verweigerte und dafür dem SED-Blatt „Wahrheit" in Westberlin den vollen Nachdruck der Verleumdungen überließ.

Als mir ein Vertreter unserer Sicherheitsbehörden in Westberlin sagte: „Sie müssen hier ausziehen, links und rechts von Ihnen sind Stasi-Leute eingezogen. Sie müssen Berlin verlassen, wir können für Ihre Sicherheit nicht mehr garantieren. Sie haben für unser Land mehr getan als mancher andere – wollen Sie nicht in die Heimat Ihrer Eltern, ins Fränkische?" – zog ich nach dort, versehen mit der Zusage eines SPD- und eines FDP-Beamten aus dem innerdeutschen Ministerium, daß ein mehrjähriger Forschungsauftrag bewilligt sei, womit ich nunmehr meine Frau beruhigt nachkommen lassen könne.

Als mein Weib daraufhin in der DDR ihren Beruf aufgab, widerriefen die niederen Dienstgrade der sozialliberalen Koalition eben diesen angekündigten Arbeitsvertrag: berufsdeutsche Moral. Immerhin: Franz Josef Strauß und Staatssekretär Dr. Rehlinger machten ihnen einen Strich durch die Rechnung – oder den Auftrag? Diesen Herren Beamten bekam die gesamtdeutsche Wende auch nicht schlecht. Sie wurden ins Innenministerium befördert, und wenn sie nicht gegauckt oder anderswie gestorben sind, so leben sie noch heute.

Und ich? Nun, ich habe zwei Jahre nach der Wende trotz aller gefälschten und vernichteten Akten aus Partei-, Verwaltungs- und MfS-Papieren heraus meine Rehabilitierung durch die wertvollsten alten und neuen Kader der inzwischen mehr berüchtigten als berühmten Humboldt-Universität zu Berlin erzwungen, wo man heute neue Akten genauso manipuliert und fälscht gegen mich und meine politischen Freunde wie gehabt, halt, nein: In neuer, in gesamtdeutscher Aktivität.

Wozu, verehrte Leser, werden Sie nun denken, braucht der Berg eine Rehabilitierung? Ist es nicht ein Hohn, sich von denen, die dafür plädierten, Dissidenten im Betonloch der Stasi verfaulen zu lassen, rehabilitieren zu lassen? Ehrlose Richter über die Ehre?

Recht denken Sie — aber ohne dieses Verfahren könnte ich nach unserem Recht nicht die Aufhebung der in Sippenhaft praktizierten Enteignung meiner Söhne an Haus und Grundstück betreiben, denn: Mich haben Honeckers Schikanen und Niederträchtigkeiten, vollzogen auch vom linken Unrechtsanwalt Vogel, nicht getroffen. Ich fühle mich nicht als Opfer. Mir gegenüber haben Honeckers Stasi-Büttel lediglich ihre Pflicht getan. Nur: Diesen Leuten und ihren Handlangern im Westen verüble ich allerdings, was sie den Schwächsten in der Familie angetan haben — meiner Frau und den Söhnen. Hier werde ich noch Revanche zu nehmen wissen.

Und die neue SPD, die Ost-SPD in der Ex-DDR? Was haben die ganz frischen Genossen uns zu sagen, denen man wegen „Sozialdemokratismus" in SED-Zeiten das Dasein so rosig wie möglich machte?

Im Sommer 1989 rief ich im Deutschlandfunk zur Neugründung der SPD in der DDR auf. Ein solcher Vorgang mußte, falls er eintreten würde, die Gruppe der Dialogisierer in der SPD tödlich treffen.

Steffen Reiche, heute Landesvorsitzender der SPD in Brandenburg, sagte mir später zu meiner Überraschung, er habe den Mitschnitt der Sendung mit zur Gründungsversammlung der Ost-SPD genommen und außerdem seien meine Prognosen über den unvermeidbaren ökonomischen Untergang der DDR und des RGW für seine eigene und für die Orientierung seiner Freunde entscheidend gewesen, offensiv zu handeln. Zwar hätten sie die politische Verkommenheit des Sowjet-Systems seit Wolfgang Leonhards „Die Revolution entläßt ihre Kinder" begriffen gehabt, aber das sozialökonomische System des realen Sozialismus doch für besser als die kapitalistische Ausbeuterei gehalten – bis sie meine Studien lasen.

Meine Hoffnungen auf eine neue, nationalbewußte SPD in der Ex-DDR sind verflogen: Weder geistig noch politisch kommt von hier eine Hoffnung. Wer's nicht glaubt, mag sich die – nach DGB – „Laienspielschar" des Stolpe-Kabinetts in Potsdam ansehen: Sozialisten sind immer gut zum Ruin eines Landes, moralisch wie finanziell.

Anmerkungen

1 Rudolf Augstein, in: DDR. Das Manifest der Opposition. Eine Dokumentation. Fakten, Analysen, Berichte, München 1978, Seite 7, künftig: Sachbuch. Sämtliche nachstehenden Zitate meiner Einleitung finden sich in Augsteins Vorwort, Seite 7 bis 9.

2 „Der Spiegel", vom 26. April 1993, Seite 62 „Devisen für die DDR-Grenze. Wie die sozialliberale Bundesregierung mit der SED kungelte."

3 Am einfachsten zugänglich, aber nicht vollständig, sind die Stellungnahmen der Bundesregierung, der Parteien und die Kernthesen der Diskussionen im Bundestag im Sachbuch, Seiten 107 bis 161; und – ebenfalls mit Einschränkungen – in der Reihe II, Band 6 der „Texte zur Deutschlandpolitik" – herausgegeben vom Bundesministerium für innerdeutsche Beziehungen, Bonn, Dezember 1978; künftig: Texte.

4 Helmut Kohl, Vorsitzender der CDU/CSU-Bundestagsfraktion, Aussprache zur Regierungserklärung von Kanzler Helmut Schmidt am 19. Januar 1978; Sachbuch, Seite 135 ff.

5 Werner Marx, CDU, Sachbuch, Seite 157 ff.

6 Rede Helmut Kohls im Deutschen Bundestag vom 9. März 1978, in: Texte, Seite 134

7 Egon Bahr, Texte, Seite 157, 160

8 Ebenda, Seite 158

9 Die volle Härte unserer Macht, veröffentlicht in „Der Spiegel" vom 26. Februar 1979, Seite 29

10 Ebenda, Seite 31, Geheimrede Mielkes: „Wer haßerfüllt die Hand erhebt", vom 17. Oktober 1978

WOLF DEINERT

„. . . und die Partei hat immer recht!"

Die SED, die SPD und die ausgebürgerte DDR-Opposition

Wolf Deinert,

geboren 1944 in Greifswald, aufgewachsen in Mecklenburg, Dresden, Berlin (DDR). Studierte Biologie, Architektur, Germanistik, Publizistik und Politik. Arbeitete als Laborant, Betonwerker, Maurer, Dreher, Raumgestalter und Architekt.

Wichtigste Veröffentlichungen: Meine Heimat, Roman, Berlin 1981; Wallraff kommt, Hörspiel, SFB 1983; Ein Auto nur 500 Mark, Hörspiel, Rias Berlin 1984; Glikendeel, Hörspiel, NDR 1985; Der Burschu, Hörspiel, BR 1986; Die Flut, Hörspiel, WDR 1987; Das Weihnachtsmonster, Hörspiel, WDR 1987.

1981 Rauriser Literaturpreis, 1984 Ernst-Reuter-Preis, 1985 A. Gryphius-Förderpreis.

„Willy Brandt ans Fenster, Willy Brandt ans Fenster . . . Wie bei seinem einstigen DDR-Besuch die Erfurter, ruft es jetzt die ganze Nation zu den Fenstern des Reichstags empor. Deutschland ist wiedervereinigt, Willy Brandt wieder Bundeskanzler, nicht Kanzler eines Nationalstaates, sondern eines Bundeslandes der Vereinigten Europäischen Staaten. Neben ihm, direkt in die Kameras winkend, Alexander Dubcek, Präsident des neuen Europarats. Hinter ihm Herbert Wehner, und wie würden wir uns wünschen, daß Ernst Reuter und Kurt Schumacher diesen Tag noch erleben könnten!

Die Anstalten aller Mitgliederländer sind zugeschaltet, von Moskau bis Lissabon. Jubel, aufsteigende Friedenstauben, Bratwurststände, Bierzelte, wie Blumensträuße die vielfarbigen Transparente in allen europäischen Sprachen — die Sozialistische Internationale ist die mit Abstand stärkste Partei Europas geworden, und sie feiert jetzt ihre neuen Stimmenzuwächse im wiedervereinigten deutschen Bundesland. Von den Konservativen und den Freidemokraten ist hier und heute keine Repräsentanz zu erkennen. Nur neben dem Brandenburger Tor steht eine kleine, heftig gestikulierende Gruppe, man sieht altbekannte Symbole, wie Hammer, Sichel und Hakenkreuz, die letzten Stalinisten haben sich wieder mit den übriggebliebenen Nazis zusammengetan, sie skandieren haßerfüllte Parolen gegen den vereinigten europäischen Staatenbund, aber kaum jemand beachtet sie, nur für ein paar amerikanische Festbesucher sind sie willkommen für ein paar exotische Polaroids . . .

Wir sehen aufregende Bilder zu den Kommentaren der Fernsehreporter. Deutschland ist wiedervereinigt als europäisches Bundesland in einem sozialdemokratisch geprägten Europa. Vor dem europäischen Gerichtshof in Den Haag haben sich die letzten Diktatoren der einst stalinistischen Länder wegen Verbrechen am Völkerrecht zu verantworten: Breschnew, Husak, Shiwkow, Enver Hodscha und Ceaucescu mit ihren

*Clans; aus der ehemaligen DDR sind es Erich Honecker,
Mielke und seine ihm hörigen Stasi-Generale. Die osteuropä-
ischen Oppositionellen und die mit ihnen solidarisch koope-
rierende Sozialistische Internationale hatten die friedliche
Wende im Osten Europas herbeigeführt. Ihre unermüdliche
Einsatzbereitschaft für die Überwindung des Stalinismus be-
scherte den europäischen Sozialdemokraten atemberaubende
Stimmengewinne, so daß sie heute mit absoluter Mehrheit in
Europa regierten."*

So etwa stellten wir jungen Sozialdemokraten in Dresden uns
1969 nach dem Sturz des Prager Frühlings die europäische
Wende der Zukunft vor. Wir studierten in Dresden an der
Technischen Universität, aus unterschiedlicher Motivation.
Ich im Baufach, da die SED mir kein anderes Studium mehr
zugestand, um ideologischen Schaden vorab zu vermeiden.

Wir waren ein lockerer Zusammenschluß von etwa zwölf bis
fünfzehn Studenten, die sich nicht nur in dieser Vision eines
künftigen Europas, sondern auch von der zentralen Führungsrolle der Sozialdemokratie bei der Herbeiführung der
politischen Wende bestätigt sahen. Wir lasen George Orwells
„1984" und Wolfgang Leonhards „Die Revolution entläßt
ihre Kinder".

Besitz und Verbreitung dieser Ketzereien waren, wie viele
andere stalinismuskritische Schriften, streng verboten. Wir
diskutierten den Totalitarismus des Orwell-Staates, da die
Parallelen unseres „Realsoz" mit Orwells „Engsoz" immer
deutlicher wurden: Die schrittweise Verwandlung unserer
Sprache ins „Gutdenk"-Deutsch, die vielfältigen Haßübun-
gen, das Schema des Dualismus der Führungspartei als der inneren, elitären und der äußeren, vulgären Partei entsprachen
dem stalinistischen von Nomenklatura und Parteiproleten,
aber auch dem faschistischen von Goldfasanen und den PGs
der Straße; das übermächtige Wahrheitsministerium war un-

ser Ministerium für Staatssicherheit, das uns auf Schritt und Tritt im Auge behielt und uns alle schließlich, wie im Engsoz-Staat, in ein schwarz-weißes Freund-Feind-Schema brachte.

Das Stasi-Deutsch nannte den im SED-Doppeldenk geübten staatsfrommen Gutdenkbürger positives Element. Nur Beinamen wie diese ermöglichten die Karrieresprünge, die in das Leben der Kaderregionen der realsozialistischen Gesellschaft führten. Für jene Versprengten wie uns, die sich gegen die ständige Gehirnwäsche zu behaupten versuchten, war die Stasisprache innovativer. Die einfach nur Ungehorsamen wurden als negative Elemente gebrandmarkt, was darüber hinausging, wurde in den Stasiakten im Komparativ zu feindlich-negativ und gar zu feindlich gesteigert.

Wie einst Wolfgang Leonhard waren wir trotz aller Kritik anfangs noch utopiegläubig. Der Sozialismus, so meinten wir, war vom demokratischen Gleis abgewichen. Schuld daran waren Hitler und Stalin, die die sozialistischen Utopien für ihre totalitären Herrschaftszwecke mißbrauchten. Es galt also, das richtige Gleis zu finden. In meiner Umgebung gab es allenthalben linke Ungutdenker, die in dem DDR-Realsoz nicht mehr den aufgehenden Sonnenschein sehen konnten, wie er auf den Emblemen der Freien Deutschen Jugend zum Ausdruck kam.

Die Mehrheit von denen, die mir begegneten, suchten nach dem Idealsoz, der idealen KP, der demokratischen Diktatur, wie etwa der zu den Philosophen übergewechselte Chemiker Robert Havemann, der in Wolf Biermann bald seinen populärsten Propagandisten bekam. Beide kamen aus altkommunistischem Ambiente, sie kehrten gewissermaßen zu den Wurzeln, zum Urmarx zurück. (Später haben wir ihn noch einmal in ähnlich elitärer Version von Rudi Bahro bekommen, dessen DDR-Analyse „Die Alternative" allerdings nicht nur für uns, sondern auch für die meisten westlichen Medien beeindrukkend war. Für uns beeindruckend genug, daß wir im Westteil Berlins mit verschiedenen linken Büros, Initiativen und Gruppen einen Bahro-Kongreß organisierten, um ihn aus der Haft freizubekommen, eine weitere feindlich-negative Aktivität, die die Stasi-Akteien akribisch aufzeichneten.)

Ich wußte in großväterlicher Tradition ebenfalls sozialistische Glückssucher, denn Großvater schwor auf August Bebel, den VORWÄRTS und die Mehrparteiendemokratie, in der die Sozialdemokraten eines Tages in ferner Zukunft das aufgeklärte Volk durch die Klassenversöhnung zum sozialistischen Paradiese, selbstverständlich dem demokratisch verfaßten, führten. Solche Wässer der Aufklärung tränkten das in der DDR schnellwachsende Gras.

Kein Wunder, daß ich trotz aller Erfahrungen glaubte, über den Journalismus Aufklärung zu erhalten und weiterzugeben. Vor allem auch deshalb wollte ich in Leipzig Journalistik studieren. Nur so kann ich mir meinen Heldenmut des Unbedarften erklären – mit dem ich den SED-Eintritt verweigerte. Opas „besserer Sozialismus" stärkte meine Abneigung gegen die Partei mit 19 Jahren so immens, daß ich auch auf die Idee hätte kommen können, einen Eintritt mit Unterwanderungsabsichten zu beginnen.

So hatte ich das Visier zu früh heruntergeklappt. Die Realsoz-Partei verzieh mit Mühe noch Indifferenz. Ablehnung verzieh sie nicht. Mein Journalismusstudium erledigte sich. Mit meinem sozialdemokratischen Spleen war ich bei meinen Klassenkameraden, Freunden und Freundinnen der Einäugige unter den Blinden: Bürgerrechtler waren weit und breit nicht in Sicht, die realsozialistischen Ungutdenker schimpften in ihren vier Wänden und ballten die Faust in der Tasche.

Die ersten Westjusos traf ich 1964 beim Deutschlandtreffen. Ich fühlte mich sofort wie zu Hause. Die jungen Sozialdemokraten aus den sechziger Jahren waren streitbare politische Gegner des vorsorglich geschulten versammelten FDJ-Aufgebots.

Sie argumentierten klar in der Sache und ließen keinen Zweifel daran erkennen, daß Demokratie und Sozialismus zusammengehörten. Ohne sich vornehm zurückzuhalten, mahnten sie bei den Gastgebern die Respektierung der demokratischen Freiheiten an und wiesen deren Dauerverletzungen als Ergebnis der Führungsrolle nach, die sich die Einheitssozialisten nach sowjetischem Muster zugelegt hatten.

Hier, in dieser Sozialdemokratie, war entwickelt worden, was wir Zwanzigjährigen als Alternative zur SED-Herrschaft suchten! Ich verliebte mich sogar in eine der streitbaren Frauen, deren Wirkung so nachhaltig war, daß ich zwei Jahre später, als ich vor dem Kreisgericht Frankfurt/Oder stand, allen Ernstes vor dem Gericht die Einführung eines demokratischen Sozialismus à la SDS (die 68er Hauptkraft, der Sozialistische Deutsche Studentenbund!) zur Lösung des Republikfluchtproblems propagierte.

Ich hatte ja nichts weiter verbrochen, als einen SED-Eintritt abgelehnt, und glaubte, als die SED mir nun ihrerseits das Studium verwehrte, Planspiele denken zu können. Nur war hier kein Forum des Deutschlandtreffens, hier saßen die Richter der SED, und Reden vom „demokratischen Sozialismus" bei einem eigenen Untertanen *(der sein Ohr der falschen Seite geliehen und als DDR-Bürger dem Klassenfeind auf den Leim gegangen war!!)* wirkten auf sie wie ein rotes Tuch auf eine Versammlung von Kampfstieren. Die Lautstärke, mit denen mich Anklagevertretung und Richterin angingen, hätte für einen weit größeren Saal ausgereicht. Trotzdem glaubte ich immer noch an Bewährung und wurde erstmals auf den Boden der Tatsachen gebracht, als mir die Richterin eine Haftstrafe von zwei Jahren und zwei Monaten angedeihen ließ. *(Heute wird sie vom Bundesfinanzminister wie alle ihre anderen Kollegen für ihre Untaten eine fette Pension bekommen.)*

Die Nachforschungen meiner neuen sozialdemokratischen Freunde nach mir verliefen im Sande. Nach der Haft wurde ich zur „Bewährung" zum Sandschippen in das kleine Odernest Schwedt verfrachtet und blieb dort erst einmal verschollen.

Die SED genehmigte mir immerhin noch „Möglichkeiten der Weiterqualifikation", allerdings nur dort, wo ich „keinen politischen Schaden mehr anrichten konnte". Als Sandschipper hatte ich mich zum Maurer „qualifiziert", und unter strengsten Auflagen und einem eigens für mich geschaffenen „Erziehungsplan" (ausgeheckt von der Stasi und namhaften Parteiprofessoren, die heute noch an der Technischen Universität Dresden in Amt und Würden sind), konnte ich an der TU Dresden im „Tal der Ahnungslosen" Architektur studieren.

Im Juni, als ich meine Zulassung erhielt, war der berühmte Silberstreif am Horizont aufgetaucht. Alexander Dubcek hatte den Sozialismus mit menschlichem Antlitz verkündet. Der Prager Frühling stand in voller Blüte, von Dresden aus waren es in die ČSSR nicht mehr als sechzig Autominuten.

Zum ersten Mal schien im Ostblock ein demokratischer Sozialismus realisierbar zu sein, und ich beschloß, mir während des Studiums in dem hoffnungsvollen Nachbarland ein zweites Standbein zu schaffen, um den demokratischen Reformen auch im linientreuen Sachsen die berühmten Nischen für Veränderungen einzurichten.

Ich verließ die Wohnschlafstadt Schwedt und ging nach Dresden.

Der schwarze 28. August fuhr wie ein Sandsturm auf uns nieder. Der demokratische Sozialismus der Prager Reformer war von sowjetischen und ostdeutschen Panzern niedergewalzt. Die tschechische Armee blieb in ihren Kasernen. Die Reformer-Regierung unterschrieb in Moskau ihre vollständige Kapitulation. Der Westen protestierte mit matten Sprüchen. Für uns hieß es: Die nächsten zwanzig Jahre wird sich in der DDR nichts mehr ändern. Es hieß vor allem: Solange der sowjetische Gendarm nicht abgeschafft ist, wird es niemals in Osteuropa eine Weiterentwicklung des Stalinismus zum demokratischen Sozialismus geben. Die Kalten Krieger der SED triumphierten! Jegliche demokratische Opposition war zerschmettert. Nunmehr würden Stasi und Diktatur der Parteiapparatschiks für ewige Zeiten unangefochten bleiben.

Gleich nach Studienantritt wurden sämtliche Studenten in die Aula zitiert. Dort wurden sie einzeln nach vorne gerufen. Vorbereitete Listen lagen ihnen vor, in denen sie die Intervention mit ihrer Unterschrift als „Beistandsaktion" gutheißen mußten. Die sich weigerten *(es gab sie tatsächlich!!)* wurden umgehend relegiert. Ich unterschrieb ebenfalls, schließlich hatten auch Dubcek und seine Getreuen in Moskau ihre Niederlage zu Papier bringen müssen. Nur nicht noch einmal ins offene Messer laufen. Wie viele andere hoffte ich, daß die Zeit uns eine Chance geben würde.

1973 hatte ich mein Studium abgeschlossen und wohnte in Ostberlin. Die SED war auf Kurs geblieben und schien stark wie nie zuvor. Nun konnte sie sich wieder eine Politsupershow, die Weltjugendfestspiele, leisten. *(In den „Wunderbaren Jahren" beschrieb Rainer Kunze, wie die zu internationalem Ansehen gelangte Staatspartei unwillkommene Diskutanten vorsorglich vorab aus den Zügen entfernte oder mit Aufenthaltsverboten blockierte!)* Dieses Mal war eine völlig neue Generation von Jusos aus der Bundesrepublik angereist. Sie schienen vorab von unseren AGIT-PROPLERN einen

Sonderkurs unseres FDJ-Lehrjahres verpaßt bekommen zu haben. Auf dem Alexanderplatz hielten sie sich immer im Schirm ihrer Stasiaufpasser auf, und wenn wir sie zu Diskussionen mit Dissidenten einluden, schützten sie stets andere Termine vor. In Diskussionen war es sogar so, daß sie uns vermeintlichen *„antikommunistischen Störern"* (derart hatte die Stasi die jungsozialistischen Blaustrümpfe vorgewarnt) unsere „unsachlichen Angriffe" verbaten und uns – doch, tatsächlich – über die Errungenschaften unseres Staates gegenüber der westlichen „Scheindemokratie" aufklären wollten.

Ganz anders dagegen die „Junge Union". Anscheinend hatten sie ihre Prätorianergarde nach Berlin (Ost) gesandt. Um die 1,80- bis 1,90-Meter-Kerls, die mit gelben T-Shirts und großem Aufdruck „JU" die Diskutanten wie Bienen an sich zogen, Flugblätter verteilten, mit politischen Frechheiten glänzten, für die wir mindestens drei Jahre nach Cottbus oder Rummeline (Haftanstalt Rummelsburg) gegangen wären.

Sie hatten keine Berührungsängste. Abends waren sie in meiner Bruchbude, Prenzelberg, Choriner Straße; Hinterhaus, 4. Stock; Stube/Küche und Außenklo, die Bude war rappelvoll, wir stärkten uns mit Flaschenbier, Marke „Berliner Pils", und diskutierten bis früh um fünf. Einer von ihnen ist heute im Rheinland ein bekannter Politiker und schreibt mir noch Weihnachtskarten.

Die immer bedrohlicheren Stasi-Aktivitäten und das Wegbröckeln meines Freundeskreises ließen mir den Seitenwechsel ins andere Berlin als letzte Alternative offen, die „Flucht". Den Edelkommunismus des Havemann-Kreises hielt ich für utopisch. Wer hätte wohl die Honeckermannschaft mit Appellen erziehen wollen? Wer hätte jene zu demokratischen Veränderungen bewegen wollen, die die Panzeraktionen in Prag 68 am meisten bejubelten? Hätte Wolf Biermann sich nicht zu seinem internationalen Propagandisten gemacht, wäre Havemann, wie Rudolf Bahro, als eins von vielen kaum bekannten Gliedern in der langen Kette deutscher Utopier verblieben.

Bleiben oder gehen? Ein Zurück gab es nicht. Die Stasi-Apartheid sorgte dafür, daß ein Überschreiten des Rubikons ein Abschied für immer war. Warum konnte sie das? Warum waren die davongehenden Gedemütigten und Gedrückten für immer stumm? Als Bismarck einst seine Sozialistengesetze erließ, entwickelten die Sozialdemokraten ein Netz von Auslandsorganisationen, das mit den im Lande verbliebenen solidarisch verbunden war. Vielleicht belog uns die Stasi auch, und es gab aus dem zweiten Teil Deutschlands heraus weitaus mehr Möglichkeiten der Rückwirkung, als wir im Lande, einzeln und isoliert, erfahren konnten?

Also erst einmal, noch einmal, „die Flucht".

Sie mißlang, aber ihr Mißlingen bescherte uns eine der kuriosesten Erfahrungen in einer deutschen Tradition, die erstmals Schillers „Kabale und Liebe" an die deutsche Öffentlichkeit brachte: Den Verkauf von eigenen Landeskindern. Die deutschen Feudalabsolutisten verkauften sie als Soldaten an die Engländer gegen die amerikanischen Unabhängigkeitsbewegungen, die Nationalsozialisten verkauften sie als minderwertige Juden an amerikanische und westeuropäische Hilfsfonds und die deutschen Realsozialisten verscheuerten *negative Elemente* an die deutsche Bundesregierung.

Fliehende und Protestler, Neomarxisten und Friedensbewegte, Schreihälse und Schauspieler, abgehalfterte Funktionäre und enttäuschte SEDler, Arbeiter und Professoren fanden sich nach verschlungenen Wegen in den Zellentrakten der Trauerstadt Cottbus zusammen und fraßen Graupen- und Kohlrübensuppe aus denselben Plastikschüsseln, bestimmt,

245

für harte Valuta vom Klassenfeind noch letzte Erträge zu bringen.

In der berüchtigten „lebenden Bank" fanden die ersten Metamorphosen der zukünftigen Bundesbürger statt. Alle früheren Ansprüche wurden eingeebnet, aus den Professoren, Ärzten, Schauspielern und Dichtern wurden Kameraentgrater und Buchsendreher, Bohrer und Fräser, Stanzer, Küchenhengste, wurde stinknormales deutsches Proletariat, das nach der Wechselschicht und vielfältigen Appellen froh war, wenn es ein bißchen fernsehen und diskutieren konnte, und einmal im Monat die in der Mumpe (wie die Kellerzellen auch hießen) vom halbverhungerten Schriftsteller Siegmar Faust hergestellte Knastzeitung „ARMES DEUTSCHLAND" mit dem Siegel der Verschwiegenheit in die Hände bekam.

Das neue Proletariat, größtenteils mit Universitätsabschlüssen, entwickelte sich schnell zu einer Parodie auf die bundesrepublikanische repräsentative Demokratie. Die Parteien schossen wie Pilze aus dem emsig gebohnerten Knastboden, anarchisch noch, ohne Statuten und Behördenkram, ohne Schatzmeister und Bürokratie. Es waren keine Neugründungen: Hier war schon „BRD" (und was jetzt noch DDR hieß, würde es irgendwann auch noch werden), und man war, bevor man „dort" war, eigentlich schon „da", also zugehörig.

Die überwältigende Anzahl der „Neuproletarier" hielt es mit der CDU. Einigen war diese zu lasch, für sie war Franz Josef der richtige Mann (wenn sie von seinen Gschaftlhubereien mit dem Schalck gewußt hätten)! Ein paar Maoisten waren auch auszumachen, ein paar FDPler und wir sieben oder acht Sozialdemokraten.

Wie entstanden unsere „Parteien"? Ganz einfach: Wir waren etwa 43 Häftlinge in einer Zelle. 43 Personen in einem Raum. Unmöglich? Und ob das geht! Nehmt einen großen Raum, circa 40 Quadratmeter, stellt an die Wände Dreistockfeldbetten und immer so, daß zwei zusammenstehen, dann ergibt ein solcher Block schon sechs. Das Ganze fünfmal und schon habt ihr dreißig Mann. Muß ich noch weiterreden? Tut in die Mitte ein paar Tische, für jeden zweiten einen Stuhl. Von dem Ganzen wird abgeteilt ein winziger Raum mit einer Toilette und zwei Waschbecken drin, dann habt ihr schon einen proletarischen Mikrokosmos, wie man ihn vielleicht aus den Nachtasylen des neunzehnten Jahrhunderts in Gorkis Erzählungen kennt.

Unsere Zelle war eine der größten. In die Nachbarzellen waren vier bis zwanzig Personen gepfercht. Das ganze Spektrum der Belegungsmöglichkeiten war also vertreten. Da braucht es keine Bürokratie. Das zweite Deutschland war zwar noch unerlebt, doch auch kein Nirwana mehr. Jeder hatte etwas erfühlt, erhört, etwas gesehen, hatte dort vielleicht auch Verwandte. Ein bißchen Geschichte, TV-Bundestagsreden live – wer fühlte sich nicht zu der einen oder anderen Partei hingezogen?

Wozu, zum Kuckuck, brauchte es da noch eine Bürokratie?

Wir waren, obwohl SED-Gegner, „Produkte der DDR". Also nicht unbeeinflußt von ihrer jahrzehntelangen Gehirnwäsche, ihren stumpfsinnigen Rechts/Links-Schemata und ihrem Informationsmonopol. Den Uniabsolventen hatte die SED in ihren vielfältigen Rotlichtkursen ihre Taktik und Strategie gegenüber den bürgerlichen Parteien ans unwillige Herz gelegt.

Die Rechten; die antikommunistischen Feinde, Strauß, Kohl, CDU/CSU; wer wußte schon damals um die Schaumschlägerei für das nach Engsozart in Unwissenheit zu haltende Volk! Bald würden Politbüromitglieder und konservative Politiker in Geheimgesprächen über die Deutsche Konföderation diskutieren, die Anerkennung der deutschen Teilung garantieren und die SED in die Pflicht nehmen, ihre Führungsrolle aufzugeben. Auch dafür war die SED-Planung fix und fertig: Sie würde im konföderierten Staatenverbund in ihrer Hemisphäre ja selber die Oppositionsparteien gründen! (Siehe Der Spiegel 15/1993, S. 108, 109.) Im Gegenzug die „Kräfte der Vernunft" in der opportunistischen SPD. Die „Taktik der Arbeiterklasse", hatten wir alle gelernt, gebot eine Doppelstrategie gegenüber dieser Verräterpartei: In der „BRD" ist sie gegen die „Rechten" zu unterstützen, in den „eigenen Reihen" bekämpfte man sie, als sei sie der Teufel selbst.

Das ließ sie uns in strahlendem Lichte erscheinen: Die SPD war die sozialistische Alternative zum Stalinismus. Das war die Auflösung der Diktatur. Das war der politische Tod der Nomenklatura. Das war der Untergang ihrer wirtschaftlichen Macht: der Planwirtschaft.

Da es noch keine Republikaner oder Neonazi-Parteien im zukünftigenWestländle gab (die NPD war für die Rechtslastigen als Rentnergang indiskutabel!), „fühlte" also jeder Häftling, der es der SED „heimzahlen" wollte, instinktiv „CDU". Natürlich war hier jede Spielart des Sozialismus verdächtig, auch der „demokratische", und wer SPD „fühlte", wurde mit der Qualifikation des politisch Unzurechnungsfähigen, mit dem Stigma der „Roten Socke" bedacht.

Es gab heftige Rededuelle, fast wie im Bundestag, aber keine echten Feindseligkeiten. Natürlich wußte die „CDU", daß die „SPD" dieselben Verfolgungen von den SED-„Organen" erlitten hatte und von den „Erzieher"-Offizieren noch argwöhnischer beobachtet wurde als sie. Sie genossen ganz einfach ihre Majorität, denn in Bonn waren sie noch nicht Regierungspartei!

Es gab auch drei oder vier Vertreter der „FDP". Sie glichen in der Tat haargenau jenen, die wir später in freier Wildbahn erleben konnten: Sie waren ständig bereit, in dieser oder jener Position die Fronten zu wechseln, wenn sich die Gesamtbilanz dadurch für sie positiv änderte. Sie waren potentielle Graf Lambsdorffs und Möllemanns.

Auch die soziale Zusammensetzung ähnelte den großen Brüdern. Zur SPD neigten vor allem soziale Berufe, sozial engagierte Wissenschaftler und enttäuschte SED-Bonzen, zur CDU die Humanmediziner und Zahnärzte und zur FDP diejenigen, die aus den mittelständischen Bereichen heraus hofften, schneller in irgendwelche Positionen zu kommen.

Nahezu alle vierzehn Tage ertönte nachts durch die Räume der Gefängnisgebäude lautes Johlen, Geklapper, Pfeifen und Rufen, durchbrochen von dem Rasseln von Riegeln geöffneter Zellentüren. „Transport", „Transport!"

„Transport", das war das geheimnisvolle Schlüsselwort dieser besonderen Haftanstalt, Transport hieß: *Go West.* Oktober 1975 war es für uns soweit. Wir wurden im Schutze der Dunkelheit in Busse verladen und in ein Sammellager in die ehemalige Karl-Marx-Stadt gebracht. In einem atemberaubenden Tempo wurden die letzten Formalien erledigt, die Lösegelder waren schon überwiesen worden. Einzeln wurden wir noch einmal zu einem letzten Gespräch mit der Stasi geholt. Es war korrekt, kühl und sachlich. Man teilte mir mit, daß meiner Ausreise nichts mehr im Wege stünde. Fürsorglich verwarnte man mich vor etwaigen Aktivitäten „gegen die DDR".

„Unser Arm reicht weit", sagte der Stasibeauftragte, „viel weiter, als mancher von Ihnen denken mag."

Ich hielt diesen Satz für eine pure Drohgebärde. Später sollte ich erfahren, daß er wußte, wovon er sprach. Erst nach der Öffnung der Gauck-Akten allerdings wurde offenbar, wie viele Verbündete, Zuarbeiter, Soldaten und Offiziere, IMs und OibEs diese Mammutbehörde in der Bundesrepublik unterhielt und wie viele Bundesbürger, „Linke" vor allem, mit den nach den Nazischergen schlimmsten Unterdrückern in der deutschen Geschichte freiwillig zusammenarbeiteten.

Am Anfang jedoch glaubten wir, Honeckers Krakenarmen für alle Zeiten entronnen zu sein. Die berühmten Westbusse kamen, drehten an der Grenze die Doppelnummern und karrten uns „Freigekaufte" nach Gießen.

Ich ging nach Westberlin. Letzten Endes war ich ja Ostberliner. Die ersten Monate ertranken in zeitfressendem Behördenkrieg. Erst auf den Ämtern erfuhr ich, wie viele Tausende Betroffene es gab. Erfahrungen und Akzente wechselten. Die vor uns kamen, kannten viele unserer Probleme nicht mehr. Die nach uns kommen würden, würden unsere vermutlich nicht mehr verstehen.

Es gab sie, die „Organisationen", und gewissenhaft klapperte ich alle ab. Sie hießen VOS (Vereinigung der Opfer des Stalinismus), Bund der Mitteldeutschen etc. pp., waren ähnlich überaltert wie das ostdeutsche Politbüro und hatten den Charme und den Arbeitsstil eines altdeutschen Blasmusiker- und Trachtenvereins.

Über den biederen Traditionsverbänden schwebten die hilfreichen Hände der C-Parteien, und ich wunderte mich, daß die Sozialdemokraten diesen die Flur überließen. Immerhin hatten doch viele von ihnen nur mit Mühe nach dem Kriege das nackte Leben gerettet. Ganz abgesehen von jenen, die in den von den Kommunisten weiterbetriebenen Hitler-KZs zu Tode kamen. Gab es nicht auch in der Ostzone gegen die Stalinisierung des Landes sozialdemokratischen Widerstand? Die Zwangsvereinigung mit der KPD war doch ebenfalls von vielen einst abgelehnt worden. War der demokratische Sozialismus nicht überhaupt der Sozialismus an sich und forderte dieser Anspruch von seinen Bannerträgern nicht die Entwicklungshilfe und Solidarität mit der sozialdemokratisch orientierten, verbliebenen oder ausgebürgerten DDR-Opposition? Der Name Kurt Schumacher stand für den sozialdemokratischen Widerstand – nur – wo waren jetzt seine Söhne und Enkel?

Wir beschlossen dem Zeitgeist nachzuhelfen. Im Tohuwabohu der ersten Selbstfindungen 1975 und 76 hatten sich eine Menge „Ehemalige" kennengelernt. Am 5. April 1979 gründeten wir in Berlin den „*Selbst*hilfeverein ehemaliger DDR-Bürger e.V.". Der sozialdemokratische Innensenator Olaf Sund, erfreut, daß es auch einen Verband gab, der sich eher „SPD-nahe" fühlte, segnete unser Projekt in Senatskreisen ab. Noch wußten wir nicht, daß wir damit das Ministerium für Staatssicherheit im Ostteil der Stadt in helle Aufregung versetzten!

Es gab viele unabhängige Linke, die sich selbständig um die Opposition „in der DDR" kümmerten. Einige kamen aus Bewegungen, die sich mit der Durchsetzung der Menschenrechte in westlichen Ländern und in Diktaturen der Dritten Welt befaßten. Andere waren der Ansicht, daß die Entwicklung des Sozialismus im Einflußbereich der „revisionistischen" Sowjetunion den „wahren Sozialismus", die linke Utopie beschädigen würde, schon deshalb müsse man solidarisch sein. Das Spektrum dieser „Solidarischen" war äußerst bunt. Dazu gehörten unabhängige „Basisgruppen", kommunistische Sekten und Splittervereine, trotzkistische Marxisten, freischwebende Gruppen und Initiativen und eine Reihe der „nonkonformistischen" Linksprominenten, von Rudi Dutschke bis zu Heinrich Albertz, von Heinrich Böll bis zu Günter Grass.

Im Gesamtbereich dieses Spektrums befanden sich hier und da auch Sozialdemokraten.

War es nicht auch im Sinne einer allenthalben proklamierten Entspannung, wenn sich eine friedliche demokratische DDR-Opposition organisierte, die vor allem auf die Erfüllung des Korbes Drei der Erklärung von Helsinki, auf die Erfüllung der Menschenrechte pochen, und auf deren Verletzungen mit Öffentlichkeit reagieren konnte?

Wenn man bedachte, mit welch ungeheuren finanziellen, logistischen und publizistischen Mitteln die SED ihre Ableger und Vorfeldorganisationen im Westteil Deutschlands Jahr für Jahr unterstützte, die schließlich den Sturz der Demokratie und die Systemveränderung zu einer Diktatur nach dem Muster ihrer Politbürokraten erstrebten, mußte es doch möglich sein, daß die SPD deren kritischer Opposition solidarisch zur Seite stand. Wir wußten noch nicht, daß wir mit solchen Gedanken ein Minenfeld betreten hatten, gegen das jenes vor der Mauer harmlos war.

Die Realisierung einer Organisationsstruktur von uns „Abgetriebenen" im Westteil Berlins erwies sich als Polonaise der Mühseligkeiten. Wenn es um konkreten Organisationsaufbau und um eine Präzisierung der Aufgaben ging, verwandelten sich unsere sonst mit den „Unterdrückten der Dritten Welt und anderswo" so solidarischen Wessis in pingelige Bedenkenträger. Wirkten in Südamerika, Südafrika, in Haiti, im einstigen Schah- und später im Ajatollah-Staat schreckliche Geheimdienste, um kleinen Oligarchien die Macht zu erhalten, so schien der übermächtige Stasikrake von nebenan nur ein von einer Handvoll pathologischer Dissidenten im Verfolgungswahn erfundener Papiertiger zu sein.

Ein Schimmelpilz war in die Rezeptoren der linksliberalen deutschen Öffentlichkeit hineingewachsen und erzeugte eine weit ins Bewußtsein hineinreichende Wahrnehmungsschwäche für das Elend des Stalinismus. Es war ein Pilz mit erheblichem Artenreichtum. Dominant jedoch schien eine Pilzkolonie alle anderen zu überwuchern und Allergien auszulösen, wenn irgend etwas den „Beifall der falschen Seite erweckte". Egal worum es ging, es war alles falsch und für den Orkus des Vergessens bestimmt, sobald die falsche Seite Zustimmung zeigte. Die „falsche Seite", wurde uns eingeschärft, waren die C-Parteien. Hier endete das linke Grundgesetz von allgemeiner Emanzipation. Wer hier fehlte, gehörte nicht mehr zum Stammesverband und wurde mit allgemeinem Boykott bestraft.

Die C-Parteien wurden von unseren linksliberalen neuen Freunden in ähnlich dämonisierter Form kommentiert wie in den Kampfblättern der SED. Auch die Argumente ähnelten sich. Es ähnelte sich auch das Verfahren zur Ausgrenzung der Kritiker. *Deldenk,* Orwellsches Gedankenverbot, SED-Kritiker im „Arbeiter-Bauernstaat" wurden vor allem im Vorfeld bereits damit abgeblockt, jede, noch so gut gemeinte Kritik „nütze dem Gegner". Nur, daß bei den SED-Hierarchen zum Gegner in erster Linie die „revisionistische Sozialdemokratie" gehörte.

Den „Beifall der falschen Seite" im Westteil Berlins konnte nahezu jeder Windhauch erwecken. Uns wurde nahegelegt, nicht zu demonstrieren, nicht zu publizieren, keine Flugblätter zu drucken, keine Medienkampagnen zu entfachen, dies nicht zu tun und jenes zu lassen − zuletzt waren wir ein kleiner Verein von selbsternannten Sozialpädagogen, die dem Senat die ob des Andrangs fehlenden Sozial-Betreuer ersetzten.

Wir renovierten einen kleinen Laden in der Gustav-Müller-Straße 46 in Schöneberg, den uns das anarchistische Undergroundkampfblatt „RADIKAL" großzügig überließ (der Chefredakteur wird später als Stasi-IM enttarnt werden), und nannten unseren Verein: „*Selbst*hilfeverein ehemaliger DDR-Bürger e.V.".

Zu den Gründern im Jahre 1979 gehörten die aus dem Frauenzuchthaus Hoheneck herausgekaufte Ärztin Ulrike Wetz, die auch erste Vorsitzende wurde, der Kernphysiker und Autor Gabriel Berger, Peter Thaben, Thomas Evler und seine Frau Heike Waterkotte, zwei „Wessis" mit „Osterfahrung" (beide wegen neomarxistischen „Hetzflugblättern" in Ostberlin zu Gefängnisstrafen verurteilt), der wegen „feindlich-negativen" Gedichten hinter Gittern verbannte Schriftsteller Ulrich Schacht und der einst wegen Bildern „feindlich-negativen Inhalts" zu langer Strafhaft verdonnerte Maler Sieghard Pohl, der später Vorsitzender wurde, sowie einige „IMs", deren Namen sich in jüngster Zeit in der Stasi-Akte S. Pohls (O. V. „Konföderation"; XV/2909/79) wieder in Erinnerung bringen. (Auch unser sozialdemokratischer Anwalt wird darunter sein, unter den Decknamen „Ulli" und „Christoph", der mit allergrößter Seelenruhe anwaltlichen Parteienverrat beging, heute munter weiter in Hamburg als Anwalt praktiziert und „sich nicht erinnern" kann.)

Noch wußten wir nicht, daß das Ausspionieren und Bekämpfen unseres kleinen Vereins im Mielke-Ministerium Chefsache war. Wie es Sozialdemokraten gab, die uns als Ungeziefer ansahen und den Mielke-Leuten bei der Bekämpfung behilflich waren, gab es andere, die uns wirklich unterstützten.

Zu unseren Beratern gehörte der legendäre Berliner Solidaritätsprofi, der Linkssozialdemokrat Hannes Schwenger. (Auch berühmt durch die Hilfsaktionen seines Schutzkomitees.) Er war für mich einer der aufopferungsvollsten Sozis, denen ich in meiner neuen Berliner Heimat begegnete. Er erschien mir als personifizierte Datenbank all jener Handlungsweisen und Meinungen, die jenen ominösen „Beifall der falschen Seite" auslösen könnte.

Er wußte, in welchen Zeitungen man tunlichst nicht schreiben konnte, welchen Magazinen man möglichst keine Interviews gab, welchen Journalisten man aus dem Wege ging. Sicher habe ich da etliche „Fehler" gemacht, aber später zeigte es sich, daß der arme Hannes trotz all seiner Vorsicht ins Kreuzfeuer jener Sozis geriet, für die die DDR nicht nur ein deutscher Staat, sondern vernehmlich der bessere war.

Die Wirbel der Ausbürgerung Biermanns fegten auch eine größere Anzahl seiner Freunde und Mitstreiter gegen ihren Willen nach Berlin-West. Auch eine Gruppe junger Jenaer Arbeiter war mit ihnen ausgekehrt worden. Hoffnungsvoll rechneten wir mit neuem Zuwachs und waren recht verdutzt, daß sie sofort auf Distanz gingen. Natürlich waren die Medien die ersten, die die vermutlichen Ursachen ausposaunten: das „*Alternative* Zentralkomitee" in Grünheide (Havemann/ Biermann) der „*neuen* KP" hätte seine eigenen Vorstellungen von DDR-Opposition und Sozis kämen darin nicht vor. Die meisten von ihnen kamen ja aus der SED und wollten die bessere KP, nicht die deutsche Sozialdemokratie. So war der linke Westberliner Sektendschungel um eine neue Art bereichert und die Furcht vor dem „falschen Beifall" trieb eine neue Pilzkultur.

Die „Revolution der neuen KP" begann bereits zu Beginn ihrer Existenz, ihre kaum geborenen Kinder zu fressen. Eins der Kinder hieß Siegmar Faust und wurde von Biermann Anfang der siebziger Jahre entdeckt.

Es beginnt und endet wie die deutsche Legende vom Dichter, der einfach nicht brav sein kann: Faust, Dichter und Schriftsteller in Dresden und Leipzig, war so ziemlich aus allem geschaßt worden, was die DDR ihren künftigen „Repräsentanten" ins Osternest legen konnte: aus der SED, aus dem Literaturinstitut, aus dem Nachwuchsverband des SV (Schriftstellerverband der DDR), AJA (Arbeitsgemeinschaft Junger Autoren). Nun spülte ihn das Leben in den Kloaken des realen Sozialismus herum: Er war Fährmann, Kellner,

Nachtwächter, Häftling und Wanderpranger, das heißt, allen Jungkünstlern der Szene wurde mit dem Outcast vor Augen geführt, was sie erwartete, wenn sie ähnlich aufmüpfig würden oder, was der erste Schritt dahin war, mit dem „feindlich-negativen" Subjekt Umgang pflegten.

Biermann nahm ihn schützend unter die Fittiche, erwirkte über Robert Havemanns Alt-Connection zum „Staatsratsvorsitzenden", daß der allmächtige König Erich den Faust begnadige, bevor ihn die „Erzieher des Cottbusser Strafvollzugs" in der „Mumpe" umkommen lassen konnten. Faust wurde Biermanns Sekretär und Lieblingsziehkind, wäre sicher wie sein Freund Jürgen Fuchs mit ihm auf unzähligen Podien und Veranstaltungen aufgetreten, Rowohlt- oder Fischer-Autor, wenn – ja wenn er nun wenigstens endlich beim Ziehvater Biermann das Bravsein gelernt hätte. Er hatte Geld, Freunde, und Nina Hagens Mutter nahm ihn weiblich-reichlich auf ins gemachte Nest.

Aber auch dieser neue Goldkäfig beengte ihn schon nach wenigen Monaten – rüber wollte er, in den schrecklichen Westen, wo er wenigstens eine Chance habe, gedruckt zu werden. Er entzog sich den autoritären Beschwörungstänzen des Chausseestraßengurus und stellte den berühmten Ausreiseantrag.

Die SED war nur zu froh, ihn loszuwerden, und der mainstreambewußte STERN schickte ihm sofort eine jener trostspendenden Damen (Maria Suhrbier) ins Westdomizil, deren Hauptaufgabe war, aufzuschreiben, wie schlecht es den Ossis geht, wenn sie in den schrecklichen Westen kommen.

Biermanns Bannfluch ereilte den Ungehorsamen bald (er hat uns verlassen, er hat unsere Sache verlassen), das kostete Strafpunkte im linken Lager, und als er sich beim Ullstein-Verlag über eine Ex-DDR-Lektorin beschwerte, sie würde nur die abgetriebenen DDR-Autoren drucken, die von ihren Mäzenen als zum „neulinken" Lager gehörig bestätigt wurden, galt er den „Linken" schon wieder als rechter Motzki, wenn nicht gar „Denunziant".

Der Fischerverlag, der schon eine Option auf seine Texte bestätigte, warf ihn hinaus, und die Literaturpriester Westberlins erklärten ihn, wie einst ihre Ost-Kollegen, wieder für vogelfrei. Er, der etliche junge unbekannte Autoren der einstigen DDR in bundesdeutsche Redaktionen und Verlage gebracht hatte, war nun im Westen schon wieder Unperson. Eine Unperson wurde er auch bei den sozialdemokratischen Berliner Literaturförderern, die recht öffentlich bereuten, daß sie ihm ein Halbjahresstipendium gaben. Inzwischen hatte ich schon eine Menge gelernt.

1976 entschloß ich mich, erneut zu studieren. Ich schrieb mich an der FU Berlin ein, in den Fachbereichen Publizistik, Germanistik und Politik. Besonders groß war mein Interesse an einer Mitarbeit bei den studentischen Jungsozialisten, hatte ich mir doch vorgenommen, an der Uni endlich meiner Traumpartei SPD beizutreten.

Mein Fachbereich Germanistik befand sich in einem zweistökkigen Flachbau, der ob seiner rostschimmernden Außenwandhülle allgemein nur die Rostlaube hieß. Gegen Mittag wurde es dort drinnen auf den Gängen lebendig. Vielfältige studentische Gruppen bauten ihre Büchertische auf, um die vorbeiwieselnden Studenten anzusprechen, hauptsächlich mit dem Ziel, sie zu „keilen", sie als Sympathieträger, wenn nicht für Mitgliedschaften zu gewinnen.

Eine der zahlenmäßig am stärksten präsenten Gruppen waren die „Adsen", die sogar eine kleine Raumflucht, das „KOZ" (Kommunikationszentrum) unterhielten. „Adsen" war ein Kürzel von „Aktionsgemeinschaften von Sozialdemokraten und Kommunisten".

Kommunistische Parteien gab es zu jener Zeit eine beachtliche Menge. GIM, KBW, KPD, KB, KPD/ML, SEW, DKP, und wie sie sonst noch heißen mochten, lagen in grimmigem Streit miteinander um den richtigen Weg zur Proletariatsdiktatur. Zu unserem Erstaunen war die demokratische Entwicklung der westeuropäischen KPn bei den deutschen Kommunisten vollkommen folgenlos. Dubceks Genossen und Havemanns Kleinkreis waren für sie höchstens Wirrköpfe, denen man bestenfalls einen Bonus als „Kämpfer gegen den Sowjetimperialismus", wie das Moskauer Weltreich nach chinesischen Vorgaben hieß, zugestand. Keinen Gedanken verschwendeten sie an die Entwicklung der eurokommunistischen KPen.

Welche dieser K-Sekten hatten sich nur die FU-Jusos als Bündnispartner erkoren? Meine Überraschung war keine geringe, als mir die Büchertischvertreter erklärten, die Adsen seien ein Bündnis von Jungsozialisten und SEW. Waren denn die Jungsozis von allen guten Geistern verlassen? Ausgerechnet den stasifinanzierten SED-Ableger hatten sie ausgeguckt!

Danach waren auch ihre Themen, mit denen sie ihre nichtsahnenden Kommilitonen bedrängten. Der Diskussionsverlauf erinnerte mich sehr an die FDJ-Lehrjahre, zu denen ich unter SED-Aufsicht an der TU Dresden verurteilt wurde. Es lief bei diesen Adsen wie bei der FDJ:

Was immer die Sowjetunion mit ihren Satelliten auch unternahm, diente der „Erhaltung des Friedens" und war damit gut. Somit war die „BRD" das Reich des Bösen, in dem nach dem „Willen der Herrschenden" ständig die „Erhaltung des Friedens gefährdet" wurde, um die durch die „progressiven Kräfte" stets gerungen und gekämpft werden mußte. Kein Zweifel, wer hier die Hosen anhatte! Die progressivste Kraft war natürlich die Stasi-SEW, die in der Adsen-Riege tonangebend war und die Jusos, wie Lenin einst lehrte, als nützliche Idioten im Schlepptau hatte.

So kam es zu den kuriosesten Dialogen. Hauptthemen waren: Die Atomraketen. Die westlichen Alliierten hätten die ihren aus der BRD zu entfernen, denn die DDR sei „atomwaffenfrei". Mit flüssig vorgetragenen Statements erklärten sie die Westraketen für Teufelszeug und die sowjetischen Entsprechungen „SS 20" für eine „dem sowjetischen Volke aufgezwungene Rüstung zur Erhaltung des Gleichgewichtes". Auf Transparenten in den Uni-Gängen berichteten sie täglich über neue Aktionen der „Friedensbewegung".

„Frieden schaffen ohne Waffen." Hier waren die SEWler für einen ganz anderen Frieden als ihre Genossen in meiner einstigen DDR. Hier war der Frieden mit Kerzen und Liedern, Rockmusik und Kinderfesten geschmückt. Mit evangelischen Pastoren und Fürbittgottesdiensten. Mit Luftballons und Lutschbonbons.

Nur wenige Kilometer weiter, da hatten ihre Financer für die von ihnen Beherrschten einen ganz anderen Frieden parat: Der Frieden muß bewaffnet sein! In der ML-Ästhetik des DDR-Militärverlags Berlin las sich das so:

„Die Freude, die militärische Tätigkeit erweckt, ist deshalb mit der Freude, die uns Kunstwerke bereiten können, in vieler Hinsicht verwandt."

„Um eines hohen Zieles ist auch der Heldentod schön, denn er bejaht und rühmt das Leben angesichts des Todes . . ."

Ich erinnerte sie an unsere vormilitärische obligatorische Ausbildung der TU, an die ersten Tage im 68er September, als den DDR-Studenten die Zustimmung zum militärischen Überfall auf die ČSSR abgepreßt wurde.

Ich erinnerte sie an die zahllosen Auflagen der DDR-Behörden, die den Jugendlichen nur dann Studienplätze versprachen, wenn diese sich zur anschließenden Offizierslaufbahn verpflichteten. An die Soldatenlieder, die bei den Pionieren und den FDJ-Veranstaltungen obligatorisch waren (Themen, die dann bis zur Wende in den sozialliberalen Medien nicht mehr behandelt werden durften und meine Journalistenkollegen, die dieses versuchten, bei den Redakteuren als Entspannungsstörer in arge Bedrängnis brachten, wofür sich diese Redakteure nach der Wende wiederum wortreich entschuldigten, aber sie behielten ihre Jobs und die „Störer" blieben weiter draußen).

Die Antworten, die ich bekam, schienen alle aus den Materialien meines „FDJ-Lehrjahres" zu stammen: Die Fakten wurden bestritten, man „vermutete", ich sei auf die „Verleumdungen der Springerpresse" hereingefallen, man wüßte doch, daß dort, vor allem bei BILD, keine Lüge zu frech und schmutzig wäre, um dem „Sozialismus" zu schaden.

Ich stellte ihnen vor, was wäre, die Bundesregierung würde die heftig diskutierenden Jusos zur vormilitärischen Ausbildung zwingen.

Was wäre, fragte ich, wenn die Nato-Truppen in Frankreich einmarschierten, wenn eine sozialistische Partei oder gar die KPF die Wahlen gewänne? Hätten die Adsen diesen Einmarsch genauso goutiert, wie sie den Einmarsch der Warschauer-Pakt-Truppen nachträglich für verständlich „erklärten"?

Das sei „inhaltlich" unsinnig, blockten sie ab. Als ich auf Antwort bestand, beteuerten sie, sie seien oft in der DDR zu Gast gewesen, aber all das, was ich hier so vorbrächte, hätten sie niemals bemerken können. Wenn ich dann zugab, daß ich aus jenem Lande kam, und nur selber Erlebtes berichtete, schien ein unsichtbarer Schalter bewegt zu werden. Die Gesichter erstarrten, die Sprache setzte aus oder versandete in peinlichem Schweigen. Aus dem zu agitierenden potentiellen

Groupie wurde ein Feind, der so schnell wie möglich begreifen sollte, daß er sich zu verflüssigen hätte.

Nach diesem Strickmuster endeten auch die Diskussionen um die fast jeden Tag neu hochgespielten „Berufsverbote". Einem oftmals harmlosen Mitglied der SEW oder der ebenso SED-gesteuerten und finanzierten „Deutschen Kommunistischen Partei" wurde der Eintritt in den Staatsdienst verwehrt. Der hierzu herangezogene „Radikalenerlaß" verstieß natürlich gegen das Grundgesetz oder die sogenannte „FDGO". Also war der bundesdeutsche Staat angeklagt.

Die „antidemokratischen", „antikommunistischen" Parallelen in der „Rechtsnachfolgerschaft des Dritten Reiches" waren ob dieser Vorfälle den Diskutanten schnell bei der Hand.

Die Tatsache, daß im östlichen Nachbarland die Finanziers und Lenker der beiden „Bruderparteien" Berufsverbote für nahezu jeden praktizierten, der dem Stasi-Staat nur etwas Paroli bot, wurden von den Büchertisch-Jusos und ihren SEW-Vorreitern energisch bestritten. Da es zwecklos war, Namenlose zur Beweisführung heranzuziehen, blieb letzten Endes mein Argument immer an den medienbekannten Paradebeispielen Biermann und Havemann kleben.

Es war kurz vor Biermanns Ausbürgerung im Jahre 1976, und Biermann war zu meinem Erstaunen nicht nur der bestgehaßteste Name der Westberliner SED-Ableger, sondern auch der mit ihnen verbündeten Juso-Muftis. Nun wichen sie nicht mehr aus, sondern wurden konkret: Natürlich sei es angebracht, daß in einem sozialistischen Staat den „Konterrevolutionären" die demokratischen Freiheiten eingeschränkt werden müßten. Und Biermann sei, das sähe man ja, ein Konterrevolutionär, der unentwegt von denen Beifall bekäme, die hier die Verursacher der Berufsverbote für Demokraten und Kommunisten waren.

Hier war der unheilvolle Ideologievirus wieder, der ganz normale junge Menschen nicht nur blind für Verbrechen machte, sondern in ihren Augen Verbrechen geradezu rechtfertigte. Wer also den Beifall von der falschen Seite bekam, mochte er nun recht haben oder nicht, der gehörte wie der im ORWELL-STAAT dem Großen Bruder Abtrünnige als Unperson ausgegrenzt und vaporisiert. Die SED schien in beiden deutschen Staaten an ihre Multiplikatoren die gleichen Materialien herauszugeben.

Etwa nach einem Studienjahr faßte ich mir ein Herz und ging ins Büro der Juso-Hochschulgruppe, um meinen Eintritt in die SPD zu verwirklichen. Die Tätigkeit der Adsen hatte mich recht verunsichert, aber ich wollte es doch genauer wissen.

Das Büro der Juso-Hochschulgruppe war spärlich besetzt. An einem Schreibtisch unter dem Fenster saß ein vielleicht Sechsundzwanzigjähriger, der dort wohl mit Verwaltungsfunktionen betraut worden war. Da ich zum ersten Mal das Allerheiligste der Jusos betrat, brachte ich recht zögernd mein Anliegen vor. Ich würde gerne der SPD beitreten, da ich hier an der FU studiere. Das hieße für mich wohl auch der Eintritt in die Juso-Hochschulgruppe. Der Typ hinter dem Schreibtisch sah mich wohlwollend an.

„Schon ’n älteres Jungsemester!" Er bereicherte sein Wohlwollen um die Nuance der Ermutigung.

„Bißchen später angefangen", sagte ich, „aber was ich jetzt mache, konnte ich in der DDR nicht studieren."

„In der DDR?" Er sah mich an, als hätte er nicht richtig gehört.

Ich sei vor kurzem aus der DDR herüber, durch Freikauf aus der Haft.

„Aus der DDR? Aus der Haft?"

Wohlwollen und Ermutigung erstarrten, als hätte man sein Gesicht in ein Eisbad getaucht. Er starrte wortlos, dann schüttelte er irgendwie ungläubig den Kopf, blickte zur Tür ins Nebenzimmer, wo ein paar andere recht laut diskutierten. Er sammelte sich. Stand hier vor ihm vielleicht ein Provokateur?

Man könne über die DDR sicherlich denken, wie man wolle, sagte er, aber bei allen Mängeln würde dort der Versuch gemacht, ein echtes sozialistisches Land aufzubauen. Wenn ich wirklich von da weg sei, was wolle ich dann aber hier? Hier sei man noch lang nicht soweit, und wer wirklich etwas verändern wolle, sollte dort bleiben und verbessern. Und seine Meinung sei, wenn man dort wegginge, hierher in die BE-ER-DE – dann sei jedenfalls hier nicht der Ort, wo man zu gemeinsamer Basis fände.

Er sah mich an, daß mir klar war, ein Aufwiedersehen ist hier nicht mehr angebracht.

Ich antwortete nicht, sondern drehte mich um und ging. Im Hinausgehen sah ich, wie auf seinem Gesicht Entrüstung mit Erleichterung kämpften.

In einer der nächsten Wochen ging ich zur Landesgeschäftsführung der SPD in die Müllerstraße (Berlin-Wedding). Es war Juni und das Haus ziemlich leer. Nach etwas Herumfragen landete ich bei einer älteren Dame, die in ihrem kleinen Büro recht verloren wirkte. Ich schilderte ihr die Situation an meiner FU und den Ausgang meines Gesprächs mit den Hochschuljusos. Sie starrte mich an und nickte bekümmert.

„Sie sind ja nicht der einzige, der zu mir kommt. Wissen Sie, ich bin ja auch aus der DDR weg, allerdings schon sehr früh, und viele von uns haben dort langjährige Haftstrafen verbüßt. Gehen Sie doch zu Ihrer Ortsgruppe, vielleicht ist das Klima da besser. In welchem Stadtbezirk wohnen Sie jetzt?"

„In Schöneberg", sagte ich (ich wohnte in der Grunewald-straße).

„Ach Gott", sagte sie nur.

„Wieso ach Gott?"

„Dort sind ja auch alles Linke! Da können Sie auch nicht hin."

„Wieso Linke", sagte ich aufsässig. „Das bin ich doch, denke ich, auch. Werden denn die Kommunisten hier wirklich als Linke gesehen?"

„Wieso nicht?" Sie schien erstaunt. „Das sind doch die Link-sten von allen." (Das war nicht als Wortspiel gemeint!)

„Aber drüben in der DDR werden dieselben Linken doch als die größten Feinde der Kommunisten betrachtet." Ich redete eindringlich, als hoffte ich, sie könne mir dieses Rätsel lösen. Ich erzählte von unseren letzten Monaten in Ostberlin. Von all dem, was meinen Freunden in jener Zeit widerfuhr.

„Sie werden überwacht, haben Berufsverbote, werden inhaf-tiert, schikaniert . . ."

Sie sah mich resigniert an.

„Glauben Sie, wir wissen das alles nicht? Aber sagen Sie das mal den jungen Leuten hier. Die kommen meistens aus guten Familien und wollen die Welt verbessern. Bei uns ist ja wirk-lich nun auch nicht alles Gold, was glänzt. Da hat der Kom-munismus doch ständig ganz einfache Lösungen für sie. Und Erfahrungen – was interessieren sie die! Das haben Sie doch da bei unseren Jusos gesehen! Das ist doch hier im Hause schon ähnlich. Solche wie mich will hier auch niemand mehr. Versuchen Sie, ob Sie Kontakte zur Ebert-Stiftung bekom-men können. Da gibt es noch welche von uns . . ."

Ich bewarb mich für ein Stipendium bei der Ebert-Stiftung. Dafür mußte ein Gutachten von einem Vertrauensdozenten beigebracht werden. Da es an den Fachbereichen, an denen ich studierte, keinen Vertrauensdozenten gab, schickte man mich zu einem, der bei den Wirtschaftsfachleuten tätig war. Er wohnte in einer wunderschönen Villa im Grunewald. Alles war neu und edel, denn er hatte die Villa erst vor kurzem bezogen. Er war etwa Ende Vierzig und strahlte mich voller Selbstzufriedenheit an.

„Herr Deinert", sagte er. „Sie sehen sich so um. Es gefällt Ihnen hier?"

Ich mußte es neidvoll zugeben.

„Wollen Sie nicht auch an einem solchen Platz leben, der Ihnen etwa so wie dieser gefällt?"

„Wer wollte das nicht", sagte ich voller Überzeugung.

Er sah mich wohlwollend an, wie ein Arzt, der sich sicher ist, daß sein Patient ein gehorsamer sein wird.

„Sie sind Architekt? Was für ein schöner Beruf! Warum versuchen Sie nicht, in diesem Beruf vorwärtszukommen? In vier, fünf Jahren können Sie ebenfalls solch ein Haus hier im Grunewald haben. Wozu wollen Sie noch einmal studieren? Und was noch dazu? Germanistik, Publizistik, Politik? Was wollen Sie arbeiten danach, wer soll Sie einstellen? Sie müssen doch Geld verdienen!"

„Was soll ich darauf alles antworten", sagte ich. Ich sei am Anfang meines Lebens in der Bundesrepublik und am Anfang des Studiums.

„Aber ich kann es Ihnen sagen!" Er erhob tatsächlich die Hand mit dem Zeigefinger. „Sie werden in der SPD nicht viel Glück haben. Die DDR wird als Staat auf der ganzen Welt anerkannt werden. Es ist ein wirtschaftlich starkes Land, und es wird jedes Jahr stärker. Das Land wird sich verändern. Es wird sich von Jahr zu Jahr mehr Liberalität leisten können. In der Partei setzt man immer stärker auf Kooperation, nicht auf Konfrontation. In den Bereichen, die Sie gewählt haben, ist unsere Parteilinke stark. Sie kennen ja die Devise von Willy Bandt: Wandel durch Annäherung. Die sich daraus ergebenden Entwicklungsmöglichkeiten wird man mit Leuten wie Ihnen wohl kaum gefährden wollen. Sie haben einen schönen Beruf. Bleiben Sie Architekt. Bauen Sie. Verdienen Sie gutes Geld. Aber lassen Sie diese fruchtlose Weiterstudiererei."

Er sah mich an, als habe er mir eine christliche Offenbarung verkündet und weidete sich an meinem verdutzten Gesicht. Ich riß mich zusammen.

„Das ist sicher alles richtig, was Sie gesagt haben", antwortete ich. „Möglicherweise geht alles auch so aus, wie Sie es beschreiben, aber ich möchte diese Erfahrungen dann selber gemacht haben. Vielleicht werden es aber auch ganz andere sein."

Also doch ein Patient, der nicht hören will! Er sah mich mißbilligend an. „Na wenn es sein muß? Ich schreibe Ihnen natürlich eine Befürwortung. Aber Sie werden sehen, das geht nicht gut. Das geht nicht gut."

Ich verabschiedete mich, und er begleitete mich nach draußen.

„Wenn Sie sich's noch anders überlegen sollten, rufen Sie mich an, rufen Sie an!"

„Ich werde anrufen, ich versprechs!"

Als ich wieder in Schöneberg war, hatte ich die Grunewaldvilla und mein Versprechen vergessen.

1977 trat ich in den westdeutschen Schriftstellerverband VS ein. Das heißt, es gab noch mehrere, aber es war der größte, und in diesem war mein Superstar, der wortgewaltige sozialdemokratische Trommler und Literat Günter Grass.

Der zahlenmäßig kleine Verband bewohnte ein paar Zimmer unter dem Dach im Hause der größeren Gewerkschaft IG Druck und Papier. An der Spitze der IG Druck und Papier stand als Vorsitzender Loni (Leonhard) Mahlein – ein gestandener DKP-Altgenosse. Die Eroberung der Gewerkschaften durch die KPen war einst Standardlektüre in höherer DDR-Staatsbürgerkunde. War es für mich in der DDR einst gebündelte Langeweile, so erwachte es hier „im Westen" zu absurder Realität. Den Gewerkschaftlern gefiel das „Erobertwerden" ganz offensichtlich, sonst hätten sie keinen DKP-Mann in die Spitze gewählt. Vor allem für die unzähligen Sozialdemokraten, die in der DRUPA herumgeisterten, war ein DKP-Vormann eine unbedenkliche Führungskraft.

So war ich froh, daß der Bundesvorsitzende des westdeutschen VS der DKP, dem verlängerten Arm der DDR-Staatspartei, nicht zugehörte. Der Bundesvorsitzende war – ich atmete auf – ein Sozialdemokrat. Er war mir von seinen Veröffentlichungen aus der DDR, in der er zu den namhaftesten westdeutschen Publizisten gehörte, schon sehr gut bekannt. Er hieß Bernt Engelmann.

Der West-VS schien aus zwei verschiedenen Verbänden zu bestehen: Dem „Berliner Landesverband" und dem „Rest-VS". Oder besser: aus dem VS und dem „Rest", dem Berliner Landesverband.

Wenn ich an das bürokratisch-ideologische Procedere denke, das im DDR-VS einer Neuaufnahme voranging, war mir der sozialdemokratisch dominierte West-VS dagegen wie eine Erlösung. Der Berliner Verband schien mir wie ein in die Jahre gekommener Gewerkschaftsladen, den hin und wieder ein paar Prominente durch Soloeinlagen mit Spannung aufluden.

Das Klima im Berliner VS war merkwürdig gespannt, seit die ersten Ex-DDR-Autoren ihre Mitgliedschaften erwarben. Die Mehrheit bestand wohl aus nahezu allen unabhängigen mehr oder weniger „links fühlenden" Berliner Autoren, die aber meistens, vor allem die namhafteren, bei den gewerkschaftstypischen Versammlungen durch Abwesenheit glänzten. Zugegen war also in der Regel eine Minderheit, bestehend aus Vereinsmeiern, Interessierten, Engagierten, uns paar Neuen und einer gut organisierten Crew von etwa zehn SEW-Kommunisten.

Noch prägten die Ausläufer der unabhängigen 68er Zeit die Haltung zu den abgetriebenen Neuen aus den DDR-Gefilden. Schließlich waren wir alle recht Unbekannte, waren ausnahmslos schon im Studentenalter mit Veröffentlichungsverboten belegt, unsere Skripte waren in der Regel von Stasi-Organen beschlagnahmt worden, und wir kamen zum Teil direkt per Abschiebung durch die realsozialistischen „Vollzugsorgane". Es wurden ein paar solidarische Reden gehalten, die DDR wurde in Resolutionen ermahnt, von der Schriftstellerverfolgung abzulassen. Die „SEW-Fraktion" ging auf Abstand, sie wußten schließlich, daß Resolutionen eh nichts bewirkten.

1978 kannten sich schon die meisten der „Abgetriebenen", wie Biermann sie nannte. Im Herbst war ich zum ersten Mal auf einem Bundeskongreß in München, beileibe nicht als Vertreter des Berliner Landesverbandes, sondern als Gast. Wir waren fünf bis sechs junge Ex-DDR-Autoren, die sich einfach dafür interessierten, wie solche Bundeskongresse verliefen.

Der Bundeskongreß entwickelte sich wie ein Szenario zum Film „Deutschland im Herbst". Dieser Film war zur Berlinale

1978 im Zoopalast gerade aufgeführt worden und wurde vom Produktionschef des Filmverlags der Autoren, Theo Hintz, initiiert.

Der Film „Deutschland im Herbst" war ein Gemeinschaftsprojekt der Münchner Fraktion des „Neuen deutschen Films". Regisseure wie Rainer Werner Fassbinder, Alexander Kluge, Edgar Reitz, Volker Schlöndorff, Alf Brustellin, Bernhard Sinkel, Katja Rupè und Hans-Peter Cloos, Maximiliane Mainka und Peter Schuber waren an dem Projekt beteiligt, als Autoren unter anderem Peter Schubert und Heinrich Böll, Kameraprofis wie Jörg Schmidt-Reichwein, Jürgen Jürges, Michael Ballhaus, Cutterinnen wie Beate Mainka Jellinghaus, Heidi Genée, Juliane Lorenz und viele Schauspieler entwickelten eines der größten, vielleicht sogar das größte filmische Gemeinschaftsprojekt der deutschen Geschichte. Ein Retro-Szenario, in dem der „heiße Herbst 1977" thematisiert wurde.

RAF-Terroristen hatten den Chef des Arbeitgeberverbandes, Hanns Martin Schleyer, entführt, um ihre Leute aus dem Hochsicherheitstrakt Stuttgart-Stammheim freizupressen. Der bundesdeutsche Staat hatte nicht nachgegeben, Schleyer wurde erschossen. RAF-Sympathisanten kaperten darauf eine Lufthansa-Boeing und landeten in Mogadischu (Somalia), um mit den Geisel-Passagieren das Manöver zu wiederholen. Die Antiterrortruppe GSG 9 eroberte die Maschine, die Geiseln wurden befreit und die Inhaftierten kamen danach in ein und derselben Nacht in ihren Zellen um. Die Umstände des Todes wurden nie hundertprozentig geklärt, doch schien ein kollektiver Selbstmord, verübt aus Resignation, der Aussicht auf eine lebenslängliche Haft, und um den ihnen verhaßten bundesdeutschen Staat letztendlich noch einmal als „faschistischen Schweinestaat" (RAF-Jargon!) vorzuführen, die wahrscheinlichste Version. Bundesweite Fahndungsaktionen und Sympathisantenermittlungen schufen ein Klima der Angst und allgemeinen Verunsicherung.

Die Beiträge waren gut gedreht und gut geschnitten und spiegelten sicher das allgemeine Klima in der Bundesrepublik wider. Auf uns wirkten sie allerdings, durch die Filter des DDR-Alltags gesehen, lange nicht so schrecklich wie auf die verwöhnte westdeutsche Linke. Der dort vorgeführte Staatsterror war in der DDR längst jahrzehntelanger Alltag und uns bereits von der Wiege her vertraut. Jedoch im Gegensatz dazu war dort niemand von den „Herrschenden", den „DDR-Repräsentanten", entführt, erschossen, mit Terroranschlägen bedroht worden, obwohl sie uns fast alle Rechte verweigerten, die für die Linken hier zu den Selbstverständlichkeiten ihres Lebens gehörten.

Was erst, fragten wir uns, wäre gewesen, wenn eine Gruppe von Dissidenten etliche der schlimmsten Exemplare der SED-Nomenklatura, wie Stasi-Chef Mielke oder den verschlagenen Hermann Axen, entführt hätten? Niemals hätte der Stasi-Staat nachgegeben, sondern seelenruhig auf deren Tod als Märtyrer gewartet. Anschließend hätte man jedoch den Verteidigungszustand ausgerufen und vermutlich die gesamte Opposition in Konzentrations- (oder: „Isolations"-) Lagern interniert! Hätte sich dann wohl einer, nur ein einziger dieser so betroffenen Filmemacher, von Kluge bis Schlöndorff, mit den Opfern der bleiernen DDR-Zeiten solidarisch gezeigt?

(Als später bekannt wurde, welch enge Verbindungen zwischen dem MfS und den RAF-Terroristen bestanden, daß die Stasi eine Vielzahl von RAF-Leuten mit falscher Identität aufnahm, herrschte unter den RAF-Interpreten ebenfalls bleiernes Schweigen. So wurde auch klar, warum das gesamte „Sympathisantenumfeld der RAF" nicht nur mit dem Tod von Schleyer, sondern auch mit dem DDR-Stalinismus „klammheimlich" sympathisierte, während sie in Wirklichkeit für die Stasibosse denselben Stellenwert wie die nützlichen Juso-Idioten hatten.)

270

Dieses Klima der „bleiernen Zeit" herrschte auch auf dem Münchner VS-Kongreß in München, dem ersten, den wir im Westen besuchten. Draußen schien die Sonne, München quoll über von gutgekleideten, fröhlichen Menschen, wir waren froh, daß wir aus den DDR-Gefängnissen heraus waren und unter normalen Lebensbedingungen fortexistieren konnten. Die Zeitungskioske, die Buchhandlungen barsten schier von Publikationen der Meinungsvielfalt, von der wir in der DDR nur träumen konnten. Wir waren zum ersten Mal in unserem Leben Mitglieder in einem Schriftstellerverband, in dem nicht die Verbundenheit mit „der Partei" die Voraussetzung zur Aufnahme überhaupt war. Dort jedoch, im mit Vorhängen verdüsterten Saal, trat Autor auf Autor ans Rednerpult und entwarf das Bild einer Bundesrepublik, die dabei war, in einen Polizeistaat umzukippen. Die meisten von ihnen waren, wie ich später erfuhr, getreue Mitkämpfer des Sozialdemokraten Bernt Engelmann, der im VS schon eine bundesweite Hausmacht besaß.

Ich begegnete vielen bekannten Autoren der DKP, wie Friedrich Hitzer, Max von der Grün, Erasmus Schöfer (der später, als er sich im Rahmen einer „Erneuerungsgruppe" vom Stalinismus seiner Partei abzukehren begann, bekämpft und gefeuert wurde).

Wurde hier zwischen Linken, Sozialdemokraten und Kommunisten ein verabredeter Konsens gepflegt, um den gefürchteten „Beifall der falschen Seite" nicht aufkommen zu lassen? Wir waren ratlos, trauten uns aber als unbedeutende Neue nicht (die nicht einmal „Delegierte" waren), Störung beim konsensfreudigen Auditorium zu verursachen.

Gab es denn gar keine Sozialdemokraten mehr, die auf unserer Seite standen? In Berlin gab es sie, eine winzige Insel, das Haus Niedstraße 14, das Berliner Haus von Günter Grass! Dort residierte auch die Redaktion der L 80 (der früheren

L 76), dem Literaturjournal von Böll und Grass, dessen eigentliche Arbeit Johano Strasser, Mitglied der SPD-Grundwertekommission, mit seiner Frau Franziska besorgten. Es war ebenfalls eine Endmoräne der 68er Zeit, des linken Nonkonformismus, und der gute Geist des Weltbürgers Grass schützte diese Insel vor den zahllosen ideologischen Kinderkrankheiten, mit denen Berlins linke Autoren sich selbst und ihresgleichen das Leben zur Hölle machten. Aber diese Insel war nur eine Domäne der Diskussion, das Journal war, mangels Käufern, nach etwa drei Jahren bankrott, und das Pflänzchen des hehren Anspruchs war den rauhen Winden der „real existierenden Leserschaft" nicht gewachsen. Dazu kam der Spagat der sozialdemokratischen Tagespolitik! Die aber forderte die Aussöhnung mit der SED und nicht die Ermutigung ihrer Gegner!

So flohen wir in die letzte sozialdemokratische Oase, in die Ebert-Stiftung.

Die Ebert-Stiftung war zwar „SPD-nahe", aber doch nicht so nahe, daß sie nach der Pfeife der Tagespolitiker tanzen mußte. Einige von uns wurden Stipendiaten, und damit schien eine offizielle Basis errichtet. Den meisten Ex-Ossis im „Wessi-Land" wehte der Ostwind viel schärfer ins Gesicht als uns in Westberlin. In etlichen Landesverbänden waren „adsenähnliche" Koalitionen in den Vorständen fest an der Macht. Der Ex-DDR-Autor und Neu-Hamburger Ulrich Schacht war einer der ersten, der in der Hansestadt die geballte Macht des DKP-Kulturklüngels zu spüren bekam.

Im Hamburger VS, in den kooperierenden staatlichen Fördergremien der Hansestadt, lief ohne DKP und ihr Sympathisantenumfeld überhaupt nichts mehr. Gut ein Fünftel der DKP-Autoren lebte in der Stadt Teddy Thälmanns, eines der ergebensten Bewunderer Stalins in der Weimarer KPD, nach dem man in der DDR einst die Kinderorganisation „Junge

Pioniere" benannt hatte. An den Universitäten waren ihre Organisationen mit den Jusos noch enger verflochten als in Berlin-West. Hier hatten sie am NDR, dem Norddeutschen Rundfunk, ihre Pfründen, sie hatten hier ihre Hausverlage, sie saßen mit an den Hebeln der „Staatsknete", der Förderungsgelder.

Hier ankerte das Flaggschiff, das ihnen in Not und Gefahr Trutz und Zuspruch bot und beim Angriff die Trompeten blasen ließ, das einstige Forum der 68er Studentenbewegung, dessen Geschichte und Niedergang der einstige Herausgeber und Chefredakteur Klaus Rainer Röhl in seinem Report „Fünf Finger sind eine Faust" beschrieb. Es war die (heute nach all den Enthüllungen aus den SED-Innereien etwas linksmuseal wirkende) Gazette „konkret" des standhaften SPD-Zinnsoldaten Hermann Gremliza. 1979 war „konkret" jedoch noch eine reale Macht, und für das linke Hamburger Journalisten- und Autorenschickimicki war es eine hohe Ehre, dort gedruckt zu werden. Es galt als radikalmarxistisches, aber „linkssozialdemokratisches" Blatt.

So waren wir baß erstaunt, als wir hier in der Ebert-Stiftung erstmals über unsere DDR-Erfahrungen in sachlicher Form auf einem SPD-Forum diskutieren konnten – und daß da Sozialdemokraten saßen, die auch zuhören wollten.

Unter den „ebertschen" Heimvolkshochschulen gab es einige Zoologen der SPD, die uns Ausgebürgerten als aussterbender Spezies eine Art Minderheitenschutz einrichtete. Egon Erwin Müller, in den frühen Nachkriegsjahren einst Innensenator von Berlin, half uns mit einigen Getreuen bei Zusammenkünften und Tagungen.

Der Bochumer Gemanistikprofessor Paul Gerhard Klussmann hatte ein in dieser Zeit der Abgrenzungen einmaliges Pflänzchen geschaffen, den sogenannten „Arbeitskreis Lite-

ratur und Germanistik in der DDR", den er mit seinem Kollegen Heinrich Mohr mit Mühe und Fleiß verwaltete. Dieser
Arbeitskreis war wohl die einzige Instanz, der Begegnungen
nicht nur zwischen Ost und West, sondern auch zwischen
„originären" und abgetriebenen Autoren ermöglichte.

Die Ebert-Stiftung war schuld, daß ich 1979 in Hamburg-
Othmarschen, wo ich damals wohnte, den Eintritt in die SPD
wagte. Unser Domizil dort blieb jedoch ein Novum in der Geschichte der SPD, deren Kulturbeauftragte sich in der Regel
peinlich an die Auflagen der Separierung von „DDR-Repräsentanten" und „Abtrünnigen" hielten. Die DDR fühlte sich
bald gar nicht mehr aufgerufen, ihre westlichen Veranstal-
tungspartner zur Separierung zu mahnen.

Vorauseilender Gehorsam und eine uns unverständlich blei-
bende sowohl zunehmende Verbundenheit mit den Unterdrückern als auch zunehmende Ausgrenzung ihrer Unterdrückten ließen ihnen diese Separierung als selbstverständlich
erscheinen.

Einzig die Katholische Akademie in Hamburg bemühte sich
eine Zeitlang, die in der ganzen Bundesrepublik Versprengten
zu Treffen und Lesungen einzuladen, aber die wilden DDR-
Abweichler und die zwar gastfreundliche, jedoch cleane
Katholische Akademie waren in zu ungleichen Betten geboren, als daß es zur Liaison von Dauer hätte kommen können.

So blieben die meisten im Gewerkschaftsverband, und die
Fehde hielt an.

Der VS-Vorstand, bestehend aus dem sozialdemokratischen
Kleeblatt Bernt Engelmann, Hans Peter Bleuel und Jochen
Kelter; kraftvoll unterstützt vom zeitweiligen Münchner VS-
Chef Friedrich Hitzer, einem der bekanntesten DKP-Publizi-
sten (der gleichzeitig Chefredakteur des SED-finanzierten

Journals „Kürbiskern" war!), hatten sich für den Zweifrontenkrieg, den Kampf gegen den Kapitalismus, und den Kampf gegen die Ankläger des Stalinismus entschieden und nach dem Prinzip, daß der Feind meines Feindes mein Freund sein muß, kam dem Stasistaat der Verbündetenstatus zu.

Die Stasigenerale hatten längst das Know-how der Alt-KPD übernommen, die zu ihnen in Opposition Stehenden in die rechte Ecke zu drängen (schließlich konnten sie auf so effiziente Erfolge zurückblicken wie die Abqualifizierung ihrer sozialdemokratischen Gegner zu Weimarer Zeiten mit kaum zu überbietender Demagogie als „Sozialfaschisten"!). Zentimeter für Zentimeter schoben sie uns in das rechte Feld.

„Unser Arm reicht weit!", das Abschiedsorakel der Stasi begann sich auf die verschiedenste Weise von Monat zu Monat an neuen Ereignissen zu erfüllen. Die subtilen Ausgrenzungsmechanismen wurden immer wirkungsvoller.

Zur Friedensbewegung West wurden wir nicht zugelassen. In die höchsten Positionen rückten zunehmend dem „Realen Sozialismus" wohlwollend gegenüberstehende Kader. Auf den Festivals war die Friedensstammannschaft der DKP vollzählig versammelt. Hannes Wader, Dietrich Kittner, Franz Josef Degenhardt, Dieter Süverkrüp; alle waren von früh bis spät für den Frieden, es fehlte bloß noch, daß die Nationale Volksarmee Grußbotschaften und Blumen brachte.

Während sich in der Bundesrepublik Hunderttausende zu Friedensspektakeln versammeln, wird die kleine DDR-Friedensbewegung niedergemacht. Ihre Zusammenkünfte werden zerschlagen, sie werden verprügelt, verwarnt, vergattert, verhaftet und eingesperrt. Die vorwiegend sozialdemokratischen Fellow Travellers der Westfriedensbewegung rühren für sie keinen Finger. Wer traute sich noch in der Bundesrepublik, für die DDR-Demokraten Solidarität einzuklagen? Nach dem

neuen Kulturabkommen waren die auf die SED-Diktatur verpflichteten „DDR-Repräsentanten" zur einzigen Öffentlichkeit in der Bundesrepublik von DDR-Volkes Stimme geworden. Der Siegeszug der DDR-Lobbyisten schien nicht mehr
aufzuhalten.

Die letzte Bastion, die von der DKP-Mafia noch erobert werden mußte, war der bundesdeutsche Rockmusikerverband.
Rockspektakel waren massenwirksam und effizient für den
Agitprop. Nur noch der Vorsitzende *Ole Seelenmeyer* hinderte sie an der Machtübernahme. Verleumdungen, Denunziatio-
nen, Attacken bis in den privaten Bereich sollten die Festung
sturmreif schießen und die Übergabe möglichst kampflos
herbeiführen. Ich besuchte ihn in seinem kleinen Studio in
Lüneburg. Er konnte das gesamte, uns vom Stasi bekannte
Instrumentarium aufzählen, mit dem ihn die DKP zu verdrängen und einer der Ihren an seine Stelle zu bringen versuchte. Aber Ole hat durchgehalten, und die Wende hat ihn
möglicherweise gerettet.

Zweimal waren Autoren in den VS-Vorstand gelangt, die mit
den osteuropäischen Oppositionellen und uns ausgebürgerten
Autoren sympathisierten und der DKP-Mafia ablehnend ge-
genüberstanden: der Ex-DDR-Autor Erich Loest und die
Hannoveraner Lyrikerin Angela Hoffmann. (Damals war sie
noch begeisterte Sozialdemokratin, nun ist sie ausgetreten!)
Beide wurden nach einschlägigen Mustern von den übrigen
Vorstandssozis ausgegrenzt, mit Attacken verunglimpft und
schließlich hinausgedrängt. (Angela Hoffmann hat hierüber
ein über tausendseitiges Skript druckfertig vorbereitet. Wo ist
der Verlag, der sich traut, es zu drucken?)

Einmal wurde es für den prokommunistischen Klüngel des
VS-Vorstands ernsthaft brisant. Für den Vorstandsvorsitz
kandidierte die parteilose, international renommierte linke
Autorin Ingeborg Drewitz aus Westberlin. Vernehmlich ließ

sie in der Kandidatenvorstellung verlauten, daß sie sich bei ihrer Wahl zu den Bürgerrechtsbewegungen Osteuropas solidarisch verhalten würde. Die Klassenkämpferriege von VS-Sozis und DKP-Anhang lösten Generalalarm aus. Ingeborg Drewitz wurde gekippt und der Engelmann-Ziehsohn Hans-Peter Bleuel auf den Thron gehievt. Es kam tatsächlich für dieses Spektakel eine Mehrheit zusammen. Die langjährige Kaderarbeit im Gesamtverband hatte Früchte getragen.

Die Ellenbogengesellschaft des Kapitalismus, die zu erkennen und zu verurteilen uns die sozialdemokratischen Kollegen zu Beginn unserer Übersiedlung eindringlich mahnten, lernten wir zuerst bei ihren Kritikern kennen. Die Reaktion ließ nicht auf sich warten. Eine ganze Anzahl der ausgebürgerten DDR-Autoren verließ zum zweiten Mal ihren Schriftstellerverband, diesmal in Deutschland-West.

Ich dachte nicht an Austritt, da die allgemeine Lage der Westautoren (die nicht von der DKP und den Schalck-Leuten finanziert wurden) eine miserable war und ich mir von einem Gewerkschaftsmodell bessere Arbeitsbedingungen erhoffte. (Vielleicht waren die „Fellow-Travellers" auch einmal abwählbar?)

Etwas chaotisch organisierten wir stets Uneinigen unseren einzigen gemeinsamen Protest: Am 5. Oktober 1982 wurde ein Literaturtag in Marburg diesem Thema gewidmet. Natürlich waren Gewerkschaft und Verbandsführung zur Diskussion eingeladen. Aber die Plätze für die sonst so Publicitybewußten blieben leer.

Von Wolf Biermann bis zu Siegmar Faust war in Marburg eine ganze Anzahl von Autoren versammelt, um auf ihre Ausgrenzung im bundesdeutschen offiziellen Literaturbetrieb hinzuweisen. Ein weiteres Anliegen war, auf die schleichende Machtübernahme in der VS-Gewerkschaft und im institutionalisierten Literaturbetrieb durch eine DKP/SPD-Lobby aufmerksam zu machen.

Vollkommen gegen den Mainstream anredend, benannte der einst von der Stasi entführte Ex-SED-Funktionär und IG-Metaller Heinz Brandt (Hauptwerk: Ein Traum, der nicht entführbar ist . . .) erstmals das Problem: „Dieser Verband ist nicht mehr in demokratischer Hand . . .". Die „Hand" allerdings war bedeutend erfahrener und gelassener im Umgang mit ihrer Macht als wir − die viel zu emotionale, „unsachliche" Opposition. Erst heute, wo die Arbeit der Gauck-Behörde die tiefe Verstrickung vieler namhafter „Repräsentanten"-Schriftsteller der DDR, etlicher ihrer Fellow-Travellers in der Bundesrepublik und einer Anzahl hochkarätiger DKP-Funktionäre ins allumfassende Stasi-Netz offenlegt, wissen wir auch, warum.

Über all deren logistische Vorteile verfügten wir leider nicht. Wir hatten keine Partei und keine Schalck-Gelder hinter uns. Insgesamt brachten die versammelten Autoren jedoch etwa dreißig DDR-Gefängnisjahre zusammen.

Von den DDR-Autoren, die „im Lande leben", war kein einziger gekommen. Die, die wollten, durften nicht; die, die durften (na wer durfte denn schon?!), wollten nicht. Großspurig ließ der Honeckervertraute Stefan Hermlin in westdeutschen Blättern verkünden, er setze sich nicht mit Kriminellen an einen Tisch.

Heute, wo der ganze Gönnerclub der einstigen Staatsdichter wegen gewöhnlicher krimineller Delikte unter Anklage steht, erscheint eine solche Antwort als sibyllinischer Witz.

Obwohl das offizielle bundesdeutsche Gewerkschaftsestablishment durch Abwesenheit glänzte, wurden es zwei spannende Tage. Viele Studenten der Uni Marburg (die auch als

DKP-Hochburg galt) kamen und viele junge Sozialdemokraten. Das Interesse am Ende der turbulent verlaufenden Lesungen blieb groß. Vielfach stellte sich heraus, daß die Interessierten kaum Kenntnisse über die Vielfalt der Terrormechanismen des Mielke-Staates besaßen.

Die „Informationsveranstaltungen" der DKP über den „Realen Sozialismus in der Deutschen Demokratischen Republik" hatten in Marburg ihre Wirkung nicht verfehlt. Für die vorwiegend linksorientierten Zuhörer war vor allem Biermann eine glaubwürdige Lichtgestalt, weil er die Utopie des besseren Kommunismus repräsentierte.

Sozialdemokratismus jedweder Art hatte eh keine Anziehungskraft mehr. Utopie war gefragt, aber sie sollte glaubwürdig, gescheit und witzig sein und sich in jugendgemäßer Form präsentieren. Wolf Biermann war an diesen Tagen deren alles überragende Symbolfigur, und ich kam mir recht spießig vor, daß ich an seinen Kommunismus nicht glauben konnte.

Der Erfolg der zwei Public-Relations-Tage der Ausgegrenzten verursachte heftige Medienstrudel. Auch die DKP und ihre Fellow-Travellers von der SPD blieben nicht untätig. Der Hamburger Renommier-Sozi Hermann Gremliza widmete uns in „konkret" vier Seiten Text. Zitatenreich bescheinigte uns sein Journal, daß wir unverständig Leidende seien, die sich selbst nicht begriffen und deshalb weder meinungs- noch politikfähig wären.

In der Oktobernummer der „feder", dem VS-Journal, eröffnete der DKP-Mann Leonhard Mahlein, immer noch Vorsitzender der IG Druck und Papier, mit voller Breitseite. Die Austritte einer Reihe Autoren, die den Anpassungskurs an die SED nicht mehr mittragen wollten, nannte er „friedensgefährdend". Er bekam anscheinend dieselben Agit-Prop-Materialien wie die Kader der DDR-Staatspartei.

Sinnigerweise wurde im selben Oktoberheft der SPD-Chefkarikaturist Klaus Staeck mit seiner neuesten „Aktion für mehr Demokratie" vermeldet. Auf einer bundesweiten Großveranstaltung in Bonn – ja was forderte er? – endlich, erstmals vielleicht in seinem Leben – mehr Demokratie in der DDR? Nein, weit gefehlt, er forderte nur die Bundesbürger zur Rettung des VORWÄRTS auf, des sozialdemokratischen Wochenblattes, das so schlecht gemacht wurde, daß es keinen Absatz mehr fand!

In der Novembernummer kommentierte die „feder" unseren Literaturtag als eine von Haßtiraden geprägte Veranstaltung gegen den VS.

Offen wie niemals zuvor wurde sichtbar, daß Partner von Staatsterroristen, die Autorenkollegen das Schreiben verbieten, sie wie Hasen jagen, verleumden, ihre Arbeiten stehlen, sie mit direkten Mordanschlägen oder deren Ankündigungen bedrohen und mit „operativen Maßnahmeplänen" ihre Persönlichkeit zu zersetzen versuchen, um sie zum Selbstmord zu treiben, sie wie Haussklaven ohne gesetzliche Grundlage in die Gefängnisse werfen, bei einer Reihe prominenter Gewerkschafter und Sozialdemokraten in hohem Ansehen stehen. Wolf Biermann nannte die „DKP" später eine „stalinistische Syphilis".

Hier, im gewerkschaftlichen Schriftstellerverband, spielten sie sich als hochachtbare Friedensbewahrer auf, und wer ihren Genossen ihre Untaten vorwarf, war laut „feder"-Kommentar und Regieanweisungen des DDR-Ministeriums für Staatssicherheit „gegen den Frieden". Helga Novak nannte uns „Emigranten". Weiß Gott, wir waren es nicht, wir wollten hier, im anderen, demokratischen Deutschland, als ganz normale Autoren leben. Aber innerhalb des VS und bei einigen SPD-Lobbyisten waren wir so unerwünscht wie heute die afrikanischen Asylanten.

1980 erschien mein erstes Buch auf dem „Westmarkt", im März-Verlag, bei Zweitausendeins. Es thematisierte die Probleme einer Ost-West-Metamorphose nach einem Menschenverkauf in Deutschland. Damit verletzte es anscheinend in der Demokratur des Literaturklerus der Mauerstadt wiederum alle linken Tabus. Ingeborg Drewitz schrieb im Tagesspiegel eine mutige Rezension, aber die Literaturredaktionen von RIAS und SFB, die für jeden von Havemann avisierten Jungdichter sofort die Pferde anschirrten, lehnten eine Besprechung strikt ab.

Der seit Jahren den sozialdemokratisch dominierten Literaturfördergremien beisitzende Lokalmatador der Westberliner Buchhändlerszene, K. P. Herbach, ermahnte mich auf einer Festveranstaltung bei Günter Grass: „Deinert, wir beobachten dich!" Wer waren „wir"? War der lange DDR-Arm gemeint, als dessen Sprecher er sich fühlte? Sprach er als OibE oder IM? Oder sprach Herbach nur im Pluralis majestatis? In der Folgezeit war zu sehen, daß seine Mahnungen nicht folgenlos blieben.

Mir ist kein einziger der harsch mit dem Stasisozialismus abrechnenden ausgebürgerten DDR-Autoren bekannt, die er in seinen „Buchhandlungen und Kellern" lesen und – vor allem – reden ließ! Mit Argusaugen wachte er darüber, welcher Autor aus seinem Mauer- und Müslihorizont heraus „nach rechts abdriftete". Sofort streute er, daß er ihnen weitere Förderungschancen aufkündigte. War also die staatliche „überparteiliche" Literaturförderung in Berlin sein Privateigentum oder das Eigentum einer Partei? Oder hatte sich hier wieder ein kungelnder Insiderzirkel Eigentumsrechte angemaßt?

Durfte man in dieser Stadt nur als Schriftsteller tätig sein, wenn einem ein paar halbgebildete Hohepriester in geheimer Zusammenkunft einen Persilschein als „Linker" ausstellten? Wo in der deutschen Verfassung stand, welche Literatur in Deutschland unterdrückt, welche Autoren ausgegrenzt werden sollten? Ein kleiner Filz, schien's, hatte sich selber zum Literaturklerus Berlins ernannt und regierte selbstherrlich wie der römische Vatikan. Über wen er den Bann verhängte, wurde zur Unperson. Dazu gehörten etwa die Hälfte der ausgebürgerten DDR-Autoren, vornehmlich die Unprivilegierten, die nicht mit einem Paß ständig hin und her reisen konnten, und vor allem die, die aus den Gefängnissen freigekauft wurden, und auch mit Wohlverhalten und „Mäßigung" gegenüber den Kriminellen von Wandtlitz keine „Vergünstigungen" mehr erhielten.

Dasselbe stellte ich in der Szene der Bildenden Künstler fest. Die ausgebürgerten, vor allem die einst inhaftierten DDR-Maler wurden von allen Berliner Galerien und vornehmlich von den SPD-Kunstämtern ausgegrenzt. Muß ich noch erwähnen, daß eben dieselben die DDR-Staatsmaler mit überschwenglichen Lobhudeleien hofierten? Sternstunde war die Wille-Sitte-Show des Darlings der SED-Kulturbonzen, des Leiters der Staatlichen Kunstgalerie, Dieter Ruckhaberle. Ruckhaberle (FDP!!) zahlte aus Berliner Steuermitteln einen der aufwendigsten Kataloge, der dem SED-Parteichef des VBDK (Verband Bildender Künstler) der DDR jemals gedruckt worden ist!

Der umtriebige Multifunktionär und Hansdampf in allen Kunstgassen, nebenbei Maler, nahm sich tatsächlich auch noch die Zeit, unsere Sitzungen des Schriftstellerverbandes mit seinem Auftauchen zu beehren. (Er war ja auch Schriftsteller, schrieb Artikel!) Vor allem, wenn es darum ging, den widerborstigen SED-kritischen Berliner Autoren (die mittlerweile fast alle ausgetreten sind) bei „antikommunistischen

Verunglimpfungen" in die Zügel zu fallen und den Karren wieder in die richtige Richtung ziehen zu helfen (Beifall von der Berliner VS-SEW-Fraktion).

Außer den offenen Feinden sind später bald jene „Westler" nahezu nicht mehr zu zählen, die im Auftrag der Stasi den Boden zerstörten, auf dem die ausgebürgerten Maler, Autoren, die Verleger SED-kritischer Schriften hätten leben können. Aus Sieghard Pohls Stasi-Akte, OV „Sammler", purzeln sie zu Dutzenden. Offen liegen die Stasi-Anweisungen an ihre ausführenden Chargen, wie sie unter Decknamen unsere Existenzen zu „zersetzen" haben.

Nein, nicht „mit dem Strom zu schwimmen" war in der Bundesrepublik im Zuge der „Entspannung" nicht sehr „verkaufsförderlich". Wie konnte man also leben? Neben meinem Studium arbeitete ich, wie viele andere Autoren, als freier Journalist vor allem für öffentlich-rechtliche Hörfunkanstalten. Im wesentlichen natürlich für die Redaktionen, die an den Themen, die ich anbot, Interesse hatten. Ein Teil waren reine Broterwerbsarbeiten, ein Teil waren echte „Story-Features", ein Teil sollte der „Aufklärung" dienen. Also ostwestdeutsche Recherchen, die in beiden großen Lagern aus Opportunitätsgründen unbeachtet blieben. Die Redaktionen, in denen man noch neben dem „Mainstream" schwimmen konnte, wurden zunehmend weniger. Am NDR war allzu DDR-Kritisches schon recht anrüchig, bei Radio Bremen so gut wie verpönt. (Ein namhafter sozialdemokratischer Redakteur ließ es mich direkt wissen: Ich mach nichts gegen die DDR! „Gegen", das umfaßte schon nahezu dasselbe Spektrum, das Karl Eduard von Schnitzler definiert hätte.)

Eine Insel der Toleranz blieb der Deutschlandfunk, an dem der Ex-Dresdner Heinz Kluncker spannende Deutschlandfeatures mit vielen verschiedenen Autoren produzierte, die in beiden Teilen des Landes eine große Hörergemeinde hatten.

Unsere Gegner von der Firma „DKP- und Fellow-Travellers" waren uns also im „Wettbewerb" weit voraus. Die Seilschaften waren seit Jahren in die Redaktionen hinein geknüpft, und hin und wieder half schon der Hinweis, der oder jener Autor sei doch ein „Kalter Krieger", dann war für den Bedauernswerten fürderhin die Redaktionsmitarbeit tabu.

Trotz der offiziell verordneten DDR-Sympathie, deren Probleme immer drängender wurden, wollte ich mir an einem der öffentlich-rechtlichen Sender ein Redaktionsrefugium schaffen. Als guter Sozialdemokrat dachte ich an den WDR und bat Egon Erwin Müller, darüber mit dem WDR-Intendanten Günter Struve zu sprechen. Nach einigen Wochen mußte er mir jedoch mitteilen, daß da prinzipiell keine Einstellung möglich wäre, man wolle keine Problemfälle schaffen.

Einen ähnlichen Ausgang nahm ein Gespräch mit Hans-Werner Schwarze, bei dessen Fernsehlabor „Kennzeichen D" ich ein Praktikum machte. Ich hätte mich genausogut beim MfS, Hauptabteilung XX/5 selber bewerben können! Weitere Recherchen führten mich mit an Sicherheit grenzender Wahrscheinlichkeit zu dem Schluß, daß in den sozialdemokratisch verantworteten Medien unser DDR-Berufsverbot fortgesetzt wurde. Mir war, als ob sich da eine deutsch-deutsche Lawine zusammenbraute, die uns noch einmal, dann jedoch aus ganz Deutschland, hinausdrücken würde.

Mein Kollege Chaim Noll, der Sohn des DDR-Staats-Autors Hans Noll, der noch vor dem Mauerfall ein Buch über die ostwestlichen Verstrickungen schrieb („Berliner Scharade"), wurde selber in ermüdende Kämpfe mit der einstigen Ständigen Vertretung verstrickt. Nach der Wende, als sich alle seine Recherchen bestätigten, bekämpften ihn die ins Unrecht Gesetzten weiter. Nicht die Wahrheit hat recht, sondern die Macht, die sie verhindern kann. Heute lebt Chaim Noll in Rom.

Ich schrieb keine Erzählungen mehr, geschweige denn Bücher, ich war mir klargeworden: Eigentlich wollte ich ja „die DDR" erreichen. Die Konservativen im Westen klopften uns auf die Schulter, aber Bücher lasen sie nicht. Die Linken hatten am Westen so vieles auszusetzen, daß Osteuropa dahinter verschwand. Feministen-, Schwulen- und Ökoprobleme nahmen die Aufmerksamkeit in Anspruch. Die Anklage politischer Unterdrückung in Südamerika, der Türkei oder Südafrika war weitaus wichtiger. Der alternative Rand schließlich interessierte sich eher noch für die Fertigung ökologischer Mokassins bei den Schwarzfußindianern als für die illegale Weinvergärung der Stasi-Häftlinge von Bautzen II.

In der DDR war unser eigentliches Publikum, jedoch unsere Bücher, die wir hier schrieben, wurden in den Giftschränken der Stasi eingesargt. Aber es gab noch das Hörspiel, die Radiowellen, die zollfreie Konterbande in alle Welt transportierten. Kam nicht auch Karl-Eduard von Schnitzler jeden Abend zu uns und den Ost-Bürgern auf dem Schwarzen Kanal?

In der DDR hatte ich über zwanzig Hörspiele geschrieben, ohne jedwede Aussicht auf Sendemöglichkeiten, bis die Stasi meinen ganzen Skriptbestand stahl. Diebstähle der Stasi an Skripten und Kunstwerken waren eh an der Tagesordnung, ich habe niemals erlebt, daß der realsozialistische Ost- und demokratischsozialistische Westschriftstellerverband auch nur formal protestiert hätten!

So entschloß ich mich, nur noch Hörspiele zu schreiben, denn die Hörspielredaktionen der Öffentlich-Rechtlichen waren „ideologisch" noch relativ unabhängig. In meinem ersten Weststück zeichnete ich das Schicksal eines Wallraffs in der DDR. Günter Wallraff, Deutschlands namhaftester Linkspublizist, hatte als Under-Cover-Journalist viel Furore gemacht. Er schlich sich in Redaktionen, Unternehmen, Institutionen ein und veröffentlichte anschließend seine Recherchen als Hot-Reports. Das wäre der Traumjob meines Lebens in meiner einstigen Heimat gewesen!

Gewissermaßen fühlte er sich in einer Wächterfunktion, mit guter Public Relations, die Leser rissen ihm seine auflagenstarken Reports aus den Händen. Wenn es nicht solche Wächter gäbe, wie wäre die Aufdeckung des Watergate-Skandals möglich gewesen? Was ich problematisch fand, war, daß er wichtigtuerisch in der DDR herumreiste, und in jenem Lande, das sämtliche Freiheiten auf die brutalste Manier unterdrückte, von der Unterdrückung in der „BRD" schwadronierte. Natürlich wurde er deshalb auch in der DDR veröffentlicht, und die DKP pries ihn in den höchsten Tönen (hier war der Beifall von falscher [DDR!-]Seite kein Thema!).

Ich schrieb ein Hörspiel über einen Dresdner Studenten, der von Wallraff so begeistert war, daß er versuchte, ihn nachzuahmen. Außerdem brachte ich erstmals schon die zu DDR-Zeiten grassierende Ausländerfeindlichkeit (die nicht ein Produkt der Wende ist, sondern der realsozialistischen Ausländerpolitik) auf die (Hör-)Bühne, was mir von der Linken Schimpf- und Schmähreden einbrachte (Beifall von falscher Seite, DDR-Verleumdung!).

Denn mein Aufklärer landet nicht, wie sein bewundertes Vorbild, mit fetten Tantiemen beim Rowohlt-Verlag, sondern in der U-Haft beim Ministerium für Staatssicherheit. Ich stellte mir vor, ein junger DDR-„Under-Cover-Journalist" wäre ins Schalck-Imperium eingedrungen und hätte darüber berichtet. Erstens gäbe es in der DDR kein Journal, in dem er hätte veröffentlichen können, und hätte er im Westen veröffentlicht, wäre ihm die Todesstrafe wegen „Spionage" sicher gewesen!

Ich hatte also noch einen großen Tabubruch begangen: ich hatte die Lichtgestalt Wallraff beschädigt. „Glasnost" war und blieb nicht nur für die SED, sondern auch für die bundesdeutsche Pro-DDR-Linke und die Links-SPD ein Prozeß, der vielleicht gut für die Russen sein mochte, aber nicht für die verbeamteten Enkel des Trierer Klassenkampferfinders, die nach ihren Kapitalkursen auf Sinnsuche waren! Hüben wie drüben galt (und gilt??) die klassische deutsche Beamtenparole: Man diskutiert die unbequemen Dinge nicht, man sitzt sie aus!

Nach der Wende wurde meine Einreisesperre gestrichen, nach 15 Jahren konnte ich erstmals wieder zurück. In den Zeitungskiosken sah ich die altvertrauten Journale. Die Köpfe waren die gleichen, aber die Schlagzeilen überschlugen sich. Ein fieberhaftes Fragenstellen hatte begonnen.

Nach der Wiedervereinigung, die Westzeitungen waren schon allenthalben präsent, und Gruner & Jahr hatte gerade den Berliner Verlag gekauft, startete ich für ein Buchprojekt eine Umfrage bei jenen ehemaligen DDR-Überregionalen, die vorrangig die einstige Bewußtseinslandschaft meiner einstigen Heimat formten. Ich fragte Chefredakteure und Stellvertreter nach neuer Entwicklung und alten Zeiten.

Die alte DDR beschreibend, fanden sie Sätze, die unsere linken Medienpriester kategorisch ins Arsenal der „Löwenthals" verwiesen hätten.

Ich machte eine Sendung über diese Gespräche beim Deutschlandfunk – es war meine letzte. Es war wenig davon zu sehen, daß sich die SPD ihrer Vergangenheit stellte.

Auf dem ersten gemeinsamen Parteitag nach der Vereinigung im Berlin ICC einigten sich die Abgeordneten, Witz der Geschichte, geschlossen auf Oskar Lafontaine, den Kandidaten, der diese Vereinigung niemals wollte.

Die alten Bürgerrechtler der DDR, von den sozialdemokratischen Delegationen stets ignoriert, blieben auch den neuen

DDR-Wende-Sozis ein Dorn im Auge. Langjährige Stasi-IMs wie Ibrahim Böhme hatten, erwies sich, die Ost-SPD wie auch alle anderen neu entstehenden Ostparteien mitgegründet. Beim NEUEN FORUM Schnur, bei der CDU de Maizière oder Stasi-„Czerni". In der ersten Zeit ihrer „Regierungsperiode" sorgten sie für hinreichende Aktenvernichtung. Es scheint sich noch einmal zu wiederholen, was Wolfgang Leonhard in seinem Report „Die Revolution entläßt ihre Kinder" über die „demokratische" Gründung der DDR beschrieb.

In der KGB-gelenkten Kominternschule von Kuschnarenkowo bei Ufa probten die zukünftigen Machtinhaber der kommenden DDR schon vor Kriegsende wie im Stanislawski-Theater in Rollenspielen die Gründung von „Volksausschüssen". Nach dem Motto Ulbrichts: „. . . Es muß demokratisch aussehen, aber wir müssen alles in der Hand haben . . ." In der Wende-DDR schien es so, als ging die Rechnung schon wieder auf! Die Stasi hatte den DDR-Untergang beizeiten vorausgesehen und den organisierten Rückzug schon lange vorab geplant. Kaum jemand rechnete mit der Wiedervereinigung und wer glaubte nach der Wiedervereinigung an die Entstehung der Gauck-Behörde. Wurden doch auch nach dem Fall des NS-Regimes die Akten erst einmal weggeschlossen!

Bei der SPD begann der Kampf um die Aktenvernichtung bereits weitaus früher.

Jahrzehntelang führte sie einen energischen Kampf zur Schließung der Salzgitter-Behörde, der letzten Instanz, die die Unrechtstaten der Politbüro-Mafia vor allem an der deutsch-deutschen Grenze registrierte. Nun, da nach der Wiedervereinigung alle etablierten Parteien betroffen waren, schienen sie vereint an der Beerdigung des „Vergangenen" interessiert. Nur der Druck der noch nicht mundtot gemachten Bürgerrechtler bewirkte, daß die Akten im Ostteil Deutschlands verblieben und der Öffentlichkeit zugänglich gemacht werden konnten. Die Gauckbehörde eröffnete Abgründe.

Die ersten meiner Freunde erhielten Akteneinsicht. Unser schlimmster Verdacht bewahrheitete sich. Nicht nur unzählige Ostprominente, allen voran ein Großteil der DDR-„Staatskünstler", aber auch immer mehr „Wessis" waren einst inoffizielle Mitarbeiter der Mielke-Behörde gewesen.

1991 bereitete ich eine Hörfunksendung beim gewendeten DS Kultur über die Apartheid der ostwestdeutschen Mächtigen gegenüber den DDR-Kritikern vor. Ich nannte sie „Nischendorado" und führte Gespräche mit ausgebürgerten Autoren wie Siegmar Faust, H. J. Schädlich, Josef Budek und Freya Klier, aber auch mit einstigen Ausgrenzern wie Hermann Kant und Gerhard Henninger, dem Sekretär und „Chefschützer" des einstigen DDR-Schriftstellerverbandes. Die Sendung wurde beim DS Kultur produziert (Regie: Albrecht Surkau, ein einst aus politischen Gründen entlassener und in den Westteil Deutschlands vertriebener Hörspielregisseur), und pingelig ließ ich, meiner Informationspflicht folgend und in der Hoffnung auf öffentliche Diskussion, den Beteiligten das Sendeskript zukommen.

Henninger, dessen zensierende Eingriffe im ehemaligen DDR-Literaturbetrieb unter den Autoren schon Anekdoten produzierten, reckte zum letzten (?!) Mal die verbietende Hand. Der DS-Kultur (noch fast ausschließlich aus einstigen Genossen bestehend) kuschte erwartungsgemäß. Sendung und Diskussion fanden bereits nicht mehr statt.

Beteiligte Autoren und Freunde vom Bündnis 90 organisierten im Haus der Demokratie Friedrichstraße, Berlin, am 1. April 1992 eine Protestdiskussion, aber die Zeit der Bürgerrechtler war lange vorbei!

So nahm es nicht wunder, daß unweit von uns, in Brandenburg, der einstige evangelische Konsistorialpräsident und Erzfeind der DDR-Bürgerrechtler, der Stasivertraute oder „IM Sekretär", Manfred Stolpe, zunehmend an Macht und Einfluß gewann – als sozialdemokratischer Ministerpräsident, für den seine Westgenossen, wie sollte es anders sein, nun mit geschlossenen Augen durchs Feuer gehen. Der frischgebackene Sozialdemokrat ist bis heute seinem ehemaligen MfS-Führungsoffizier Klaus Roßberg in seelsorgerischer Treue verbunden. Unsichtbare Hände aus dem Sympathisanten-Dunkel verhindern jede kritische Durchleuchtung der neuen sozialdemokratischen Machtinstanz.

Der „Stolpe-Ausschuß", zur Untersuchung der Stasi-Verstrickungen des einstigen Widersachers der Bürgerrechtler berufen, besteht fast ausschließlich aus Leuten, die diesen Ausschuß am liebsten abschaffen würden.

Manfred Wilke, einer der wenigen Achtundsechziger, der die zunehmende Unterwanderung bundesdeutscher Gewerkschaften, vor allem der IG Druck und Papier (spätere IG Medien) durch die Deutsche Kommunistische Partei anprangerte („Der Kampf um die Köpfe"), wurde als Politikprofessor Sachverständiger in Sachen „Akten des Zentralen (SED) Parteiarchivs" für den Stolpe-Untersuchungsausschuß. Nun liegt sein Gutachten der SPD so schwer im Magen, daß es ihr plötzlich „zu teuer" wird.

Die Bürgerrechtler in der DDR waren wenige, wir „Rausgedrängten" zählen sicher nicht mehr als einige Tausend. Die Mehrheit der DDR-Bürger schwamm mit dem Strom, ging mit Staat und Stasi konform, wie auch im Hitlerreich die Mehrheit der Deutschen den Führungsanspruch der Nazis goutierte. Indem sie sich gegen uns entschied, wie Freya Klier es benannte, eine „Apartheid" errichtete, uns in die „rechte Ecke schob", bemühte sich die SPD, wahltaktisch vorausdenkend, vermutlich um das größere Wählerpotential. Vermutlich wird nicht die PDS, sondern die SPD die Einheitspartei beerben.

Die Situation ähnelt der Zeit der Austritte der Ex-DDR-Autoren aus dem von Engelmann verwalteten West-Schriftstellerverband VS. Mochten doch dreißig oder vierzig austreten, so argumentierte er, dafür kamen genug neue. Populismus; die Achillesferse der Demokratie. Es zählt die Masse, nur der gewinnt, der es versteht, sie für sich zu gewinnen. Stolpe ist das Symbol für die Mitläufermasse – ein jeder trage des anderen Last.

Unter den DDR-Autoren wäre ein Vaclav Havel nicht möglich gewesen. Hätte es ihn gegeben, wäre er heute ein unbekannter Mundtotgemachter. Er wäre in seiner gewendeten Heimat kein Minister geworden, geschweige denn Staatspräsident.

Es gibt für die Deutschen eine Karikatur in den übrigen Ländern der Welt. Es ist eine ältliche Männerfigur. Sie heißt Michel, trägt Schlafrock und Zipfelmütze und ist der geborene Untertan. Von Beruf könnte man ihn sich als Kaufmann denken, als Figur, die jederzeit das für sie Vorteilhafteste tut. Mit ihren Eigenschaften wären wir in der SPD sicher erfolgreicher gewesen. Wenn ich mich umsehe, führt mich mein Blick mit Erstaunen und Bewunderung zu einer Frau namens Erika Asmussen, in den bundesdeutschen Medien besser bekannt unter dem Namen Carola Stern. Sie war in ihrem Leben immer obenauf, immer vorne dran.

Im Dritten Reich begeisterte BDM-Führerin, dann in der DDR SED-Funktionärin, in der Bundesrepublik schrieb sie in der Zeit des Kalten Krieges eine kritische Ulbricht-Biographie und wurde stante pede Redakteurin beim WDR. Als die SPD auf Entspannung umschwenkte, war sie am WDR bemüht, bei meinen freien Kollegen jede harsche Kritik über den Ulbricht-Nachfolger-Staat abzublocken. In jedem neuen Mainstream ist sie sofort zu Hause und nimmt alles mit, was er bietet. Kehrt er sich um, wechselt sie sofort die Richtung, bereut das Vergangene – und das schöne Leben geht weiter. Nach der Wende traf ich sie wieder. Im Dezember 1990 erklärte sie in der Arnold-Stiftung in Bonn, daß sie sich – wieder einmal – geirrt und nun endgültig vom Sozialismus abgekehrt hätte.

„. . . *Auch ich habe bis vor zwei Jahren geträumt, daß es eine Alternative zum Kapitalismus gibt. Denn der Kapitalismus hat Formen entwickelt, die sich Marx gar nicht mal vorgestellt hat. Ich habe geglaubt, daß der demokratische Sozialismus solch ein Alternativmodell ist. Und ich habe einsehen müssen, daß demokratische Sozialisten dort, wo sie in den letzten fünfzehn Jahren an die Macht gekommen sind, in Griechenland, Italien, Spanien oder Portugal und Frankreich, keineswegs Alternativen entwickelt haben, wo wir sagen können, also bitte sehr, seht Euch an, hier die Kohl-Regierung und dort die demokratischen Sozialisten. Ich sage Ihnen, das Schlimme ist, daß wir einsehen müssen, daß der Sozialismus kein Alternativprogramm ist . . .*“

Durch diese erstaunliche Überlebensfähigkeit, sich blitzschnell anzupassen, wurde sie bei Talk-„Schauen“, auf Polit-Podien und Veranstaltungen zu Frauenfragen im SPD-Umfeld zum gern gesehenen Gast. Während die Honecker-Widerständler, ihre Ex-Landesherren im Westen weiterhin nervten und dafür mit Ausgrenzung von beiden Seiten abgestraft wurden, hatte sie stets zur rechten Zeit die Pferde gewechselt. Wer wollte da Manfred Stolpe anklagen? Der lange Arm der DDR hat uns – inmitten der SPD – eingeholt. Nur die Partei entscheidet, wer Gutdenker ist und wer nicht.

Und die Partei hat immer recht . . .

Ikarus und Simplicissimus

Siegmar Faust,

geboren 1944, aufgewachsen in Heidenau bei Dresden, Abitur 1964, Praktikum in der Landwirtschaft, Kandidat der SED, Studium Kunsterziehung/Geschichte in Leipzig, Bewährung in der Produktion wegen „unzensierter Gedichte", erneute Delegierung zum Studium, diesmal ans Leipziger Becher-Institut, der kostspieligen Schriftstellerausbildungsstätte, 1968 Zwangsexmatrikulation infolge einer allgemeinen Säuberung, Ausschluß aus der SED.

Seinen Lebensunterhalt bestritt Faust als Saison-Kellner, Landarbeiter, Elektrokarrenfahrer, Gleisbauarbeiter, Vermessungsgehilfe, Viskosewäscher, Sachbearbeiter, Aufzugsführer, Transportarbeiter, Motorbootfahrergehilfe und Nachtwächter an der Deutschen Bücherei zu Leipzig. Nach wenigen Gedichtveröffentlichungen konnte er sich in Sachsen nur als Untergrund-Autor profilieren, geistig, moralisch und materiell von Manfred Streubel und von Volker Braun unterstützt.

1971 erste Verhaftung wegen „staatsfeindlicher Hetze", weil er seine Freunde (darunter Wolfgang Hilbig, Gert Neumann, Andreas Reimann) und sich einem westdeutschen Verlag anbot. Nach elf Monaten amnestiert. 1974 erneute Inhaftierung, weil er Ausreiseanträge für seine Familie und sich zu deutlich begründete. Verurteilung zu viereinhalb Jahren Freiheitsentzug. Nach vierhundert Tagen Kellereinzelhaft in Cottbus vorzeitige Entlassung aufgrund in- und ausländischer Interventionen. Aufnahme im Freundeskreis von Wolf Biermann und Robert Havemann.

Im September 1976 siedelte Faust nach West-Berlin über, zog später in die Pfalz und nach Hessen, um sich nach dem Fall der Mauer in Berlin/Prenzlauer Berg niederzulassen. Faust erregte 1979 mit seiner sechsteiligen ZDF-Spielfilmserie „Frei-

heit, die ich meine" (über Christen und Marxisten in der DDR) beachtliches Aufsehen. Er schrieb weitere Filmdrehbücher, Features und veröffentlichte bisher sechs Bücher, darunter die Titel „Ich will hier raus" oder „In welchem Land lebt Mephisto?".

Der parteilose Schriftsteller verdiente seinen Lebensunterhalt als Chefredakteur der beiden Zeitschriften „DDR heute" und „Christen drüben" sowie als Vortragsredner des Gesamtdeutschen Instituts und verschiedener Stiftungen.

1990 wurde Faust Mitbegründer und ehrenamtlicher Geschäftsführer des Dokumentationszentrums zur Aufklärung der SED-Verbrechen e.V. Im Freien Deutschen Autorenverband (FDA) fungiert er zur Zeit als Vizepräsident. Mitarbeit in der Forschungs- und Gedenkstätte Normannenstraße, im Mauermuseum Haus am Checkpoint Charlie und in der Gedenkbibliothek zu Ehren der Opfer des Stalinismus.

Anders als die linke, Heilsgeschichte parodierende Phantasie malt sich die rechte kein künftiges Weltreich aus, bedarf keiner Utopie, sondern sucht den Wiederanschluß an die lange Zeit, die unbewegte, ist ihrem Wesen nach Tiefenerinnerung und insofern eine religiöse oder protopolitische Initiation. Sie ist immer und existentiell eine Phantasie des Verlustes und nicht der (irdischen) Verheißung. Eine Phantasie also des Dichters, von Homer bis Hölderlin.

(Botho Strauss)

Wer den Boden unter den Füßen verliert, ist zu großen Sprüngen nicht fähig. Soll heißen: Wer sich wandelt, tastet sich vorsichtig, auf jeden Fall unbeholfen dem nächstliegenden Port zu, dem man so etwas Grundlegendes wie Sicherheit zutraut.

Es ist deshalb natürlich, daß scheiternde oder sich aus der ideologischen Enge befreiende Marxisten/Kommunisten glauben, sich erst einmal auf den Positionen der Sozialdemokratie, und dort so links wie möglich, ausruhen zu können. Eins hat man ja bis ins Unbewußte tief verinnerlicht: Links ist progressiv, rechts ist reaktionär. Und wer möchte schon reaktionär sein?

Ich selbst himmelte damals, als ich 1976 nach 33monatiger Haft und anschließender Akklimatisierung im Biermann-Havemann-Kreis in den freien Teil Berlins geriet, den Erfolgsschriftsteller Günter Grass an, der mir riet, nachdem ich mich über die verwirrende Vielfalt von Angeboten, Möglichkeiten und Wahrheiten ausgelassen hatte, ich solle mich an der SPD orientieren. Das hatte ich ohnehin vor. So war ich unheimlich dankbar, daß ich von einer alten SPD-Genossin, die mich vom Notaufnahmelager Marienfelde her etwas betreute, eine Karte für eine SPD-Wahlveranstaltung erhielt. Willy Brandt und der damalige Bundeskanzler Helmut Schmidt waren die Hauptredner. Und ich durfte dabeisein! Auf der anderen Seite war ich dennoch sehr abgelenkt, weil zur selben Zeit das erste Mal von mir Gedichte im Rundfunk verlesen wurden.

Ich hielt in der einen Hand ein kleines Radio und preßte mit der anderen Hand ein kleines batteriebetriebenes Aufnahmegerät dagegen. Auf dem Band mischten sich dann meine Gedichte mit der markanten Stimme Willy Brandts.

Zu meinem ersten Vortrag wurde ich bald nach Bayern eingeladen. Ich reiste, wie ich es von der FDJ oder SED her gewohnt war, mit einem Redemanuskript an, um über meine Erlebnisse in der DDR zu berichten. Doch der Direktor des Studienzentrums für Ost-West-Probleme entwand mir mein Manuskript und zwang mich so, frei vor Bamberger Gymnasiasten zu referieren. Somit förderte ein CSU-Mann, was ich damals noch nicht wußte, meine Entfaltung zum freien Vortragsredner, womit ich in der Folgezeit hauptsächlich meinen Lebensunterhalt verdiente.

In Berlin entdeckte mich dann erst einmal ein SPD-Frauen-Kreis aus dem traditionellen Arbeiterbezirk Wedding, wo ich über meine DDR-Erlebnisse ungeschminkt berichten durfte.

Noch in den Katakomben des Zuchthauses Cottbus, in denen ich eine 401tägige Kellereinzelhaft absolvieren mußte, fühlte ich mich zwar schon dem Marxismus entfremdet, doch den Jusos, rein empfindungsmäßig, zugetan. Als ich nach meinem Freikauf im Westteil Berlins endlich den Kontakt zu den Jusos fand, war ich schockiert. Ihre Ausdrucksweise schien bei Egon Krenz geschult worden zu sein.

In der Vorhalle der TU-Mensa glotzte mich Stalin von Riesenpostern an; im Bücherangebot der Wühlkisten dominierten Marx, Engels, Lenin, Stalin, Trotzki, aber auch die Philosophen der Frankfurter Schule, die mich damals noch brennend interessierten. War es mir doch schon in meinem sächsischen Stasi-Staat gelungen, Herbert Marcuses „Der eindimensionale Mensch" zu verschlingen.

Na also! Die vielen Jahre seit frühester Jugend an, die man in die marxistischen Klassiker investiert hatte, schienen nicht sinnlos gewesen zu sein, wenn selbst Professoren im Westen freiwillig Marxismus studierten.

Versuchte ich anfangs, meine nervöse Überreiztheit, die aus der unüberschaubaren Fülle von Meinungen, Thesen, Theorien und materialisierten Ideen in Form von Konsumartikeln resultierte, in einer Kirche zu beruhigen, so trieben mich die Predigten mit Solidaritätsaufrufen für linke „Befreiungs"-Terroristen und kaum verschleierte Klassenkampfparolen schnell wieder in das unvertraut hektische und grelle Leben zurück.

Es war ja nicht so, daß ich es nicht mochte, das „donnernde Leben", von dem Wolf Biermann schon in Ostberlin gesungen hatte, und das ich nun im freien Teil Berlins life erleben durfte. Ich war fasziniert von der Buntheit, der Individualität, dem Reichtum und seinem Gegenteil, nur hatte ich keinen, der meine Entdeckerfreude teilen mochte oder konnte, so daß ungeteilte Freude sich oft als Schmerz verkrampfte.

Unvergeßlich bleibt mir das Erstaunen, als ich zum ersten Mal die „Bullen", mit Helmen und Schildern bewaffnet, ein Häuflein von circa 300 linksanarchistischen Chaoten vor der Wut der Feierabend haben wollenden Normalmenschen schützen sah, weil diese nicht einsehen konnten, warum diese „linken Spinner" ausgerechnet im Berufsverkehr den Ku'damm blockieren mußten.

Überhaupt gerieten meine tief verinnerlichten Freund-Feind-Bilder der einerseits so primitiven wie andererseits raffinierten DDR-Bildung völlig durcheinander. Gott sei dank war meine Neugier, sogenannte rechte Kräfte kennenlernen zu wollen, also solche, vor denen mich meine linken Freunde immer warnten, stets stärker als meine Berührungsängste. Und

siehe da: ob nun in der Bundeswehr oder in den Landsmann-
schaften, in der CDU oder CSU, in Häftlingsvereinen oder im
Axel-Springer-Verlag, im ZDF-Magazin oder im Haus am
Checkpoint Charlie, in der Internationalen Gesellschaft für
Menschenrechte oder im Freien Deutschen Autorenverband,
überall traf ich Menschen, im wahrsten Sinne des Wortes.

Ein Springer-Journalist nahm mich bald zu einem SEW-Par-
teitag mit, der in der geschichtsträchtigen Berliner Hasenhei-
de stattfand, wo kurz zuvor erst Franz Josef Strauß Tausende
seiner Fans begrüßt hatte. Auf dem riesigen Areal herrschte
Volksfeststimmung. Viele zornige junge Männer mit hohen
Stirnen, Bärten und runden Nickelbrillen verkörperten also
im Westen die Politik Leonid Honeckers. Sogar eine Singe-
gruppe in blauen FDJ-Blusen trat dort auf. Gespenstisch.
Doch als diese tausendköpfige Menge dann nach dem partei-
chinesischen Grundsatzreferat in frenetischen Beifall verfiel,
die Hände klatschend über den Kopf bewegend, mußte ich
unbedingt an die frische Luft.

In der DDR wurde vor solchen Parteifesten das Beifallklat-
schen regelrecht geübt, aber hier im freien Westen funktionierte das noch freier und williger, ich verstand die Welt noch
nicht.

Ich reiste dennoch wie ein Missionar durch die westlichen
Lande, das zu berichten, was ich erfahren, gesehen, erlitten
und durchschaut hatte. Eingesetzt wurde ich zum großen Teil
vom Gesamtdeutschen Institut. Der ehemalige Leiter der
Außenstelle Berlin, ein rechter Sozialdemokrat, sagte mir
eines Tages: „Faust, Sie sind für unsere Thematik ein richtiger Büchsenöffner. Sie kommen gut an. Aber welchen Schaden Sie mit Ihren Schlußfolgerungen gegen meine Partei anrichten, das scheint Ihnen vielleicht gar nicht bewußt zu sein.
Damit ich den Schaden begrenzen kann, muß ich allen, die

Sie anfordern, noch drei Referenten meiner Partei aufschwatzen."

Ach ja, es war die Hochzeit der Entspannungspolitik. Karsten Voigt und Egon Krenz fuhren privat zum gemeinsamen Urlaub in die Hohe Tatra. Der Bundeskanzler sollte sich bald darauf von Leonid Honecker ein Bonbon in den Mund schieben lassen. Die Ekelzeremonie mit der zweiten Diktatur auf deutschem Boden gipfelte dann in dem als Arbeitsbesuch getarnten Staatsakt des Honecker-Empfangs und in dem gemeinsamen SPD/SED-Papier.

Viele meiner in der IG Druck und Papier organisierten Schriftstellerkollegen sahen die Bundesrepublik Deutschland überwiegend an der Schwelle zum Faschismus stehend, empfanden sich selbst zensiert, manipuliert, verhöhnt, beschimpft, bedroht und überhaupt elend wie nie.

Für den völlig unschuldig eingesperrten, damals noch unbekannten Schriftsteller Jürgen Fuchs, der in Ostberlin nach der Biermann-Ausbürgerung aus Professor Havemanns Auto herausgezerrt worden war, kam auf Anhieb keine Protestresolution zustande, dafür aber für den RAF-Unterstützer Peter Paul Zahl, der mit einer Pistole einen Polizisten niedergestreckt hatte.

Wie klein kam ich mir damals mit meiner Biographie vor. Weltverbesserungsideen, Utopien und unverbindliche Modegags waren gefragt. Unsere Erkenntnisse? Oder gar die Solschenizyns, der mit am tiefsten den roten Feudalismus durchschaut hatte? Realismus? Nein danke!

Immerhin kam damals der ebenfalls aus Mitteldeutschland stammende Gerhard Zwerenz, der nach der Wende zum Starschreiber des NEUEN DEUTSCHLAND avancierte, zu folgender Einsicht: „Für Solschenizyn hatten wir Spott übrig, dann Verachtung. Die Seelenstärke, an den Schmerzen der Opfer schmerzvoll teilzuhaben, bringen wir nicht auf."

Die Argumente der SPD-Politiker Peter Bender, Koschnick, Schmude, Stobbe, mit denen ich damals Gelegenheit hatte, persönlich zu sprechen, gipfelten stets in der stereotypen Formel: „Zur Entspannungspolitik gibt es keine Alternative!"

Das stand ich nun, ich „Kalter Krieger"!

Der damalige Leiter der Ständigen Vertretung in Ostberlin, Günter Gaus, der während eines Fluges über unser noch geteiltes Land zufällig neben mir saß, ließ es mich deutlich wissen: „Wissen Sie, Herr Faust, Sie machen eigentlich mehr Politik als ich. Wahrscheinlich können Sie sich das gar nicht vorstellen, wie sehr gerade Sie meinen Verhandlungsspielraum einengen!"

Ich war erstaunt und machte den Fehler, mich rechtfertigen zu wollen für meine Aufklärungsaktivitäten über das Reale im Sozialismus. Doch im Zuhören zeigte der norddeutsche SPD-Herrenreiter wenig Geduld. In Andeutungen und recht sprunghaft entlud er auf recht diplomatische Art seinen Zorn. Dann versuchte er, meine Geschichtskenntnisse zu hinterfragen: „Haben Sie schon mal etwas vom Augsburger Religionsfrieden gehört?"

Zufällig konnte ich mir denken, was er meinte, doch auf meine Antwort war er wirklich nicht erpicht, obwohl er mir zum Abschied versicherte, daß er eine Fortsetzung unseres Gesprächs wünschte.

Sieben, acht Jahre später nahm ich an einer NDR-Live-Sendung teil. Thema: „Erfassungsstelle Salzgitter. Pro und contra." Der Moderator, ein Günter-Gaus-Fan, erfuhr erst kurz vor der Sendung, wen er da mit mir vor sich hatte: einen rechtsradikalen Gerhard-Löwenthal-Verschnitt, so sein Eindruck. Neben Gaus war noch ein biederer CDU-Staatssekretär aus dem Justizministerium geladen worden. Von der Programmansagerin wurde ich als betroffener Publizist vorgestellt. Gaus riß wie üblich die Gesprächsführung sofort an sich und erklärte gespreizt, daß Salzgitter als Relikt des Kalten Krieges längst weggehöre. Umständlich versuchte daraufhin der Parlamentarische Staatssekretär der Erfassungsstelle eine Existenzberechtigung einzuräumen. So kam es zu zwei Dialogrunden, bei denen ich nur höflich gaffend daneben saß. Endlich, weil es langsam peinlich wurde, mußte der linke Moderator auch mir das Wort erteilen: „Daß wir über so ein Thema sprechen müssen, zeigt doch schon, daß wir in der Defensive sind, daß uns das Thema durch Erich Honeckers Wunschliste auf seiner Geraer Rede aufgezwungen wurde. Bisher kamen hier vor allem juristische und politische Aspekte zur Sprache. Ich bringe hier natürlich moralische Aspekte vor als einer, der selbst in einem sozialistischen Zuchthaus saß und weiß, was dieses aus Salz und Gitter zusammengesetzte Wort für Häftlinge bedeutete."

Nach einem zaghaften Beginnen kam ich langsam in Fahrt, meine Körpersprache wurde ausladender, während Gaus und sein Fan mit pikiertem Gesichtsausdruck eine immer steifere Haltung einnahmen.

Immerhin ließ man mich fortfahren: „Ich will nur daran erinnern, daß wir jetzt sechs- bis achttausend politische Häftlinge in der DDR haben, die unschuldig sitzen, nur weil sie im Prinzip . . . (Und hier verlor ich den Faden.) Die Mehrheit, nämlich 55 Prozent, sitzen heute allein nur wegen Ausreiseanträgen, die wollten also nicht mal mehr die Grenzen verletzen, wollten also nicht abhauen über diese immer undringlicher . . äh, undurchdringlicher werdende Grenze, sondern haben sich ganz legal auf Grundlagenverträge, auf UNO-Menschenrechtsdeklarationen, auf die Helsinki-Schlußakte berufen

(Der Staatssekretär nickt bestätigend.), also auf Menschenrechte, die sogar die Regierung drüben unterzeichnet hat. Und nun bedeutete Salzgitter eine moralische Stütze, ich kann's mal an Beispielen illustrieren: Wenn drüben jemand schikaniert wurde, gequält wurde, dann hat manch einer in der Zelle gerufen: Salzgitter! Und die Wärter zuckten erst mal zusammen. Natürlich wurden sie wütend, sie wußten ja genau, was Salzgitter bedeutet, und haben dann mitunter Strafen ausgesprochen.

Mancher Häftling ist wegen dem ausgesprochenen Wort Salzgitter in Arrest gesteckt worden. Aber es ist eine unheimliche moralische Hilfe, zu wissen, ich erleide diese Unrechtsstrafen, ich erleide diese Quälereien, weil das nicht versandet, denn es gibt eine Institution, wo man das registriert, und da kommt dann wieder der Vergleich zur Nazi-Zeit, denn wir haben heute noch die Erfassungsstelle in Ludwigsburg."

Der Moderator zuckte und wollte mir am liebsten das Wort abschneiden, aber er fand keinen richtigen Einstieg und fing nur an, ungeduldig herumzuzappeln. Ich fuhr hastig fort: „Nur, diese Menschenrechtsverletzungen, die bis zu Verbrechen reichen, geschehen ja täglich weiter. Was hat sich denn gewandelt?"

Jetzt wurde es dem Moderator doch zu bunt, und brutal funkte er dazwischen: „Müssen wir das in Salzgitter, darf ich Sie dahinführen, müssen wir hier in der Bundesrepublik eine Stelle haben, die das registriert, oder? Herr Gaus, wollen Sie bitte darauf antworten?"

Gaus fing den Ball wie ein Magenkranker auf: „Sehr schwer! Wenn jemand wie Herr Faust sagt, ganz korrekt sagt, ich habe im Zuchthaus in Cottbus gesessen, mir hat die Erfassungsstelle Salzgitter geholfen, dann ist dieses Argument . . . (Pause) bei dem schon sehr viel, ich hoffe, man billigt mir zu, wenn ich sage Mut, man kann natürlich auch sagen Dreistigkeit und Bedenkenlosigkeit dazu gehört überhaupt noch weiter zu sprechen. Es gibt Argumente, die den Wunsch, man möge sich weiterhin sachlich unterhalten, fast unmöglich machen, und bei denen es dann ganz üblich ist zu sagen, naja, wenn einer sich danach überhaupt noch sachlich unterhalten kann, da weiß man ja, wes Geistes Kind er ist. Dies muß ich unbedingt vorwegschicken. (Pause) Dieses vorweggeschickt und wirklich sagend, bin ich sehr beeindruckt. Selbst wenn man Menschen geholfen hat, aus Cottbus legal, beschleunigt auszureisen, bleibt ein solches Argument beeindruckend. Fast macht es einen stumm. Und es wäre nun billig zu sagen, am besten bliebst du stumm. Ich will's nun also riskieren."

Mir wären fast die Tränen vor lauter Rührung gekommen, doch ich kannte Gaus schon zu gut, um nicht zu wissen, daß das Eigentliche aus dem Hinterhalt noch zu erwarten war. Ich staunte, in welch gestelzten Worten falsches Denken daherkommen kann.

Nach einer Pause fuhr Gaus fort: „Die Frage ist, gibt es andere Möglichkeiten als jene Politik, die 1961 auf den politischen Akt des Mauerbaus die politische Antwort Erfassungsstelle gegeben hat? Gibt es andere Möglichkeiten als jene Politik, zu der die Erfassungsstelle gehört? Gibt es andere Möglichkeiten, jenen in Cottbus und auch jenen, die nicht in Cottbus, aber außerhalb der Gefängnisse in der DDR leben, eher und besser im Sinne auch der Menschenrechte zu helfen?"

Während er sich selbst diese rhetorischen Fragen stellte, blickte er immer haarscharf an mir vorbei.

„Es wird immer Beweise geben, schreckliche Beweise, oft tragische Beweise, die dies widerlegen. Jeder, der dann drüben sitzt, aus Gründen, aus denen Herr Faust und andere gesessen haben, ist ein solcher Gegenbeweis. Ich glaube, daß der Mut, der eine Politik auszeichnet, der ist, daß man trotz solcher fast lähmenden Gegenbeweise weiter die Frage stellt, gibt es andere Möglichkeiten als die durch die Erfassungsstelle? Und ich bin der Meinung, daß für die Menschen insgesamt gesehen, und keine zwischenstaatlichen Beziehungen in keinem Land und zwischen keinen Staaten der Welt schließen die tragischen Fälle aus, daß für Menschen, insgesamt gesehen, zwischen beiden deutschen Staaten sich mehr und Besseres anbahnen lasse, ohne eine Politik, zu der die Erfassungsstelle gehört."

Ich staunte wieder, wie Gaus so einen komplizierten Schachtelsatz zu einem logischen Ende führte. Aber was hat er wirklich gesagt? Er sagte ja mit keiner Silbe, ob sich tatsächlich etwas in Richtung Menschenrechtsverbesserung verändert hat, darauf geht er nicht ein. Da hätte ich wenigstens heftig widersprechen können, hätte auf den flächendeckenden Ausbau des Staatssicherheitsnetzes eingehen, hätte auf die katastrophale Umweltsituation aufmerksam machen können, auf die verdammte Wehrerziehung und die sich rapide verschlechternde Wirtschaftssituation trotz der Milliardenkredite aus dem Westen, aber Gaus war schlau genug, nicht konkret zu werden.

Ich hörte dem weiteren Gespräch zwischen dem Staatssekretär, Gaus und dem Moderator nur noch aus einer weiten Ferne zu. Keine Reizworte brachten mich wieder in die dahinplätschernde Wirklichkeit zurück, so daß einige Minuten verstrichen, bevor sich in meinen Ohren wieder eine gewisse Tiefenschärfe einstellte. Ich hörte plötzlich den Staatssekretär Erhard recht energisch, weil verärgert, ausrufen: „Ich habe vorausgeschickt, verehrter Herr Gaus, wenn die Freiheitsrechte in der DDR anerkannt werden und gelten, dann läßt sich über die Vergangenheit ganz sicher anders urteilen als in der Gegenwart!"

Gaus, in wippender Sitzhaltung, rief dazwischen: „Soviel zu der unumstößlichen Moral!"

Es sollte wohl sarkastisch verstanden werden. Ich drängte mich plötzlich ganz unerwartet ein, so daß der Moderator seinen Satz vergaß und mich nicht mehr abdrängen konnte: „Da könnte ich übrigens mit Andrej Amalrik sagen: Wäre dieses System menschlich, es wäre nicht dieses. Solange die DDR existiert durch Moskaus Gnaden, wird es immer Menschenrechtsverletzungen geben müssen, denn die Herrschenden können ja nur mit Terror an der Macht bleiben. Sie sind mit Terror an die Macht gekommen und werden nur mit Terror an der Macht bleiben können. Kein Staatsführer ist dort durch Wahlen legitimiert. Und wenn wir diese einfachen Wahrheiten nicht mehr anerkennen, nicht mehr die Grundlagen des Kommunismus beachten . . . Denn da hat sich doch nichts geändert seit Schumachers Zeiten. Wenn wir von Feindbildern absehen wollen, ist das für unsere freiheitliche, rechtsstaatliche Ordnung einfach tödlich. Wir müssen wieder die Frage aufwerfen, was sind Feinde, was sind politische Gegner. Wir hier in der Runde sind politische Gegner, vermute ich mal, wir können aber dann schön zusammen ein Glas Bier trinken, wir können uns streiten, davon lebt die Demokratie. Es gibt keine Demokratie ohne politische Gegnerschaft. Aber wir müssen wieder definieren, im alten biblischen Sinne, was sind Feinde? Die mich nämlich vernichten wollen, die mich nicht als Andersdenkenden gewähren lassen.

Denn das ist dort drüben ein totalitäres System. Und diese Probleme müssen wir endlich ethisch, moralisch und auch politisch in die Diskussion bringen. Und dann werden wir immer wieder auf politische Konstellationen zurückgehen können, daß wir auch nachgeben dürfen, daß wir gegenüber Feinden aus christlich-abendländischer Tradition heraus großzügig sein können mit Amnestie und so weiter."

306

Verständnis heischend schaute ich zu dem Staatssekretär, doch der schenkte mir diesmal keinen aufmunternden Blick. Mit rudernden Armen fuhr ich fort: „Uns geht es nicht um Rache, auch den vielen ehemaligen Häftlingen nicht, aber uns geht es darum, in selber Manier, wie man heute noch berechtigt mit dem Nationalsozialismus abrechnet, auch abzurechnen mit den laufenden, fortwährenden Verbrechen, die geschehen und immer geschehen müssen, solange das System an der Macht ist!"

Dem Staatssekretär schien das eben Gesagte peinlich zu sein, denn er versuchte sofort mit entschuldigendem Blick zu Gaus dem Gespräch eine andere Wendung zu geben, indem er wirsch abwinkend sagte: „Es geht überhaupt nicht um Abrechnung, keinesfalls . . Wir haben ja ein großzügiges Häftlingshilfegesetz, das nur für ehemalige DDR-Häftlinge gültig ist . . ., wir . . ."

Ich staune. Was habe ich denn Ärgerliches ausgesprochen? Am Ende der Ausführungen des Staatssekretärs war der Moderator noch erstaunter und meinte, daß sich ja nun die Positionen fast umkehren würden, worauf natürlich Herr Gaus heftig widersprach, bevor er genüßlich das von mir Vorgetragene zu schlachten begann: „Die Erfassungsstelle, sie hilft offenbar, sagt Herr Faust, den Inhaftierten. Darüber ist nicht zu diskutieren. Darüber kann man nur entweder sagen: Gut, das schlägt alle Argumente, oder man muß weiter überlegen.

Was zwischen diesen beiden Staaten an Möglichkeiten sonst gegeben ist, hat sicherlich durch das in der Erfassungsstelle, wie es Herr Faust eben, wie ich finde, sehr eindrucksvoll und einleuchtend für seinen Standpunkt beschrieben hat, nämlich durch die Rückbesinnung auf unseren Feind, den Kommunismus, durch das, was Herr Faust da für sich, für seinen Standpunkt sehr eindrucksvoll beschrieben hat, und wofür für ihn die Erfassungsstelle auch ein Symbol ist . . ."

Ich spitzte die Ohren. Nach so viel Schmus mußte bald der Hammer kommen.

„Das, was zwischen beiden deutschen Staaten möglich ist, wird dadurch ganz sicherlich erheblich erschwert. Das Feind-Bedürfnis, das Herr Faust begründet . . . Die Begründung ist für mich keine demokratische, sie ist für mich eine totalitäre, woher immer es kommen mag, daß sie so vorgetragen wird. Dieses Feindbedürfnis gegenüber dem Kommunismus gehört für mich zu jener Mauer in Deutschland, an der wir erheblich mitgebaut haben."

Das sollte sitzen! Demjenigen, der das totalitäre Feind-Bedürfnis des Kommunismus aufdecken will, wird einfach totalitäres Begründen und ein Feind-Bedürfnis unterstellt. So einfach ist das, um nicht zu sagen: Billig. Genüßlich lehnt sich Gaus nach dieser Attacke zurück.

Doch die eigentliche Offenbarung widerfuhr mir erst nach der Sendung, also gewissermaßen hinter den Kulissen.

Es war für die Beteiligten samt Regisseur und Redakteurin ein leckeres Büfett angerichtet worden, auch gute Bier- und Weinsorten standen bereit.

Als der Imbiß begann, suchte Gaus mißmutig die Tafel ab, bevor er giftig abspritzte: „Es müßte in diesem Haus doch bekannt sein, daß ich nur . . ."

„Entschuldigung, was darf ich Ihnen besorgen?" kümmerte sich lakaienhaft der Moderator um sein Vorbild. Und Gaus nannte seine Whisky-Sorte, worauf der Moderator nur entschlossen ausrief: „Das besorge ich persönlich!" Und flugs verließ er den Raum.

Endlich, als wir unser Gastmahl fast schon beendet hatten und Gaus nur finster dabeihockte, ohne etwas anzurühren, kam der Moderator mit der Whiskyflasche zurück. Jetzt taute Gaus endlich auf, erst im Zwiegespräch mit seiner Flasche, nach dem dritten Glas auch im Rundgespräch wichtigtuerisches Zeug absondernd, um sich gar nach dem achten Whisky mit geschwollener Zornesfalte an mich zu wenden: „Leider werden jetzt solche Typen wie Sie Oberhand gewinnen!"

Noch nie war mir bisher im Westen so viel Haß aus graublauen Augen entgegengeschleudert worden. War das derselbe Gaus, von dem mir Wolf Biermann erzählt hatte, daß er sich als damaliger Leiter der Ständigen Vertretung in Ostberlin um meine Freilassung aus dem Gefängnis bemüht hatte? Angewidert entfernte ich mich aus der Nähe dieses SED-Claqueurs.

Die allzu sanfte Revolution brachte leider die Hofsänger der Diktatur nicht zu Fall. Noch immer schwimmen die vergausten Pharisäer als Fettaugen oben auf der Suppe. Intelligent interviewt er weiterhin in öffentlich-rechtlichen Anstalten die Täter des gestürzten Regimes, erlaubt ihnen nachträgliche Rechtfertigungen, wirbt im Unterbewußtsein der Zuschauer für deren Verständnis, will suggerieren, daß es so schlechte Kerle ja gar nicht waren, daß sie ja eigentlich auch nur das Beste für alle gewollt hätten. Und überhaupt!

Später sollte ich noch viele Begegnungen mit Stasi-Offizieren, ZK-Mitgliedern oder sogar einem Politbüro-Mitglied der ehemaligen SED mit ehemaligen Opfern dieser menschenverachtenden und Gott sei dank gescheiterten Politik organisieren und moderieren. Ich kann all den ehemaligen Nutznießern und Tätern des untergegangenen Systems verzeihen, wenn sie sich nur offenbaren und dem offenen Streitgespräch stellen. Ich freue mich, wenn ich am Menschen das Wunder der Wandlung beobachten und vielleicht gar fördern kann.

Wer jedoch den Boden unter den Füßen verlor und nach Utopia entschwebte, ist schwerlich wieder auf unser irdischmenschliches Maß festzulegen. Es könnte ja sogar eine Erleichterung der Gesellschaft bedeuten, wenn solche aller Verantwortung Enthobenen sich nicht noch anmaßen würden, unsere Dinge von oben herab viel besser regeln zu können. Doch wer Gottvertrauen hat, mißtraut solchen Ersatzgöttern zutiefst.

ULRICH SCHACHT

Mein Sozialdemokrat-Sein

Biographische Anmerkungen
zu einer öffentlichen Rede

Ulrich Schacht,

1951 im DDR-Frauengefängnis Hoheneck/Stollberg geboren, wo die Mutter als politische Gefangene einsaß; aufgewachsen im Heimatort der Familie, im mecklenburgischen Wismar/ Ostsee, Grundschule, Bäckerlehre; 1970 bis 1973 Theologiestudium in Rostock und Erfurt; März 1973 bis November 1976 politische Haft in Schwerin, Brandenburg und Karl-Marx-Stadt; seit 1976 in Hamburg.

Von 1977 bis 1984 Studium der Politischen Wissenschaften und Philosophie in Hamburg; von 1984 bis 1987 Feuilleton- und Literaturredakteur bei der „Welt" in Bonn, seit 1987 Leitender Redakteur für Kulturpolitik bei der „Welt am Sonntag" in Hamburg.

Seit 1980 Buchveröffentlichungen, darunter „Hohenecker Protokolle, Aussagen zur Geschichte der politischen Verfolgung von Frauen in der DDR" (Ammann 1984, Ullstein 1989); „Lanzen im Eis, Gedichte" (DVA 1990); „Gewissen ist Macht. Notwendige Reden, Essays, Kritiken zur Literatur und Politik in Deutschland" (Piper 1992), 1990 Fernsehdokumentarspiel „Du bist mein Land . . . Eine Heimkehr" (NDR), mehrere Literaturpreise; zuletzt den „Theodor-Wolff-Preis" für „herausragende journalistische Leistungen" 1990.

Am 17. November 1976 wurde ich, knapp sechsundzwanzigjährig, nach dreidreiviertel Jahren politischer Haft in DDR-Gefängnissen, aus dem damaligen Karl-Marx-Stadt nach Gießen in die Bundesrepublik Deutschland entlassen. Der, der da an jenem winterlichen Abend die tödliche innerdeutsche Grenzlinie gefahrlos passieren durfte, ließ mit ihr ein politisches System hinter sich, dem er nie angehangen und immer widerstanden hatte.

Dieser Widerstand war nicht zuletzt gespeist von den Erfahrungen mit dem „Prager Frühling" des Jahres 1968, dessen Niederschlagung ich wie einen totalen Angriff auf meine ganze Existenz erfuhr; er war aber auch gespeist von jenem sozialdemokratischen Denken und Handeln, für das der kompromißlose Antinationalsozialist und Antikommunist Kurt Schumacher stand.

Wenngleich mir innerhalb meiner Jahre in der zweiten deutschen Diktatur Schumachers politische Positionen eher fragmentarisch, splitterhaft zur Kenntnis kamen, wurde er mir als politische Führungsgestalt auch für meinen eigenen Kampf gerade durch diejenigen erfahrbar, die ihn mit unendlichen Haßtiraden verfolgten: durch die Kommunisten der SED, deren schärfster Gegner er zeit seines Nachkriegslebens gewesen war.

Wenn ich mich also schon in jenen sechziger und siebziger Jahren vor meiner Verhaftung als Sozialdemokrat oder demokratischer Sozialist verstand, dann im Sinne dieses Mannes und seiner politischen Maximen, Urteile, Analysen und Erfahrungen. Was mir am meisten imponierte, war seine Gesinnungstreue den eigenen Erfahrungen gegenüber, wenn es um die erste und zweite deutsche Diktatur ging.

Nationalsozialisten und Kommunisten hatten nie eine Chance bei ihm; immer traf sie sein scharfes Verdikt; immer wies er nach, daß es sich potentiell, tendenziell und praktisch um politisch verklausuliert argumentierende Mörderbanden handelte, denen jede auch noch so geringe Legitimation verweigert werden mußte.

Ich konnte, als ich von Mittel- nach Westdeutschland kam, nicht ahnen, daß die Sozialdemokratische Partei Deutschlands ihren politischen Kurswechsel gegenüber der DDR längst nicht mehr nur als neuen taktischen Schritt in einer unveränderten Strategie verstand, sondern daß die Architekten und Praktiker dieses Kurses in einen ideologischen circulus vitiosus geraten waren, der aus ihrem bedenkenswerten Neuansatz, die deutsche Frage langfristig zu lösen, ein wahnhaftes Konzept gemacht hatte, dem sie mit der sich selbst verratenden pathologischen Leidenschaft von Alchimisten anhingen:

Sie glaubten, aus minderwertigen Materialien Gold machen zu können – und scheiterten mit diesem Versuch wie noch jeder Alchimist in den Jahrhunderten zuvor.

Doch davon wußte ich am 17. November 1976 nichts, und wenn es mir einer gesagt hätte, hätte ich es so nicht geglaubt. Statt dessen tat ich, was ich tun mußte: Schon am 9. Dezember, also keine vier Wochen nach meiner Haftentlassung, wurde ich in Bielefeld, wo ich mich kurzfristig aufhielt, Mitglied der SPD: Ich hatte den Parteiausweis eher als einen Personalausweis oder meinen Paß. Und die Aushändigung des Parteiausweises erfüllte mich mit Stolz.

Anfang 1977, da lebte ich – wie geplant – schon in Hamburg, kamen erste diesen Stolz irritierende Erfahrungen mit der Partei: Ein emotionsvoller Brief, der meinen Kampf innerhalb und außerhalb der DDR-Haft für die SPD beschrieb, an Willy Brandt wurde ziemlich bürokratisch und entsprechend kühl von irgendeinem Referenten beantwortet, der sich immerhin noch dazu durchrang, mir für den gemeldeten Einsatz im Sinne der gemeinsamen Sache eine „Anerkennung" auszusprechen.

Auf einem Juso-Kongreß in jenem Frühjahr jedoch, der in Hamburg stattfand, wurde ich erstmals aufgrund meiner Position, die in der DDR ins Gefängnis geführt hatte, mit der Äußerung eines jungen „Genossen" konfrontiert, daß er nur von „Faschisten" in DDR-Gefängnissen wisse.

Diese Chuzpe machte mich zunächst einmal sprachlos; ich war dennoch nicht bereit, mich davon und schon jetzt in meinem – organisatorisch gesehen – frischen Sozialdemokratie-Sein irritieren zu lassen.

Doch das Erfahrungsunglück (oder -glück?) ging konsequent weiter: Wegen meines ersten Hamburger Wohnsitzes landete ich im SPD-Ortsverein Klein Flottbek, einem Tummelplatz für kommunismusfreundliche und DDR-verteidigende SPD-Bourgeoisie aus dem Lehrer-, Beamten- und Advokaten-Milieu.

Aus der sich anbahnenden Ekelwelle rettete mich ein Umzug nach Altona. Dort lernte ich zwar nicht weniger Linksradikale im SPD-Tarnhemd kennen, potentielle Grüne, Neomarxisten und ganz einfach dummdeutsche Soft-Liberale – ich lernte zum Glück auch eine Reihe von authentischen Sozialdemokraten kennen, darunter den damaligen Bundestagsabgeordneten und späteren Hamburger Finanz- und Bonn-Senator Horst Gobrecht, der sich sein Sensorium für meine Erfahrungen nicht hatte zerschlagen lassen, der zuhörte, akzeptierte – nicht zuletzt deshalb, weil er selber in der Partei Angriffen ausgesetzt war, die von jenen kamen, die gleichzeitig für eine Zusammenarbeit mit Kommunisten eintraten, die kritiklos für eine Entspannungs- und Anerkennungspolitik gegenüber der zweiten deutschen Diktatur votierten, für die die demokratischen Konservativen schlicht das Haßobjekt

Nummer 1, der politische Todfeind schlechthin waren. Was waren Strauß oder Kohl oder Carstens diesen Leuten? Kleine Hitler allemal; und dies oft genug auch expressis verbis. Während die Polit-Kriminellen Honecker, Mielke und Co. als bewährte Antifaschisten und potentielle Mitstreiter in Sachen Teilung Deutschlands und Rettung des Weltfriedens auf der Basis eines Status quo im Sinne einer Pax sovietica galten.

Die innerparteilichen Kämpfe in dieser Zeit waren unversöhnlich und haßerfüllt; aber sie waren zugleich − was meine Position betraf − Kämpfe auf verlorenem Posten, denn der ideelle Selbstverrrat der deutschen Sozialdemokratie war zu diesem Zeitpunkt schon weit vorangeschritten und nistete − wenn auch aus sehr verschiedenen Motiven, was die Spitzengenossen betraf − unausrottbar in der Bonner Zentrale: Neomarxisten, Status-quo-Apologeten, Europa-Ideologen, ideenferne Kanalarbeiter und gesamtdeutsche Volksparteiler waren am Ende der sechziger Jahre eine dermaßen unheilvolle Koalition in der Partei eingegangen, daß der authentischen Sozialdemokratie schlicht die Luft wegblieb − sie löste sich in der SPD fast total auf, existierte nur noch als Fragment oder kuriose Personalie.

Daran änderte auch die treue Art Annemarie Rengers nichts, die den jungen Sozialdemokraten aus dem Osten beistand und den alten Sozialdemokraten, die die Gefängnisse Hitlers *und* Ulbrichts kennengelernt hatten, nicht aus dem Wege ging, wie das fast der komplette Rest des Parteivorstandes tat. Allenfalls Herbert Wehner ließ sich blicken oder sandte ein Trostwort zu den Treffen der Arbeitsgruppe ehemaliger politischer Häftlinge in der SPD, die den ihr angemessenen Status der fünfziger und sechziger Jahre − gleichberechtigt neben den vom NS-Regime verfolgten Sozialdemokraten − längst verloren hatte, unter der Bundesgeschäftsführung Egon Bahrs, versteht sich − und nun, zu meiner Zeit, ein für die Entspannungspartei Nummer 1 trauriges, peinliches An-

316

hängsel geworden war, das man entsprechend behandelte –
sonderbehandelte, indem man es der Abteilung Senioren zu-
schlug.

Gewiß, Teile der Friedrich-Ebert-Stiftung – besonders der
Chef des Stiftungszentrums in Bergneustadt, Egon Erwin
Müller – hielten Kontakt, stellten Raum zur Verfügung,
waren solidarisch, versuchten Themen zu verteidigen und
Wissen zu bewahren, retteten die fast total verlorene Ehre der
deutschen Sozialdemokratie in den siebziger und achtziger
Jahren.

Gewiß, man konnte mit Leuten wie Hans Apel, Willi Berk-
hahn und anderen reden, Verständnis oder gar Einverständnis
erzielen – aber es waren zumeist Parteipolitiker, die in vielen
Punkten selbst auf verlorenem Posten in der SPD standen.

Dennoch bin ich geblieben. Warum? Dies im einzelnen zu
analysieren, ist hier nicht der Ort. Aber soviel denn doch: Ich
hatte in der Diktatur die Erfahrung gemacht, daß sie in der
Verfolgung von Neonazismus – zwar nicht propagandi-
stisch, wohl aber praktisch – großzügiger umging als mit
Menschen, die ihren Widerstand gegen das System mit einem
sozialdemokratischen Selbstverständnis betrieben. Ich hatte
also – quasi ex negativo – erfahren, wie wirksam meine politische Überzeugung gewesen war, wieviel Furcht und Defensive sie auf seiten der kommunistischen Diktatur auslöste,
wieviel hilflose Wut und martialisches Umsichschlagen. Ich
hatte die historische Kampfkraft meiner Version von Sozialdemokratie, die ich für die authentische hielt, erfahren. Warum sollte ich ihr nun, in der Freiheit, mißtrauen? Hatte ich
den Feinden außerhalb der Sozialdemokratie unter totalitären
Bedingungen widerstanden, konnte ich doch erst recht den
Feinden der Sozialdemokratie innerhalb der SPD unter liber-
tären Bedingungen widerstehen und sie mit Hilfe anderer
Sozialdemokraten in der SPD vielleicht gar besiegen!

So dachte ich. Lange. Vielleicht zu lange. Und vielleicht immer mit dem Entlastungsargument im Hinterkopf, daß die nationale und internationale Situation vielleicht doch zu Resignation führen könnte – wenn schon nicht bei mir, so doch bei anderen. Und daß Resignation vielleicht eine Schwäche, aber eben kein Verbrechen ist.

Zum anderen konnte ich auch jenen Gedanken nicht ganz umgehen, der es mir verbot, die eigene Position um jeden argumentativen und kommunikativen Preis für absolut richtig zu halten. Wer wie ich die Denk- und Analyse-Methoden des Philosophen Popper für verbindlich hält, konnte sie letztlich nicht nur bei seinen Gegnern einklagen – er hatte sie auch in seinen eigenen Denkprozessen und Erkenntnisversuchen zu berücksichtigen.

Am Ende, als die Mauer stürzte und das Einheitsgebot in der Präambel des Grundgesetzes alles Antizipatorische verlor und den historischen Rahmen der Verwirklichungs-Möglichkeit erfuhr, als an dieser Epochen-Schwelle vom Führungspersonal der SPD nur noch Willy Brandt, Klaus von Dohnany und wenige andere übrig blieben, die bereit waren, das Verfassungsgebot mitzuerfüllen – als also aus dem ideellen Selbstverrat der deutschen Sozialdemokratie – im Namen der Lafontaine, Schröder, Momper – die manifeste Bereitschaft zum nationalen Selbstverrat wurde, da begriff ich, daß mein Eintritt in die SPD des Jahres 1976 einem Irrtum geschuldet war: eine – im Schumacherschen Sinne – authentische Sozialdemokratie hatte es zu diesem Zeitpunkt als Partei-Konsens schon nicht mehr gegeben. Ich hatte die Rest-Fraktion überbewertet; einen Einfluß erwartet, der längst zerschlagen war.

Dennoch schrieb ich meinen Austrittsbrief erst am 22. März 1992. Er hat folgenden Wortlaut:

Sehr geehrter Herr Engholm,

am 17. November 1976 wurde ich – nach knapp vierjähriger politischer Haft – aus der DDR nach Gießen entlasssen. Einen Monat später war ich Mitglied der Sozialdemokratischen Partei Deutschlands. Dieser Schritt war für mich damals selbstverständlich, weil ich meinen Kampf gegen die zweite deutsche Diktatur vor allem mit Argumenten des deutschen Antifaschisten und Antikommunisten Kurt Schumacher geführt habe. Mit diesem Brief jedoch erkläre ich meinen Austritt aus der SPD.

Zur Begründung nur soviel:

Auch zwei Jahre nach dem Fall der zweiten deutschen Diktatur ist die SPD weder willig noch fähig, eine redliche Analyse jener Politik durchzuführen, auf die sie sich verhängnisvoll lange nur Gutes eingebildet hat: Ich spreche von der sogenannten Entspannungspolitik, die am Beginn 1969 ein Stück weit gerechtfertigt sein mochte, ab Mitte der siebziger Jahre jedoch nur noch auf verheerende Weise den SED-Staat stützte und stabilisierte. Innerparteiliche Kritiker dieser Politik wurden ausgegrenzt, mundtot gemacht, verleumdet oder ganz einfach ignoriert. Das große Wort schwangen die Ideologen und Akteure dieser Politik: die Bahr, Schmude, Ehmke, Lafontaine, Gaus und ihre regionalen Epigonen wie Schröder, Momper und so weiter.

Höhepunkte dieser Politik waren der demagogische und skrupellose Kampf führender SPD-Politiker und -Ideologen gegen die Erfassungsstelle für SED-Unrechtstaten in Salzgitter, das SPD/SED-Papier und die konsequente Weigerung, mit den demokratischen Kräften Ost- und Ostmitteleuropas sowie Mitteldeutschlands auch nur zu sprechen. Am schäbigsten in diesem Zusammenhang: das Verweigern von Hilfe für eine sich neu formierende Sozialdemokratie zwischen Elbe und Oder in den letzten Monaten der Honecker-Diktatur.

319

So weit, so schlecht, könnte man sagen – und das verheerende Wahlergebnis am 18. März 1990 als gerechte Strafe für die SPD einordnen. Doch auch danach haben Partei und Führung buchstäblich nichts gelernt. Die Lobeshymnen der SPD für Egon Bahr, einem der größten Schänder der politisch-moralischen Identität und Integrität der Partei, aus Anlaß seines siebzigsten Geburtstages belegen das unübersehbar. Gleichzeitig rollte eine Rechtfertigungsoffensive von Partei-Ideologen, was die gescheiterte Ostpolitik betrifft, durchs Land; werden Eppler, Schmude, Bahr, Bender, Gaus und Co. wieder „mutig", denunzieren ihre Kritiker und nehmen „Siege" für sich in Anspruch, die sie nicht nur nie erringen, sondern immer verhindern wollten. Da eben diesen Leuten von der amtierenden Parteiführung nicht etwa widersprochen wird, sondern dumm-solidarische Verteidigung angedeiht, ist das Maß für mich voll.

Möglicherweise basierte mein Eintritt in diese SPD auf einem persönlichen Irrtum. Sollte es so sein, habe ich ihn hiermit korrigiert. Das Porträt Kurt Schumachers, das in meinem Arbeitszimmer hängt, fällt dieser Korrektur allerdings nicht zum Opfer. Eher begründet es sie.

Mit freundlichen Grüßen
Ulrich Schacht
Anlage: „Gewissen ist Macht" (Zur Vervollständigung meiner Austrittsgründe).

Der SED-Staat und seine intellektuellen Kollaborateure innerhalb und außerhalb der Sozialdemokratie Westdeutschlands

(Vortrag im Rahmen des IV. Bautzen-Forums der Friedrich-Ebert-Stiftung vom 17. bis 18. Juni 1993)

Am 9. März 1951 hielt der damalige Vorsitzende der Sozialdemokratischen Partei Deutschlands Kurt Schumacher im Rahmen einer Debatte des Deutschen Bundestages über die deutsche Einheit eine Rede, die zu den Sternstunden des deutschen Parlamentarismus gerechnet werden muß. Sie begann mit dem Satz: „Die Frage der deutschen Einheit ist für unser Volk ein zentrales Problem." Sie endete mit dem Aufruf: „Mit dem Kampf für die deutsche Einheit dienen wir unserem eigenen Volk. Mit dem Kampf für die deutsche Einheit dienen wir aber auch der Sache der Freiheit und der Menschlichkeit in der ganzen Welt."

Das war − mit wenigen anderen Worten − die Wiederholung seines zweiten und dritten Satzes gewesen, mit denen er den untrennbaren Zusammenhang herstellte zwischen der politischen Qualität der Lage in Deutschland und um Deutschland herum: „Alle europäischen Probleme und Projekte werden nicht europäisch behandelt, wenn man aus der Teilung Deutschlands Nutzen ziehen will. Die Kosten für eine solche Politik zahlt nicht Deutschland allein, die Kosten zahlt die Sache der Freiheit in der ganzen Welt."

An dieser Stelle vermerkt das Protokoll des Bundestages lebhaften Beifall „bei der SPD und bei den Regierungsparteien".

Dieser Beifall verbreitete sich dann, wie das Protokoll später vermerkt: über die „Mitte" nach „rechts", denn der SPD-Vorsitzende hatte festgestellt, daß „jede Betrachtungsweise" im Zusammenhang mit der Teilung Deutschlands „von der Tatsache auszugehen (hat), daß es Sowjetrußland gewesen ist, das seine Zone separiert und isoliert hat".

Schumacher griff im Anschluß daran die damals noch bestehende Einheitspropaganda der Kommunisten als das an, was sie immer war: Ausdruck der skrupellosen Verlogenheit einer totalitären Bewegung, um schließlich eine deutliche Warnung auszusprechen: „Die Stärke der totalitären Position beruht weitgehend auf der Unkenntnis und der Unklarheit über das Wesen des Totalitarismus bei den westlichen Demokratien und erst recht bei großen Teilen des deutschen Volkes."

Der Beifall, der dem politisch-moralisch integren Mann an der Spitze der deutschen Nachkriegssozialdemokratie entgegenschlug, war wiederum einhellig. Und dies hat sich im weiteren Verlauf der Rede auch nicht geändert.

Im Gegenteil: Es steigerte sich, denn Schumacher war, was die Präzision seiner Argumente für Deutschland und gegen seine antidemokratischen Feinde betraf, unübertrefflich: „Das System von Pankow ist die völlige Entdeutschung und die völlige Sowjetisierung der Politik."

Aber solche Kritik, daß Deutsche sich von Fremdmächten zu Kollaborateuren gegen die eigene Nation machen ließen, solche Kritik galt nicht nur den Kommunisten in der sowjetischen Besatzungszone und ihrem verlängerten Arm in Westdeutschland, der sich KPD nannte und mit einigen Abgeordneten in eben jenem Bundestag saß, in dem Kurt Schumacher sprach.

Diese Kritik galt auch dem Westen: „Die Uneinheitlichkeit und Unentschlossenheit der westlichen Demokratien in ihrer Deutschlandpolitik, die vielen Vorbehalte und Unklarheiten in der Behandlung und der Zusammenarbeit mit den Deutschen schwächen die Front der Freiheit, nehmen ihr die Geschlossenheit und bedrohen ihre letzte Gemeinsamkeit . . . Die deutsche Frage kann nicht für sich allein betrachtet werden; sie kann aber auch nicht vom Westen her mit Deutschland als Objekt gelöst werden . . ." Und dann: „Es ist der alte Fehler des Westens, unser Volk gar zu sehr als Materie zu betrachten, die von fremdem Willen geformt werden könnte."

Der Konsens zwischen Kurt Schumacher und seinen Zuhörern im Bundestagsplenum des Frühjahrs 1951 ist nicht nur als historisches Dokument bemerkenswert, er ist auch erinnerungswürdig, weil es mit ihm keinen schärferen Kontrast geben kann zu all jenen antinationalstaatlichen Proklamationen, selbstdenunziatorischen Einwänden, Letzte-Stunde-Aufrufen und Einheits-Abgesängen, ob innerlich oder äußerlich, die über Deutschland hereingebrochen sind, seit die Mauer gefallen ist und Deutschland wiedervereinigt wurde, und die verstärken, was zuvor schon an der Tagesordnung war. Dokumente von so ausgesuchter Würdelosigkeit, daß man sich manchmal weigert, sie zur Kenntnis zu nehmen, weil man nicht einem Volk angehören mag, in dem so etwas möglich ist.

Ich spreche nicht nur von den in Selbsthaß und Erfolgsneid erstickten Texten des Schriftstellers Günter Grass, der in Auslands-Interviews, -Reden und peinlichen Sonett-Kränzen seit dem 3. Oktober 1990 behauptet, die „Einheit ist mißglückt" und ein neues Auschwitz-Deutschland prophezeit – nur weil es ihm schier den Verstand raubt, daß sein politisches Haßobjekt Nummer 1, die CDU Helmut Kohls, die ersten und letzten freien Volkskammerwahlen der DDR im März 1990 gewann und ein gutes halbes Jahr später die zweite deutsche Diktatur mitsamt ihres demokratischen Appendix im historischen Nichts verschwunden war.

Wenngleich es doch sinnvoll ist, auch diesen Spiritus rector der klassischen deutschen Selbsthaßbewegung intellektueller Machart beim Wort zu nehmen, ihn zu erinnern an Wörter und Formulierungen, die in ihrer Verblendung und Arroganz so absurd sind, daß man sich unwillkürlich fragt, ob der Mann, dem wir immerhin einige literarästhetische Ereignisse in Romanform verdanken sowie das einzige literarisch gültige Theaterstück über den 17. Juni − „Die Plebejer proben den Aufstand" −, ob dieser Mann nicht doch eher und aus dem Unterbewußtsein seiner künstlerischen Fähigkeiten heraus mit seinen politischen Reden Fragmente zu einer literarischen Groteske liefern wollte.

Doch Grass besteht darauf, *politische* Texte gemacht zu haben. In ihnen lesen wir folgendes: „Die Wortblase, Wiedervereinigung' platzte, weil niemand, der bei Verstand und geschlagen mit Gedächtnis ist, zulassen kann, daß es abermals zu einer Machtballung in der Mitte Europas kommt: Die Großmächte, nun wieder betont als Siegermächte, gewiß nicht, die Polen nicht, die Franzosen nicht, nicht die Holländer, nicht die Dänen. Aber auch wir Deutsche nicht, denn jener Einheitsstaat, dessen wechselnde Vollstrecker während nur knapp fünfundsiebzig Jahren anderen und uns Leid, Trümmer, Niederlagen, Millionen Flüchtlinge, Millionen Tote und die Last nicht zu bewältigender Verbrechen ins Geschichtsbuch geschrieben haben, verlangt nach keiner Neuauflage und sollte − so gutwillig wir uns mittlerweile zu geben verstehen − nie wieder politischen Willen entzünden."

Nicht, daß Grass hier eine ebenso beliebte wie dummdreiste Verkürzung deutscher Nationalgeschichte als erratische Erkenntnis formuliert, ist das Skandalon dieser Rede; nicht, daß Grass sich − in bei deutschen Intellektuellen beliebter Manier − die Köpfe der Polen, Franzosen, Russen, Dänen, Holländer und Briten zusammen zerbricht und deren Nationalinteressen mit den eigenen verwechselt, ist das Skandalon.

Das Skandalon sind Zeit und Ort dieser Rede, die gehalten wurde am 18. Dezember 1989 vor dem Bundesparteitag der Sozialdemokratischen Partei Deutschlands in Berlin.

Für diese Rede gab es auf diesem Parteitag Beifall. Aber daß man diesen Beifall für diese Rede auch noch *logisch* nennen muß, ist die bitterste Dimension einer Entwicklung, die Kurt Schumachers Nachkriegsreden zur deutschen Frage und zum Kommunismus, diese analytischen und rhetorischen Glanzleistungen eines Menschen, der die Würde der Deutschen und ihrer Nation kompromißlos gegen Nationalsozialisten und Kommunisten zu verteidigen wußte, in die verschattete Ecke eines hysterischen Nationalismus und damit unter potentiellen Faschismusverdacht rückte.

Undenkbar solche verleumderische Deutung in jenen Anfangsjahren der zweiten deutschen Demokratie: aber unüberhörbar in jenen endsiebziger und achtziger Jahren hinter uns, in denen uns — die Andersdenkenden und Anderswollenden, weil Andersswissenden —, eine politisch und moralisch völlig desorientierte Politiker-Nachwuchs-Klasse und ihre intellektuellen Wegbereiter und Wegbegleiter bestenfalls als hoffnungslose Anachronisten denunzierten, die deutsches Ansehen und den Weltfrieden auf der Basis des Status quo, das heißt auf der Geschäftsgrundlage der geteilten deutschen Nation und der unterdrückten ostmitteleuropäischen Völker, angeblich zutiefst gefährdeten.

Texte, wie der von Grass, sind in diesem Land Legion, und die Zeit würde nicht ausreichen, nur einen minimalen Prozentsatz zu zitieren, der *nationale Selbstverrat* war in Westdeutschland nach 1969 so etwas wie eine latent verpflichtende *Staatsräson,* um es schließlich immer weniger latent zu sein:

Die Versuche des ehemaligen Justizministers Schmude, Mitglied der SPD und führender Mann innerhalb des Laienapparates der Evangelischen Kirche in Deutschland, dem 17. Juni mit fadenscheinigen Argumenten den Feiertagsstatus zu rauben, sind ebenso geschichtsnotorisch, wie sein 1985 erfolgter Vorstoß, der Präambel des Grundgesetzes und ihrem Einheitsgebot manipulativ zu Leibe zu rücken oder seine diversen Plädoyers für die Abschaffung von Salzgitter, was schließlich alle SPD-regierten Bundesländer durch Geldentzug symbolisierten oder seine ultimativen Absagen an Einheitsvisionen, die er mit Egon Bahr, Peter Bender, Klaus Bölling, den Journalisten Theo Sommer und Marion Gräfin Dönnhoff und zahllosen auch intellektuellen Wortführern Westdeutschlands teilte.

Natürlich gab es in jenen Jahren auch Sozialdemokraten, die solchem friedfertig scheinenden und zugleich freiheitsfeindlich seienden Ungeist deutlich widersprachen. Erinnern wir uns an die Reden zum 17. Juni 1983 von Hamburgs Oberbürgermeister Herbert Weichmann, dem Deutschen jüdischer Herkunft, der dem Tod durch die Handlanger der ersten deutschen Diktatur nur durch eine Flucht ins Exil entkommen konnte, oder an Georg Leber 1985.

Weichmann ließ sich seine Totalitarismuserfahrungen nicht von jener neomarxistischen Linken innerhalb und außerhalb seiner Partei, nicht von jenem der Wertebeliebigkeit frönenden Liberalismus innerhalb und außerhalb der FDP, nicht von jenen Rheinbundgeistern innerhalb und außerhalb der Union ausreden – diesen kollaborationistischen Strömungen in der westdeutschen Nachkriegsgesellschaft, die es fast geschafft hätten, Deutschland in völliger Verblödung und Verblendung und damit auf selbstzerstörerische Weise bewegungsunfähig auf die Bewegungen der Geschichte starren zu lassen, die nichts anderes als Bewegungen der Freiheit und Menschenwürde waren: des 17. Juni 1953, des ungarischen Herbstes von 1956, Polens gleichzeitiges und 1968, 1970 und 1981 wiederholtes Aufbegehren, schließlich des grandiosen

Prager Frühlings, dem die deutsche Neomarxistische Linke in denunziatorischer Verständnislosigkeit gegenüberstand, weil man sich in Prag am westeuropäischen Demokratiemodell orientierte und *nicht* — wie Hans Magnus Enzensberger — stellvertretend für die ganze Clique Tabus verletzender Kleinbürgerkinder auf Mittelstandsniveau — enttäuscht vermerkte: *nicht* am kubanischen oder chinesischen Modell.

Ja, man muß wissen: Die Absage großer Teile der deutschen Intellektuellen an die Wiederherstellung der deutschen Einheit, ihr totalitäres Unter-Faschismus-Verdacht-Stellen Deutschlands ein für allemal ging einher mit der Hingabe an exotische kommunistische Diktaturen, denen Millionen Menschen zum Opfer fielen, und einer konsequenten Aufwertung der zweiten deutschen Diktatur.

So weit, so schlecht. Warum aber erfaßte dieser entsetzliche Virus der geistigen Kollaboration mit dem zweiten Todfeind der deutschen Demokratie so massiv und unaufhaltsam gerade sozialdemokratisch gestimmte Vordenker, Politiker und Theologen?

Warum wurde ein Egon Bahr, der Begründer der Strategie des „Wandels durch Annäherung", am Ende zum bedingungslosen Apologeten des Status quo in Europa und damit zum Garanten der Fortexistenz des SED-Staates — wenigstens theoretisch?

Was hat Erhard Eppler im letzten Grund motiviert, eines der desavouierendsten Dokumente in der Geschichte des politischen Denkens in Deutschland und der Geschichte der Sozialdemokratischen Partei zu fabrizieren — ich spreche von dem 1987 kreierten SPD/SED-Papier „Der Streit der Ideologien und die gemeinsame Sicherheit", mit und in dem auf „die Reformfähigkeit und damit auch die Lebensfähigkeit beider Systeme" gesetzt wurde.

Wo gründet die vollständige Verwirrung der politischen Urteilskraft angesichts der Äquidistanzphilosophie, die diesen und zahlreiche andere vergleichbare Texte durchzieht: als seien Demokratie und Diktatur an irgendeiner Stelle gleich. Und als hätten wir Deutsche jemals noch das Recht, an exakt dieser Stelle zu faseln und zu phantasieren.

Wo gründet die irrsinnig anmutende Fehleinschätzung eines im kleinbürgerlichen Habitus daherkommenden Massenmörders namens Erich Honecker, der 1987 als ein Deutscher apostrophiert wird, „der seine Pflicht erfüllen will – seine Pflicht, so wie er diese als ihm auferlegt empfindet". So der ehemalige Bundeskanzler Helmut Schmidt in einem Begrüßungsartikel in der „Zeit" in jenem September, als die Kanaille im demokratisch verfaßten Teil der Nation empfangen wurde wie von gleich zu gleich. Empfangen im Ergebnis einer an Hysterie grenzenden Kampagne über Jahre hinweg, wenn der mörderische Nachbar von nebenan nicht endlich und als Friedensfreund, der doch auch gegen Mittelstreckenraketen sei, empfangen werde, gehe alles den Bach runter, würden Erfolge verspielt, kämen wir dem Dritten Weltkrieg ein Stück näher.

Noch am Lebensabend, als es endlich daranging, dem blutbesudelten Greis den überfälligen Prozeß zu machen, profitierte er von den Ausflüssen jener Verständnis- und Verständigungshysterie, die einen guten, im antifaschistischen Mythos geborenen und badenden Kommunisten brauchte, um die eigene Gesprächspolitik mit ihm halbwegs legitimieren zu können:

Der Massenmörder wurde nach einem, was die Justiz betrifft, provokatorisch manipulativen Prozeßverlauf und einer auch von Juristen stark in ihrer rechtsstaatlichen Qualität bezweifelten Entscheidung durch das Berliner Verfassungsgericht unter seinem Präsidenten Finkelnburg, CDU, laufengelassen — in fast derselben diplomatischen Weise, wie er 1987 gekommen war.

Die Verantwortlichen für diesen *jedes* Rechtsbewußtsein verhöhnenden Akt, vom Hohn auf die Opfer des Täters, der in seinem ganzen Nachkriegsleben nichts anderes getan und zu verantworten hat, als eine mit größter krimineller Energie betriebene Machtabsicherung für sich und seine Politkumpane, von diesem Hohn spreche ich gar nicht — aber die Verantwortlichen werden dafür eines Tages zur Rechenschaft gezogen, dessen bin ich mir sicher.

Es gab zu diesem Fall jedenfalls mehr Intellektuellen- und Pressestimmen, die aufatmeten, daß der Berliner Justiz etwas eingefallen war, was Honecker schonte, als gegenteilige Texte und Erklärungen, was den Hymnen anläßlich des Besuchs von Honecker in Bonn entsprach.

Schon im August 1992 brachte die „Zeit", in ihrem politischen Teil über Jahrzehnte das Hauptorgan der Kollaboration mit dem SED-Staat, qua Verständnisexzeß und Selbsthaßkomplex, eine ganze Seite der Öffentlichkeit unter die Augen, auf der unter der Überschrift „Erich Honecker gehört nicht vor das Berliner Landgericht" sozusagen die juristischen Konsequenzen des jahrzehntelangen Anerkennungskampfes gegenüber der SED-Diktatur am Beispiel ihres gefaßten Anführers, des bevorzugten Gesprächspartners eben dieser Wochenzeitung, die sich 1987 in einer anbiederischen Leitglosse ausmalte, in der DDR legal vertrieben werden zu dürfen, gezogen wurden:

„Erich Honecker war kein Privatmann, der seinen Nachbarn am Gartenzaun erschossen hat, sondern Chef eines souveränen Staates. Weder waren seine Taten dort strafbar, noch ist er ein Fall für die Justiz des Nachbarlandes."

Was soll man an dieser Sprache mehr bewundern: ihren offenen Zynismus oder ihre latente Unmenschlichkeit oder ihre wissende Dreistigkeit, daß man auch im wiedervereinigten Deutschland ungeniert die alte Spaltungs-Sau rauslassen darf? Die Kollaboration mit der DDR feiert jedenfalls noch weit über ihren viel zu späten, aber hochverdienten Tod hinaus täglich Triumphe!

Um den Massenmörder Erich Honecker aus rechtsstaatlicher Untersuchungshaft zu befreien, waren letztlich eben diesen liberalistischen Halblinken auch noch die letzten rechtspositivistischen Tricks aller jener Juristerei und Juristen recht, die man ein gutes Jahrzehnt zuvor noch als „furchtbare Juristen" zu apostrophieren pflegte, weil sie sich – wie Honecker und seine Rechts- und Links-Anwälte – auf die billigste aller politischen Mörder-Formeln aus Staatsmännermund beriefen: „Was damals Recht war, kann heute nicht Unrecht sein!"

Wir sind beim Thema: die westdeutschen intellektuellen Kollaborateure des SED-Staates; aber es ist natürlich und zum Glück nicht so, daß es keine anderen Sozialdemokraten, keine anderen Juristen, keine anderen Schriftsteller, Intellektuellen, Theologen und Journalisten gibt. Es gibt sie. Und sie stehen uns nahe. Sie nehmen unsere Erfahrungen ernst.

Die heutige Versammlung ist so ein ernstzunehmendes Ernstnehmen, das auszuschließen hat, daß wir uns selber in den circulus vitiosus diverser Idiosynkrasien, in die Fallen des Gefühls totalen Umstelltseins begeben.

Nein, die deutsche Einheit ist ja kein Traum mehr und schon gar kein gemeingefährlicher Wahn. Sie existiert: mit der ganzen Fülle jener Glücks- und Lastmomente, von denen wir gewußt haben, daß sie dazugehören werden, wenn sie kommt. Wir hatten keine Illusionen. Aber wir hatten Werte und Ziele und Erfahrungen mit den Feinden dieser Werte und Ziele. Ja, wir dürfen aufatmen, daß die Feinde Deutschlands in Deutschland verloren haben; daß Männer wie Kurt Schumacher von der Geschichte selbst rehabilitiert wurden; daß ein Willy Brandt am Ende seines Lebens aus temporären Irrtümern, die eher der Verzweiflung an der Lage der geteilten Nation entstammen als einem gegen diese Nation gerichteten Kalkül, zurückgefunden hat zu sich und zu dieser Nation, der er nie ausweichen, sondern immer dienen wollte.

Aber diese beispielhafte Selbstkorrektur eines Willy Brandt, die mit dem nie aufgegebenen Anspruch auf die deutsche Einheit eines Helmut Schmidt korrespondiert, der wiederum in der praktischen Deutschlandpolitik der achtziger Jahre eben jener vorhin schon erwähnten Verständigungshysterie wie kaum ein anderer mit seinem Güstrow-Besuch zum Opfer gefallen ist, oder die Positionen eines Klaus von Dohnany, eines Walter Haak, die hier zu nennen sind – all diese beispielhaften Selbstkorrekturen und Linienbehauptungen sind doch zu sehen in der Selbstbehauptungsarroganz von Entspannungsideologen wie Egon Bahr, Jürgen Schmude oder Peter Bender.

Im Februar 1992 antwortet Jürgen Schmude seinen Kritikern im „Spiegel" mit dem Satz: „Wir würden es wieder tun." Und auch Egon Bahr würde alles „noch einmal so machen".

Nun könnte man darüber hinwegsehen und sagen: uneinsichtige Männer, die von der Geschichte widerlegt wurden, was ihre Uneinsichtigkeit der Lächerlichkeit preisgibt – wenn da nicht jene Nachsätze wären, die Dokumente einer beispiellosen Arroganz sind: Mit ihnen wird nichts Geringeres behauptet, als daß die Wiedervereinigung Deutschlands auf der Basis des Zusammenbruchs des SED-Systems exakt Ziel und Ergebnis ihrer Politik, die sie Entspannungspolitik nannten, gewesen sei.

Solche Behauptungen setzen voraus, daß kein Mensch sich mehr erinnert an das, was zwischen 1960 und 1990 gesagt und gedruckt wurde zum Thema Deutsche Frage und Deutsche Einheit und von wem.

Aber die Rekonstruktion dessen, was zu diesem Thema in jenem Zeitraum gesagt und gedruckt wurde, ist in zunehmendem Maße natürlich nicht die Geschichte nationaler Selbstbehauptung, sondern – im Sinne jener Kategorien und Kriterien, die man bei Kurt Schumacher finden kann – die Rekonstruktion einer vornehmlich unter Intellektuellen und Politikern verbreiteten Kollaborationsbewegung gegen die nationale Würde der Deutschen und damit gegen die demokratische Qualität und Verbindlichkeit ihres gesellschaftlichen und staatspolitischen Organismus nach dem Zweiten Weltkrieg im Westen Deutschlands. Und es ist zugleich die Rekonstruktion eines gigantischen Verdrängungsprozesses: eines Prozesses des Verdrängens an konkretem Wissen und angemessener Einschätzung dessen, was die zweite deutsche Diktatur dauerhaft aus- und deshalb dauerhaft unannehmbar machte.

Noch 1958, im Echo jener Rede von Kurt Schumacher, mit der ich begann, war das Wissen um den Charakter des SED-Staates ungebrochen klar: an Wahrheit und Wirklichkeit orientiert, Zeugen und Zeugnisse ernstnehmend.

Da erschien von Ernst Richert die Studie „Macht ohne Mandat" – genauer konnte man den SED-Staat nicht charakterisieren –, die sich, laut Untertitel, mit dem „Staatsapparat in der SBZ Deutschland" beschäftigt.

Ein Kapitel, das siebte, setzt sich auf über zwanzig engbedruckten Seiten mit der „Sicherung und Demonstration der Macht" im Ulbricht-Staat auseinander; in ihm heißt es: „Das wichtigste der drei (Herrschaftssicherungs-)Instrumente ist indes zweifellos das MfS/SSD. Der SSD hat kein offizielles

Statut. Seine Tätigkeit vollzieht sich im Zwielicht . . . Nach alldem kommt dem Staatssicherheitsapparat die Durchleuchtung der Gesamtgesellschaft auf republikfeindliche Aktion zu . . . Mit alldem ist er das Abwehrorgan der Staatsmacht schlechthin, eine Aufgabe, die er mit rund 7000 hauptamtlichen Mitstreitern und einer von Kennern auf rund 150 000 Personen geschätzten Zahl geheimer Informanten erfüllt." Vierzehn Jahre später heißen Analysen über die zweite deutsche Diktatur jedoch so: „Modell DDR. Die kalkulierte Emanzipation."

In einer Studie von Rüdiger Thomas, die 1972 im Hanser Verlag München erschien, kommen Erich Mielke, der Minister für Staatssicherheit, nur in einer Nomenklaturliste sowie im biographischen Teil, sein Ministerium und dessen Aufgaben gar nicht vor. Statt dessen finden sich Kapitel zum Thema „Die antifaschistisch-demokratische Umwälzung" oder „Die SED als politische Führungsinstanz". In der Einleitung des Buches wird unverhohlen Freude darüber geäußert, daß das „politische Bewußtsein der BRD" mit seiner Einschätzung der DDR als „Phänomen" prinzipiell fehlgegangen sei, da sie „vorwiegend in den Kategorien der Freund-Feind-Orientierung durch pauschalierende Disqualifikation dingfest gemacht wurde und darin für die BRD zuerst eine Funktion der innenpolitischen Selbstbestätigung erfüllte". Zugleich geriert sich der Text als Kampfansage gegen die bisherige „DDR-Forschung", was verbunden sei „mit der Preisgabe eines denunziatorisch gemeinten Totalitarismuskonzepts und der Anwendung der Methoden moderner Sozialwissenschaften".

Was hier formuliert wurde, gilt, wissenschaftsgeschichtlich, fast für die ganze herrschende Linie nach 1969 − und es gilt ebenso für eine sozial- und politikwissenschaftlich verheerende Niederlage auf dieser ganzen Linie. Selten ist in einem geisteswissenschaftlichen Bereich in der deutschen Nachkriegszeit soviel Makulatur fabriziert worden wie in diesem;

es war in großen Teilen nach 1969 nichts anderes als ideologische Maulhurerei für die herrschende Politik, die sich ihre fixen deutschlandpolitischen Ideen pseudoempirisch legitimieren ließ, um schließlich daraus Friedens-, Abrüstungs- oder sonst was für eine Politik machen zu können – bloß keine verbindliche Wiedervereinigungspolitik.

Das Ergebnis dieser toll gewordenen Wissenschaft im Auftrage einer Partei oder in ihrer Nähe – ich rede von Westdeutschland – war die Fassungslosigkeit angesichts der Realitäten im November 1989, wo man doch diese Realitäten im Auge gehabt hatte wie nichts anderes. Angeblich.

In solch einem Klima waren dann die natürlich nicht wiedergefundenen, sondern nur wiedererinnerten Massengräber von Bautzen oder Sachsenhausen, von Buchenwald oder Fünfeichen eine ungeheure Sensation.

Die Wissenschaft war erschüttert wie die Politik, und die Journaille eilte mit ihren schamlosen Kameras vor die Tore besagter Gefängnisse und Lager: auf der Suche nach ein paar gruseligen Hirnschalen und Beckenknochen aus prähistorischen Zeiten, die gerade ein paar Jahrzehnte zurücklagen.

Dabei hätten dieselben Journalisten auf der Basis der Studien und Dokumentationen von Karl Wilhelm Fricke, auf der Basis überquellender Literatur aus den fünfziger Jahren und auf der Basis der Romane „Jahrestage" 1 bis 4 von Uwe Johnson ganze Serien drehen können: ohne echte Knochenreste zwar, aber mit echten Zeugenaussagen, Dokumenten und anderen Beweisen.

Aber diese Beweise waren zwischen 1970 und 1989 nicht erwünscht: *Entspannungspolitik war immer auch eine inhumane und reaktionäre Arbeit von Wissensverschüttung.*

Oder *was* wußten wir nicht über das MfS, über Justiz und Parlament der DDR?

Das nicht, was Hermann Weber und Lothar Pertinax ebenfalls 1958 auf mehr als 300 Seiten in einem Buch der Deutschen Verlags-Anstalt ausbreiteten, indem sie Fragen stellten und sie gewissenhaft, das heißt mit dem vorhandenen Wissen der Zeit, beantworteten? Ich zitiere aus „Schein und Wirklichkeit in der DDR. 65 Fragen an die SED": „Frage 20 − Ist die Volkskammer der DDR ein echtes Parlament?

Die Volkskammer wird solange eine Farce bleiben, wie sie ein von der SED abhängiges Instrument ist. Trotz der Existenz verschiedener Parteien herrscht in Wirklichkeit in der DDR ein Einparteiensystem unter Führung der SED, in dem nicht einmal auf dem Boden des Sozialismus stehende Fraktionen zugelassen sind, die Abgeordneten keine Immunität genießen und in keiner Weise das Vertrauen aller Schichten der Bevölkerung genießen."

Diese Einschätzung war zu Zeiten der Entspannungspolitik nicht nur nicht überholt, sie war in einem noch radikaleren Sinne korrekter als 1958, denn die sozialistische Variante auf die nationalsozialistische Krolloper unter Honecker war sozusagen das perfekte Geisterparlament einer perfekt gleichgeschalteten Funktionärsmasse. Dennoch bohrten ab 1980 westdeutsche Politiker aller Parteien, aber besonders der ehemalige Kanzleramtsminister Horst Ehmke, verzweifelt daran, zwischen dem aus freien und geheimen Wahlen hervorgegangenen Deutschen Bundestag und Honeckers Abstimmungsmarionettentheater gleichberechtigte Beziehungen herzustellen.

Die Frage 22 des erwähnten Buches lautet: „Besteht in der Deutschen Demokratischen Republik Rechtssicherheit?"

Antwort: „Die Zonenjustiz ist noch immer ein Herrschaftsinstrument der stalinistischen Parteiführung, mit dem diese sich an der Machterhaltung versucht. Die Zonenjustiz dient nicht den Prinzipien der Rechtssicherheit, sondern nur der Sicherheit des Machtapparates."

Obwohl dies exakt vom ersten bis zum letzten Tag der Existenz des SED-Staates so war, finden sich heute Juristen, Journalisten und Politiker, die den furchtbaren Juristen der kommunistischen deutschen Parteijustiz und ihren Gesetzen einen Charakter zusprechen oder wenigstens nicht absprechen, den sie gar nicht hatten: Rechtscharakter nämlich, so daß gelten würde, was der sozialdemokratische Rechtsphilosoph Gustav Radbruch nach 1945 mahnend und verbindlich zu machen versuchte: „Das aber muß sich dem Bewußtsein des Volkes und der Juristen tief einprägen: es kann Gesetze mit einem solchen Maße von Ungerechtigkeit und Gemeinschädlichkeit geben, daß ihnen die Geltung, ja der Rechtscharakter abgesprochen werden muß."

Wer aber setzt dies heute durch? Und der erste Schritt, selbst wenn er ein nachgeholter wäre, wäre, das MfS und das Politbüro der SED zu kriminellen Organisationen zu erklären.

Ich komme da nicht in Schwierigkeiten; aber ich weiß, wer da in Schwierigkeiten mit sich selbst kommt: All jene an innerwestdeutschen Wahlerfolgen interessierten und orientierten Klinkenputzer in Ostberlin, als Hubertusstock noch für deutsch-deutsche Teekränzchen hergerichtet war, für Jagdpartien und Notizzettelaustausch mit Namen von Inhaftierten. Ich meine die westdeutsche Provinzfürstenriege von Lafontaine bis Strauß.

Aber zurück zu Weber und Pertinax und ihrer 23. Frage: „Welche Rolle spielt der Staatssicherheitsdienst (SSD) trotz Entstalinisierung?"

336

Antwort: „Das Ministerium für Staatssicherheit ist ein selbständiger Apparat, der nur dem Politbüro der SED untersteht und Ulbricht direkt verantwortlich ist ... Das MfS besitzt in allen Bezirken, Kreisen und Orten der Sowjetzone Dienststellen, die das gesamte politische, wirtschaftliche und kulturelle Leben überwachen. Die Außenstellen, die mit hauptamtlichen Funktionären besetzt sind, unterhalten ein Heer von Spitzeln, Agenten und Zuträgern, die sie mit verschiedenen Methoden anwerben. Alle diese V-Leute müssen regelmäßig aus ihrem Wirkungsbereich Berichte über Stimmung und besondere Vorkommnisse machen und werden von SSD-Agenten auf verdächtige Leute angesetzt. Die Bespitzelung erstreckt sich aber nicht nur auf den Beruf des Betreffenden, sondern dringt bis in ihr Privatleben ein."

Dies wußten wir 1958! 1989 aber herrschte die ganz große Überraschung: über die Größe des MfS, über die Morde, über die Zahl der Häftlinge, der Verurteilten, der Verfolgten, der Bespitzelten, über die SED und Polen und die SED in Sachen ČSSR 1968, über Antiquitätenraub- und Gelddiebstahl aus Briefumschlägen – über Desinformationskampagnen gegen den Westen, über Abhörbänder und Berichte: vom Durchschnittsbürger in Hamburg oder Dresden, vom Bundespräsidenten bis zum kleinen Angestellten irgendwo in Kiel; abgehört wurde mit Hilfe des Richtfunks und mit Hilfe Manfred Stolpes, mit Ehemännern und Geliebten, mit dem Schriftsteller Anderson oder irgendwann auch einmal mit Christa Wolf, bevor sie dann selber abgehört wurde etc. etc. Im DDR-System erwiesen sich zu viele als erpreßbar, und das System versuchte es mit fast jedem. Mit Mauer, Mord und Totschlag; mit Aussicht auf Aussichtslosigkeit oder eine Westreise, mit einem Trabant oder einem Studienplatz oder einer Prämie oder mit Pralinen und einem 50-Mark-Schein.

Und genau dieses System, das niemals – zu keinem Zeitpunkt seiner Existenz – ein wie auch immer geartetes Recht auf Existenz gehabt hat, diesem System glaubte man, Existenzrecht einräumen zu müssen: Nichts anderes war gemeint, als Günter Gaus zornig verlangte, daß der äußeren De-facto-Anerkennung der DDR endlich auch „die innere Anerkennung" folgen müsse, was ja durchaus in der Logik dieser Politik lag, aber gleichzeitig ihren perversen Höhepunkt darstellte.

Während dieser SPD-Publizist, der auch auf verhängnisvolle Weise in der Rolle des ersten deutsch-deutschen Diplomaten seine gefährlichen Irrtümer ausleben durfte, bis Helmut Schmidt ihn entließ – während Günter Gaus, wenn es um die zweite deutsche Diktatur ging, zu differenzieren empfahl: „Wir machen uns Angst vor der DDR, indem wir in ihr nicht Land und Leute, sondern nur ein Regime und dessen Schergen und Opfer sehen", und in ihr allen Ernstes „den letzten bürgerlichen Staat auf deutschem Boden" sah, was ein bezeichnendes Licht nicht nur auf seine kulturgeschichtlichen Kenntnisse wirft, um in eben diesem letzten bürgerlichen Staat auf deutschem Boden den glücklichen Nischendeutschen zu entdecken, sozusagen als Beruhigungsphänomen angesichts beunruhigender Verpflichtungen aus der Verbindlichkeit des Grundgesetzes – angesichts solcher kollaborationistischen Kapriolen und Strategien entdeckte dieser Analytiker zur selben Zeit ausgerechnet im Westen so etwas wie eine „wachsende Geneigtheit zum Kriege".

Seine diesbezügliche Analyse untermauerte er – expressis verbis – mit der marxistischen „Einsicht", wie er das nannte, „wonach handfeste Interessen, kombiniert mit bestimmten gesellschaftlichen und ökonomischen Gegebenheiten, zum Krieg führen".

Besser kann heute nicht belegt werden, was „Wandel durch Annäherung" in den Köpfen zahlreicher ihrer theoretischen Architekten, intellektuellen Verteidiger und praktizierenden

Politiker auslöste: eine, um in der Gaußschen Sprache zu bleiben: Geneigtheit zur Kollaboration mit einem weiteren totalitären Regime in Deutschland.

Kollaboration bedeutet sprachgeschichtlich nichts anderes, zunächst jedenfalls: als „Zusammenarbeit"; französisch „collaboration" leitet sich, so sagt es das „Etymologische Wörterbuch des Deutschen", vom spätlateinischen „collaborare" ab. Dies meinte nichts anderes als „mitarbeiten" und bezog sich nicht zuletzt auf das gemeinsame Tätigsein und Besitzen von Erträgen.

Erst nach 1945 bekommt der Begriff, besonders in Frankreich, eine gefährliche Wendung, indem Kollaborateure Menschen sind, die man einer „landesverräterischen Zusammenarbeit mit dem Feind" bezichtigt.

Die Diskussion, die wir heute führen, den Kampf um die historische Wahrheit, der uns aufgetragen ist angesichts der Versuche derjenigen, die mit unseren Feinden, ja Todfeinden, die zugleich die Todfeinde der Demokratie waren, mehr als unbedingt nötig zusammengearbeitet haben, dies alles ist wiederum nicht neu.

Die französische Philosophin und Schriftstellerin Simone de Beauvoir schrieb im November 1945 angesichts der damaligen Situation der Abrechnung Frankreichs mit den französischen Kollaborateuren der deutschen Besatzungsmacht und ihrer NS-Organisationen: „Alle Kollaborateure haben sich damit verteidigt, daß sie Frankreichs Wohl wollten; nur wurde jenes Frankreich, dessen Wohl sie wollten, durch ihr Handeln so definiert, daß es nicht mehr unseres war.

Sie verteidigten sich auch damit, daß sie dem Frieden, der Gerechtigkeit, der Ordnung dienen wollten; aber die wirkliche Frage ist doch, welcher Frieden, welche Gerechtigkeit, welche

Ordnung gültig sind." Und sie schlußfolgerte: „Die Kollaborateure können nur im Namen der Werte verurteilt werden, die in diesen Zeiten geschaffen und durchgesetzt wurden; oder genauer gesagt, ihre Verurteilung ist eine jener Vorgänge, durch die sich diese Werte behaupten."

Simone de Beauvoir bezog sich damit auf eine rechte Kollaboration.

Wir hatten es in all den zurückliegenden Jahren mit einer linksliberalistischen zu tun. Aber auch diese Tatsache kann keinen überraschen, der ein tatsächlich souveräner Bekenner und Verteidiger der Freiheit des Menschen ist, weil er nur in ihr seine Würde gewahrt sieht.

Denn über diese linksliberalistische Kollaboration hat Albert Camus bereits in seinem „Tagebuch 1951 bis 1959" alles Nötige notiert:

„Was die linken Kollaborateure gutheißen, verschweigen oder für unvermeidlich halten: 1. Die Deportation von über zehntausend griechischen Kinder. 2. Die physische Vernichtung der russischen Bauernklasse. 3. Die Millionen Insassen von Konzentrationslagern. 4. Die politischen Entführungen. 5. Die beinahe täglichen politischen Hinrichtungen hinter dem Eisernen Vorhang. 6. Den Antisemitismus. 7. Die Dummheit. 8. Die Grausamkeit. Die Liste ist nicht vollständig. Aber es genügt mir."

Mir auch!